W. Neuhaus / M. Gosmann / P. Bürger (Hg.)

Georg Nellius
(1891-1952)

Völkisches und nationalsozialistisches
Kulturschaffen, antisemitische Musikpolitik,
Entnazifizierung – späte Straßennamendebatte

Werner Neuhaus / Michael Gosmann
Peter Bürger (Hg.)

Georg Nellius
(1891-1952)

Völkisches und nationalsozialistisches
Kulturschaffen, antisemitische Musikpolitik,
Entnazifizierung – späte Straßennamendebatte

edition *leutekirche sauerland* 10

© 2018

Werner Neuhaus / Michael Gosmann / Peter Bürger (Hg.)

Georg Nellius (1891-1952).

Völkisches und nationalsozialistisches
Kulturschaffen, antisemitische Musikpolitik,
Entnazifizierung – späte Straßennamendebatte.

edition *leutekirche sauerland* 10

Satz & Gestaltung: www.friedensbilder.de
Herstellung & Verlag: BoD – Books on Demand, Norderstedt
ISBN: 978-3-7460-4284-8

Inhalt

V.
Ein Rückblick: Die Auseinandersetzungen um die Umbenennung der Nelliusstraße in Sundern-Hachen, 2012-2014

B. Dokumentationsteil
Georg Nellius (1891-1952) – Völkisches und nationalsozialistisches Kulturschaffen, antisemitische Musikpolitik, Entnazifizierung

I.
Übersicht zu militaristischen, völkischen und nationalsozialistischen Kompositionen im Werk von Georg Nellius mit zahlreichen Textbeispielen

IV.
ARCHIVALIEN AUS DEM „VAD-KONVOLUT" (1941)
ZU GEORG NELLIUS: ERSUCHEN, AMTLICHER
SCHRIFTVERKEHR UND STELLUNGNAHMEN BIS 1941

V.
QUELLEN, DIE IN ZUSAMMENHANG MIT DER
SOGENANNTEN „ENTNAZIFIZIERUNG" STEHEN

Zur Neuauflage
dieser Dokumentation

Während des Zweiten Weltkrieges, so schreibt der in Attendorn geborene und aufgewachsene Philosoph Otto Pöggeler (1928-2014) in seiner Autobiographie, „konnte alles, was geschah, auch eine andere bessere Seite zeigen. Beim Klavierunterricht sagte mir eines Tages mein Lehrer: ‚Da kam doch der Sohn des Polizeioffiziers (als Nazi stadtbekannt) mit Noten von Mendelssohn. Das aber ist ein Jude, und der wird nicht mehr gespielt. So habe ich die Noten sofort in den Ofen geworfen.' Als die Stunde zu Ende war, ging er an den Ofen, der gar nicht an war, und zog die Mendelssohn-Noten heraus: ‚Spiel das, aber lass es niemand wissen!' So habe ich die *Lieder ohne Worte* Tag für Tag gespielt. Das Gefühl, Verbotenes zu tun, steigerte meine Freude. Dazu kam ein gewisser Hochmut darüber, dass niemand erkannte, was ich tat. Mein Vater sah, wie zerfleddert die Noten waren, und sagte: ‚Das lass ich binden!' Ich antwortete: ‚Das geht nicht, denn Mendelssohn ist ein Jude.' Darin sah mein Vater aber kein Problem. Er ging zu einem alten Buchhändler, der nicht mehr im Geschäft war und schweigen konnte, und ließ den Mendelssohn mit Falzen verbessern und schön einbinden (dazu auch noch die Klaviermusik von Brahms). Ich habe diese Bände heute noch."[1]

Die Werke von Jakob Ludwig Felix Mendelssohn Bartholdy (1809-1847) sollen im NS-Staat angeblich *nicht* Gegenstand eines offiziellen Aufführungsverbotes gewesen sein, obwohl man u.a. durch die Beseitigung von Denkmälern und Gedenktafeln die Erinnerung an diesen weltberühmten Komponisten aus dem öffentlichen Raum verbannen wollte.[2] So steht es gegenwärtig in

---

[1] PÖGGELER 2011, S. 22-23.
[2] Vgl. hierzu den Personeneintrag auf wikipedia.org (letzter Abruf am 10.02.2018), wo im Anschluss an die Darstellung der antisemitischen Kam-

Ölporträt Felix Mendelssohn Bartholdys,
gemalt 1846 von Eduard Magnus (1799-1872); wikimedia.org

pagnen gegen Mendelssohns ‚Nachruhm' – von Richard Wagner bis hin zur NS-Musikpolitik – eine äußerst befremdliche Passage folgt: *„Rehabilitationsversuche in jüngerer Zeit*: In der zweiten Hälfte des 20. Jahrhunderts bemühte man sich zunehmend um eine Rehabilitation Mendelssohns. Seine Zugehörigkeit zur lutherischen Kirche und seine christliche Assimilation mit der Gesellschaft, in der er lebte, wurden deutlich gemacht." Soll hier suggeriert werden, es sei nach den Ausfällen der Judenfeinde so etwas wie eine ‚Rehabilitation' des *Musikers* notwendig und dessen ‚christliche Assimilation' könne dabei als bedeutsamer Gesichtspunkt betrachtet werden?

der ,Wikipedia'. In der vorliegenden Publikation begegnen wir dem Gauchorführer Georg Nellius, der auf jeden Fall ein rigoroses Verbot von Notensätzen und Liedtexten aus den Werkstätten jüdischer Künstler durchsetzen wollte. Am 26.3.1938 fragte ein Chorleiter nach einer entsprechenden Verbotsweisung erstaunt bei diesem NS-Musikfunktionär an: „Wissen Sie denn mit Bestimmtheit, dass Mendelssohn Jude war?" Georg Nellius antwortete entrüstet, wie man ihm denn noch „1938 (!) für ein Kreissängerfest des Deutschen Sängerbundes ein von Mendelssohn, d.i. einem *Vollblutjuden* vertontes Lied" melden könne.

Als Jahre oder gar Jahrzehnte nach der Niederschlagung des deutschen Faschismus in einigen Kommunen, zuletzt 1975 in Sundern, Straßen nach Georg Nellius (1891-1952) benannt wurden, sollte hierdurch ein überaus verdienter Mann geehrt werden. Als Chorleiter, Komponist, Verlagsgründer, Ausrichter großer Musikfeste und Anreger einer Sauerlandhalle hatte Nellius seiner Geburtsheimat ja eine hohe ,Heimatkunst' schenken wollen.

Später konnte es freilich nicht mehr verdrängt werden, dass dieser römisch-katholische Musiker nicht nur in den Weimarer Jahren als Feind der Republik hervorgetreten ist, sondern auch Noten zu nationalsozialistischen Propagandatexten gesetzt und schließlich die NSDAP-Mitgliedschaft erworben hat. Dies alles aber, so ließ eine Bürgerinitiative in Sundern ab 2013 verlauten, sei nur unter Zwang erfolgt. Ein amtlicher Freispruch beweise, dass Nellius bezogen auf Nationalsozialismus und 3. Reich ein ,Unbelasteter' gewesen sei.[3]

Die Argumentationsmuster lagen z.T. auf der Linie der rechten Wochenzeitung „Junge Freiheit". Ein Feldzug zur Ehrenret-

---

[3] 1946/47 war Nellius im Zuge der „Entnazifizierung" der Kategorie III. zugeordnet worden: „minderbelastet". Das hört sich nicht ganz unfreundlich an. „Aber in den Massenverfahren war es das Schlimmste, was passieren konnte, daher erwischte es auch nur wenige." (U. Opfermann) Dass in der Folgezeit eine für den Musiker günstigere Einstufung um gleich zwei Kategorien (V statt III) erreicht werden konnte, ist mehr als „beachtlich"!

tung eines „sauerländischen Genies" sorgte für erhitzte öffentlichen Debatten. Gleichzeitig förderte die Sichtung eines – vermeintlich schon erschlossenen – Quellensegments aus dem Nachlass Erstaunliches und Erschreckendes zutage.

Die vorliegende Neuauflage einer Dokumentation von 2014, erweitert durch eingegangene Stellungnahmen (→B.VI) und einen von Werner Neuhaus verfassten Rückblick auf die „Auseinandersetzungen um die Umbenennung der Nellius-Straße in Sundern-Hachen, 2012-2014" (→A.V), vermittelt durch Darstellung und Quellenedition die neuen Erkenntnisse.

P. Bürger

A.
DARSTELLUNG

Georg Nellius (1891-1952) – Völkisches und
nationalsozialistisches Kulturschaffen,
antisemitische Musikpolitik, Entnazifizierung –
und späte Straßennamendebatte

Georg Nellius (1891-1952)

Vorbemerkungen

(2014)

Im Rahmen der neueren westfälischen Straßennamendebatte[4] sind auch Straßenschilder mit dem Namenszug des Musikers Georg Nellius (1891-1952) in den Kommunen Arnsberg und Sundern[5] ins Blickfeld gerückt. Angeregt durch eine Veröffentlichung des Christine Koch-Mundartarchivs am Museum Eslohe[6] hat der Kulturausschuss der Stadt Sundern bereits Ende Mai 2013 eine Umbenennung der dortigen Nellius-Straße beschlossen. Im November 2013 meldete sich dann eine Bürgerinitiative „Nellius-Straße bleibt Nellius-Straße" zu Wort, die im Januar dieses Jahres 2.677 Unterschriften für das in ihrem Namen ausgedrückte Begehren vorlegen konnte.

Jede gute Sache muss Kritik vertragen können. Eine breite öffentliche Diskussion kann dem Anliegen, untragbare „Ehrungen" von Nationalsozialisten durch Straßenbenennungen zu revidieren und einem neuen Geschichtsbewusstsein Wege zu bahnen, nur dienlich sein. Problematisch sind indessen Anklänge an jenes auch sonst im Internet verbreitete Argument, dem zufolge sich bei der Straßennamendebatte alle etablierten Parteien gegen eine – angebliche – Mehrheit von Bürgerinnen und Bürgern verschworen hätten. Nicht minder problematisch sind bestimmte

---

[4] FRESE 2012.

[5] Der Sunderner Stadtrat konnte 1975 – im Jahr der Straßenbenennung – von den in dieser Arbeit behandelten historischen Hintergründen noch nichts wissen. Unbequeme Nellius-Forschungen kamen erst ab den 1990er Jahren zum Durchbruch. Untragbare Straßenbenennungen, die an anderen Orten z.T. auch noch zu späteren Zeitpunkten als 1975 erfolgten, sind nur vor dem Hintergrund einer z.T. durchaus erfolgreichen NS-Kulturpolitik für das „schwarze Sauerland" (1933-1944) und der breiten Geschichtsverdrängung nach 1945 (im ganzen Land) möglich gewesen.

[6] BÜRGER 2013a*.

Öffentlichkeitsstrategien, die sich anhand einer Presseschau zur Nellius-Diskussion in Sundern nachweisen lassen: Ein isoliertes Dokument aus einem äußerst umfangreichen Aktenzusammenhang taucht plötzlich als spektakulärer, unüberbietbarer und unanfechtbarer „Entlastungsbeweis" auf. Spekulationen und Behauptungen, für die nicht ein einziger Beleg vorliegt, werden in Anzeigerblättern und gegenüber der Lokalpresse als „historische Wahrheiten" ausgegeben. Im Einzelfall wird sogar aus einer Doktorarbeit etwas abgeleitet, was in direktem Gegensatz zu den von der Autorin präsentierten Ergebnissen steht. Mit derlei Methoden kann man in kürzesten Zeiträumen immer wieder neue Aufmerksamkeit oder Empörung im öffentlichen Raum erzeugen und ein Publikum, das im wissenschaftlichen Umgang mit Quellen nicht geschult ist, beeindrucken.

Im konkreten Fall der Nellius-Diskussion gibt es allerdings keinerlei Grund, herablassend das Informationsbedürfnis von vielen Bürgerinnen und Bürgern zu ignorieren. Die zum Thema bereits vorliegende Internet-Darstellung[7] behandelt den sauerländischen Komponisten nur auf vergleichsweise knappem Raum, z.T. übrigens sehr wohlwollend. Wenn sie direkt betroffene Straßenbewohnerinnen und -bewohner noch nicht überzeugt, haben kritisch Forschende die Pflicht, ihre bisherigen Erkenntnisse besser zu vermitteln und sich dem Thema noch einmal eingehender zu widmen. Außerdem brauchen KommunalpolitikerInnen mit Blick auf die mit einem „Bürgerbegehren" verbundenen Fristen jetzt zeitnah eine hieb- und stichfeste Expertise als Entscheidungsgrundlage.

Dem zweiten Erfordernis kann die vorliegende Darstellung, versehen mit einem umfangreichen Dokumentationsteil, Rechnung tragen. Mit großem Respekt vor dem Informationsbedürfnis auch in nachdenklichen Kreisen haben wir uns die „Causa

---

[7] Bürger 2013a*; hernach vgl. aber auch: Bürger 2013d*.

Nellius" noch einmal sehr viel genauer angeschaut und konnten dabei die Quellenbasis erheblich erweitern:

1. Peter Bürger hat anhand von Veröffentlichungen und Noten-handschriften die Texte der Werke von Georg Nellius, die ein konstitutiver Bestandteil seines musikalischen Schaffens sind, bis hin zum Jahr 1944 neu gesichtet.
2. Michael Gosmann (Stadtarchiv Arnsberg) hat aus dem Nelli-us-Nachlass im Westfälischen Musikarchiv Hagen eine sehr umfangreiche, von Rechtsanwalt Hugo Vad zusammenge-stellte Sammlung (VAD 1941) angefordert, deren brisanteste Inhalte bislang – merkwürdigerweise – in keiner Veröffentli-chung zum Thema berücksichtigt worden sind.[8]
3. Werner Neuhaus hat in zwei Staatsarchiven (Düsseldorf, Münster) die sehr umfangreichen Bestände zum „Nellius-Entnazifizierungs"-Verfahren studiert und außerdem bei Re-cherchen in sauerländischen Archiven weitere Dokumente zu dem von Nellius begründeten „Künstlerkreis" entdeckt.

Auf dieser breiten Quellengrundlage konnten nun nicht nur die bisherigen Forschungsergebnisse vollauf bestätigt werden. Viel-mehr wurden die Dinge bei fortschreitender Quellenkenntnis immer schlimmer. Es zeigte sich eine noch viel weitergehende „Verstrickung" von Georg Nellius in Ideologie und Kulturappa-rat des Nationalsozialismus. In der unter 2) genannten Sammlung von Hugo Vad kam zudem ein erschreckender antisemitischer Aktivismus des „Musikpolitikers" Nellius zum Vorschein, wel-cher bislang völlig unbekannt war! Die „Causa Nellius" erhält

---

[8] WALLIES 1991, S. 235 führt die Quelle zwar auf, vermittelt in ihrer Arbeit jedoch nicht die Archivalien zu Nellius als antisemitischem Musikfunktionär und dessen eindeutige NS-Bekenntnisse. – Aus welchem Anlass „VAD 1941" (Kurztitel) zusammengestellt worden ist, kann nicht sicher nachgewiesen werden. [Editionsvermerk Januar 2014: Herrn Marvin Eichler, Geschichts-student und z.Zt. Praktikant im Stadtarchiv Arnsberg, sei für seine Mithilfe bei der Erfassung und Transkription von Dokumenten herzlich gedankt.]

durch diese neuen Befunde eine „Eindeutigkeit", die bezogen auf das Wirkungsfeld eines Musikers kaum noch trauriger ausfallen kann.

Das zum Abschluss dieser Arbeit vorgelegte Fazit fußt auf Sachverhalten, die durch Veröffentlichungen und Archivalien aus der Zeit *bis zum Ende des „Dritten Reiches"* belegt sind. (Unser Forschungsbericht soll nachvollziehbar sein. Mit dem Dokumentationsteil ermöglichen wir es allen Lesern, die diesbezügliche Quellenlage selbst zu überprüfen.) Das Studium der umfangreichen Aktenbestände zur sogenannten „Entnazifizierung" aus der Zeit *nach* 1945 ermöglichte zusätzlich eine Bestätigung des – aus Quellen der vorhergehenden Zeitabschnitte gewonnenen – Bildes (→A.III).

Schließen möchten wir diese Vorbemerkungen mit dem Hinweis auf ein weit verbreitetes Missverständnis. In der aktuellen Straßennamendebatte geht es nicht darum, Parteigänger des Nationalsozialismus etc. postmortal als Menschen zu vernichten! Auch die Menschenwürde jener, die tief in Ideologie und Praxis eines massenmörderischen Systems „verstrickt" waren und deshalb als öffentlich geehrte Vorbilder nicht in Frage kommen, ist zu wahren.[9] Seriöse historische Forschung, die zur Revision untragbarer Straßenbenennungen führt, ist keine selbstgerechte Richtstätte, sondern ein Erweis von Respekt gegenüber vielen Millionen Opfern des Nationalsozialismus. Sie will auch als ein Dienst an kommenden Generationen verstanden werden.

Düsseldorf, Sundern, Arnsberg im Januar 2014

Peter Bürger, Werner Neuhaus, Michael Gosmann

---

[9] Es besteht ebenfalls kein Grund, etwaige Verdienste oder helle Seiten auf ihrem Lebensweg in Abrede zu stellen.

I.
„Rechtsaußen":
Georg Nellius' Wirken bis zum Ende der Weimarer Republik

Peter Bürger

„[D]en Führer erkannte und anerkannte
ich öffentlich seit zwölf Jahren
als die einzige deutsche Hoffnung,
ich bewundere und verehre in ihm den
Schmied der deutschen Gegenwart und Zukunft."

Georg Nellius am 9.12.1934

Geboren wurde Georg (Hermann) Nellius am Ostermorgen des 29. März 1891 in Rumbeck als fünftes von sieben Kindern des Franz Nellius und der Maria geb. Bertelt.[1] Sein Vater und der älteste Bruder wirkten als Stadtkapellmeister in Neheim. Nach der Volksschulzeit erhielt Georg Privatunterricht durch den Rumbecker Dechanten Kaspar Berens, der vor allem als Dichter und Komponist des Kolpingliedes „'s war einst ein braver Jung-gesell" bekannt geworden ist. Danach besuchte er von 1903 bis zum Abitur 1908 die Internatsschule der Herz-Jesu-Missionare in Hiltrup bei Münster. Die Missionare verfügten in Oeventrop, also in direkter Nachbarschaft zum Geburtsort Rumbeck, über eine ordenseigene Hochschule zur Ausbildung des Priesternachwuch-

---

[1] Vgl. zur Biographie: WALLIES 1991; BÜRGER 2013a*, S. 28-38 (Internetdokumentation).

ses. Dort studierte Georg Nellius sechs Semester lang Philosophie und Theologie.

Die geistlichen Schul- und Hochschuleinrichtungen der Zeit ermöglichten auch Kindern aus weniger begüterten Familien den Bildungsaufstieg. Das damit verbundene „Berufsziel Priester" scheint für Nellius aber nicht gepasst zu haben. Seine musikalische Begabung trat schon in der Schulzeit deutlich zutage. Während der Hiltruper Gymnasialzeit gab es für ihn jede Woche lediglich eine halbe Stunde (!) zusätzlichen Unterricht beim Anstaltsmusiklehrer Hermann Wesseler – mehr nicht. Die Anstaltsordnung sorgte nämlich für strengste Begrenzung bei der Förderung musikalischer Neigungen. Dem Orden war schließlich am geistlichen Nachwuchs – und nicht an aufstrebenden Musikern – gelegen. Die Lektüre von musiktheoretischen Schriften und eigene frühe Kompositionsarbeiten mussten ganz heimlich erfolgen.

Sobald Georg Nellius 1912 volljährig war, entschied er sich zur Aufgabe des Theologiestudiums und zur „Musik als Lebensberuf". Danach besuchte er zwei Semester lang unter großen Entbehrungen das von Fritz Steinbach geleitete Kölner Konservatorium.[2] Seinen Lebensunterhalt verdiente er sich durch musikalische Engagements in Wirtshaus- und Kinoorchestern: als Klavier- und Harmoniumspieler, Geiger, Kontrabassist, Trompeter und Euphonium-Bläser. Sehr bald nach Abschluss der Kölner Ausbildung wurde Nellius 1913 in Saarbrücken kurzzeitig Leiter der Ernst'schen Musikschule und (ab Juli 1914) privater Musiklehrer. 1915 heiratete er dort Elisabeth Schweitzer.

Am 20.6.1916 wurde Nellius als Landsturmmann eingezogen. Er leistete Kriegsdienst als Kanonier an der Westfront und ab dem Frühjahr 1918 in einem Wachkommando des Ludendorff-

---

[2] Nellius führt später u.a. in seinem Lebenslauf vom 4.6.1938 zusätzlich auch „4 Semester Musikwissenschaft [...] an der Universität Münster" auf (→B.II.7), und in „Heimat und Reich" ist drei Jahre später die Rede davon, er habe „bei Volbach in Münster Musikwissenschaft" studiert (MOSER 1941, S. 85). Es handelt sich hierbei wohl um einen 1921-1923 nebenher verfolgten, dann aber abgebrochenen Promotionsversuch (WALLIES 1991, S. 45).

Lagers bei Crépy in Mittelfrankreich. Innerhalb von nur zehn Tagen komponierte er als Soldat im Juni 1918 sein Oratorium *„Totenklage"*, in dem E. Wallies zufolge seine nationalistische Einstellung schon deutlich zum Ausdruck kommt.[3] Der Rückkehr nach Saarbrücken folgte eine rege Tätigkeit als Musiklehrer und Leiter mehrerer Chöre, darunter des Synagogenchores Saarbrücken.

Im Rahmen seiner national-patriotischen Musikbeiträge für ein deutsches Saargebiet komponierte der nach dem Krieg an die Saar zurückgekehrte Musiker ein Chorwerk *„Saartrutz"*, dessen Uraufführung die „französischen Militärbehörden" verboten haben sollen. Stattdessen, so Nellius später, hätten 2000 Besucher die deutsche Nationalhymne „stehend als deutschen Schwur gesungen". Dieses – in den Quellen unterschiedlich, z.T. sehr dramatisch und irreführend dargestellte – Ereignis begründet dann im Nachhinein den „Mythos Nellius".[4] In einer vergleichsweise unspektakulären Schilderung schreibt Nellius selbst, er sei im August 1920 „vornehmlich auch wegen meiner nationalen

---

[3] Vgl. WALLIES 1991, S. 17-18. Die Versetzung in das Ludendorff-Lager war aus familiären Gründen erfolgt (ein Bruder war 1916 im Krieg getötet worden, zwei weitere Brüder waren gestorben, der jüngste war mehrfach verwundet). Trauer scheint Nellius eher national-ideologisch – statt fromm oder existentiell – verarbeitet zu haben.

[4] In einem Selbstzeugnis sagt Nellius, er habe sich an das gleichsam in letzter Minute von der saarländischen Regierungskommission erteilte Aufführungsverbot gehalten, jedoch das dann von allen Besuchern gesungene Deutschland-Lied angestimmt (→B.II.8). Dieses Ereignis fiel in den *Mai 1920* (Selbstzeugnis →B.II.7)! Es kann also *nicht* unmittelbarer Anlass für die im *August 1920* erfolgte Ausweisung aus dem Saarland gewesen sein, wie Nellius öffentlichkeitswirksam selbst verbreitet hat (zit. MOSER 1932, S. 565; falsch sogar – trotz Kenntnis des Nachlasses – noch bei WALLIES 1991, S. 20; (→B.II.11) oder verbreiten ließ (→B.II.13 und B.IV.6). Der Nellius-Mythos blühte gleichwohl: „Als er im Grenzgebiet deutsche Heimaterde durch eisenbewehrte Fäuste und Siegerwillkür bedroht sah, zeugte jene heilige Flamme der Begeisterung die schwungvolle, markige Saarhymne, um derentwillen er bei Nacht und Nebel das Saargebiet verlassen mußte" (HAVERKAMP 1931).

Arbeit im öffentlichen Konzert- und Gesangswesen, auch auf Grund von Denunziationen pazifistisch-adeutsch eingestellter eigener Schüler (Seminar!)"[5] ausgewiesen worden.

1. Völkische Standortbestimmung ab 1922/23: „Deutscher Gott!"

Bei seiner Rückkehr ins Sauerland wird Georg Nellius 1920 von der Neheimer Presse als „Opfer des Versailler Schmachfriedens" vorgestellt (WALLIES 1991, S. 44). Der zunächst noch stellunglose Musiker macht als „Kämpfer für die deutschen Rechte" in Berlin vergeblich Schadensersatzansprüche geltend. Als einziges Zugeständnis werden ihm Sondergenehmigungen erteilt, die eine Anerkennung als Musikdirektor und Komponist (4.10.1920) und eine nachgeholte Staatsprüfung als „Gesangslehrer für höhere Schulen" (Januar 1921) ermöglichen.

In der alten Heimat ist Nellius als Musiklehrer bei den Neheimer Ursulinen, als Dirigent vieler Chöre, als Bundeschormeister des Sauerländischen Sängerbundes (1923) und als Initiator eines ersten „Sauerländischen Musikfestes" (1926) in Erscheinung getreten. 1923 „entdeckt" er die Mundartlyrikerin Christine Koch (1869-1951), deren Werk ihn in der Folgezeit zu mehr als 100 Vertonungen von plattdeutschen Texten inspiriert.[6] Die im gleichen

---

[5] „Gesuch des Studienrats Georg Nellius betreffs endgiltiger [sic!] Festsetzung seines Besoldungsdienstalters, an den Herrn Oberbürgermeister der Stadt Herne" vom 23.2.1934 (LANDESARCHIV NORDRHEIN-WESTFALEN, Abt. Westfalen, Personalakten Nr. AN 81, Nellius, Schulkollegium Münster).

[6] BÜRGER 2013a*; vgl. BÜRGER 1993 und BÜRGER 2010, S. 342-348, 446-450. – Das bis 1929 abgeschlossene plattdeutsche Hauptwerk von Christine Koch (Wille Räusen, Stimmstamm, Sunnenried) ist wohl kaum als völkisch zu qualifizieren. Die Dichterin hat nach 1945 behauptet, als treue Katholikin „nie auch nur das Geringste" mit der Idee des Nationalsozialismus zu tun gehabt zu haben. Gleichwohl ist ihre sehr hohe Anpassungsbereitschaft zur Zeit des „Dritten Reiches" erwiesen (BÜRGER 2012b*); neue Textfunde aus den Arnsberger ‚Ruhrwellen' belegen noch deutlicher als bislang bekannt

Jahr erfolgte Gründung eines „Sauerländer Musik- und Kunst-
verlages" erscheint im Rückblick als Desaster, da sie Nellius am
Ende nur eine sehr hohe Verschuldung eingebracht hat.

Georg Nellius selbst und andere haben *nach* 1933 auch die
frühen Verdienste als plattdeutscher Musikpionier wiederholt als
Beweis für eine „von jeher [...] gerade Linie des Deutschseins"[7]
angeführt; in Westfalen schätzten führende Nazis die niederdeut-
sche Mundart sehr (BÜRGER 2011). In rechtsextremistische Gefilde
ist Nellius indessen auf anderen Wegen gelangt, die man in seiner Heimat während der Weimarer Republik mehrheitlich als
Irrwege betrachtet hat: Vor allem wegen der anhaltend hohen
Integrationskraft der katholischen Zentrums-Partei konnten die
Nationalsozialisten im kölnischen Sauerland vor 1933 nicht richtig Fuß fassen. Hier wählte man bei der ersten Reichspräsiden-
tenwahl mit überwältigender Mehrheit den gemeinsamen Kandidaten der Demokraten und nicht Hindenburg. Die Präsenz von
„Erzberger-Leuten" war so stark, dass der Friedensbund deutscher Katholiken (FdK) in der Landschaft eine regelrechte Hoch-
burg besaß. Wichtige Zeitspuren führen hin zum allernächsten
Wirkungsbereich von Nellius: Der Neheimer Arbeitersohn Franz
Stock (1904-1948), ein sauerländischer „Heiliger der Völkerver-
söhnung und des Friedens", hat hier schon als Gymnasiast die
Botschaften des Friedenspapstes Benedikt XV. gelesen (KOCK
1997). Der überregional bekannte Zentrumsmann Dr. Rudolf
Gunst (1883-1965), zeitweilig Vorsitzender des Friedensbundes

---

‚Gelegenheitsdichtungen' ihre freudige Zustimmung zur ‚Machtergreifung'!
Chr. Koch ist allerdings nie der NSDAP beigetreten, hat sich in keiner Weise
antisemitisch geäußert und setzt sich in ihrem Werk nachdrücklich für das
Menschenrecht von Minderheiten „auf der Straße" – sogenannte ‚Heimatlo-
se' – ein (BÜRGER 2013c, S. 250-263). In einer vermutlich von Hugo Vad ange-
forderten Stellungnahme zu G. Nellius unterzeichnet sie übrigens noch am
24.1.1941 mit „Heil Hitler!" (VAD 1941, Anlage S. 49a/b), wozu es in ihrer
sonstigen bislang bekannten privaten Korrespondenz dieses Jahres kein
Gegenstück mehr gibt.
[7] Diese Wendung stammt aus einem Beitrag der NSDAP-Zeitung „Rote
Erde" über Nellius vom 4.4.1933 (zit. VAD 1941; Volltext →B.II.12).

deutscher Katholiken und nach 1945 ein Mitbegründer der CSU,
war ab 1919 in Hüsten Amtmann bzw. Amtsbürgermeister (FÖS-
TER 2002).

In der Frühzeit der Weimarer Republik profilierte sich jedoch
auch der „Jungdeutsche Orden als Kern der völkischen Bewegung im Raum Arnsberg"[8]. Maßgeblicher Drahtzieher war der
Antisemit und Hüstener Vikar Dr. Lorenz Pieper (1875-1951)[9],
der als rechtskatholischer Aktivist schon 1922 der NSDAP beitrat
und bis zu seinem Fortgang von Hüsten mit dem demokratisch-
pazifistischen Amtmann Dr. Gunst eine erbitterte Fehde führte.
Spätestens um 1923 kommt Georg Nellius in sehr enge Tuchfüh-
lung zu jenem Netzwerk von Rechtsextremisten, das mit diesem
braunen Geistlichen zusammenhängt (und nach 1933 die „sauerländische Prominenz" stellen wird). Josefa Berens-Totenohl
(1891-1969) nennt nämlich schon für diesen Zeitpunkt Georg
Nellius und Dr. Lorenz Pieper als ihre Freunde.[10] Die zweite Pie-
per-Vertraute Maria Kahle (1891-1975) wird ab 1922 die wichtigs-
te *hochdeutsche* Textlieferantin für Musikkompositionen von
Nellius, so dass wir uns das nachmalige Quartett berühmter Hitler-Verehrer aus der kurkölnisch-sauerländischen Heimatszene
schon früh als einen Zirkel vorstellen müssen.

---

[8] NEUHAUS 2010*. – Zum Jungdeutschen Orden als nationalistischem, weit-
hin auch antisemitischem Kampfbund vgl. VOGEL 1989 (in Kenntnis dieses
Werkes und der sauerländischen Anhängerschaft kann man nur zutiefst
bedauern, dass in Wikipedia der Orden mit Verweis auf spätere Phasen
schlicht als republikanische Organisation dargestellt wird).
[9] Vgl. zu L. Pieper Darstellung und Literaturangaben in BÜRGER 2013a*;
neuerdings auch: GRANNEMANN 2013. Entscheidend ist, dass Pieper das
Zentrum eben nicht „nur" in Richtung Deutschnationale/DNVP verließ,
sondern bereits 1922 ein glühender *Hitler*-Gefolgsmann wurde!
[10] BERENS-TOTENOHL 1992, S. 103-104, 111, 118-119, 232 (vgl. zu Berens als
einer engen Nellius-Freundin: WALLIES 1991, S. 101). – Berens, Kahle und
Nellius gehören alle zum Jahrgang 1891!

Da die aggressive Republikfeindin und Antisemitin Maria Kahle mit ihrem Werk heute noch immer Anhänger[11] findet, bieten wir im Dokumentarteil dieser Darstellung zur Lektüre eine aussagekräftige knappe „Zitatensammlung" an (→B.I.14). Dass die künstlerische Zusammenarbeit von Maria Kahle (Texte) und Georg Nellius (Tonsätze) auf einer geistig-politischen Verbundenheit der beiden beruht, ist durch Selbstzeugnisse und Rezensionen hinreichend belegt.[12] Wer Kahles Dichtungen kennenlernen möchte, fängt beim Studium am besten mit dem vom Jungdeutschen Verlag vertriebenen Band „Gekreuzigt Volk" an (KAHLE 1924): Die zum Teil schon 1923 veröffentlichten Verehrungsgedichte tragen Titel wie *„Schlageter"*, *„Adolf Hitler"*, *„Ludendorff"* und *„Hindenburg"*. Unter Überschriften wie *„Der schwarze Tag von München"* und *„November 1923"* beklagt die Autorin – ganz im Sinne ihres Priesterfreundes Dr. Lorenz Pieper – das Scheitern des Münchener „Hitler-Ludendorff-Putsches" vom 8./9.11.1923. Die Zahl der leidenschaftlichen Hass- und Fluchverse im Buch „Gekreuzigt Volk" ist Legion!

Georg Nellius hat schon 1923 den von ihm ausschließlich nach Kahle-Texten komponierten Liedkreis *„opus 22: Vaterland"* veröffentlicht.[13] Diese Vertonungen enthalten u.a. an zweiter Stelle das schwerlich noch christlich zu nennende ›Gebet‹ an einen ›Deutschen Gott‹: „Deutscher Gott, Du Gott der Freien, / [...] / Eh wir denn zu Knechten werden, / Die beim Feind in Demut flehen, / Laß uns, stolzer Gott der Freien, / Laß uns lieber untergehen!" Im Rahmen einer Reihe für die überregionale Zentrums-Zeitschrift *„Germania"* bescheinigt der Briloner Josef Rüther im gleichen Jahr

---

[11] Namentlich auch bei der sogenannten „kath. Jugendbewegung" der Pius-Bruderschaft, wo man die schwulstige Demokratiefeindin wegen ihres neuheidnischen Deutsch-Katholizismus zu schätzen scheint und nach dem Vorbild der 1930er Jahre als große Dichterin rühmt (WEIßINGER 2013*).

[12] Vgl. z.B. NELLIUS/KAHLE 1930a (gemeinsames Vorwort); NELLIUS/KAHLE 1930b (Einführung von Dr. Karl Laux); SCHEUCH 1932; POTTHOF 1933.

[13] Texte →B.I.3. – Einem Selbstzeugnis zufolge ist das Werk schon 1922 (!) komponiert worden (→B.II.11).

den völkischen Katholiken einen neuheidnischen Abfall vom Christentum durch Vaterlandsvergottung, Kriegskult und Antisemitismus (BÜRGER 2013a*, S. 55-56; BÜRGER 2013b*, S. 12-13). Als gravierende Beispiele aus dem Sauerland nennt er neben den Aktivitäten des NSDAP-Geistlichen Lorenz Pieper auch den „Deutschen Gott" Maria Kahles.

Dass Georg Nellius schon 1922/23 im Sog der Völkischen und Hitler-Verehrer stand, erschließt sich zusätzlich auch aus Selbstzeugnissen. In seinem „Bekenntnis zum Führer" vom 9.12.1934 (Volltext →B.II.11) vermerkt der sauerländische Komponist:

„In klar erkanntem Gegensatz zu den männiglich bekannten destruktiven Chor-Komponisten jüdisch-marxistischer Haltung habe ich seit dem Jahre 1922 gerade als Tonsetzer neue Werke gesucht zu den Urgrunds-Kräften des Volklichen und Heimatlichen. [...] den Führer erkannte und anerkannte ich öffentlich seit zwölf Jahren [!] als die einzige deutsche Hoffnung, ich bewundere und verehre in ihm den Schmied der deutschen Gegenwart und Zukunft."

Am 4. Juni 1938 schreibt Nellius zur zeitlichen Einordnung seiner vorauseilenden ›Verdienste um Deutschheit‹ ebenfalls:

„Seit 15 Jahren gelte ich infolge meines ausgeprägt vaterländisch-deutschen Chor-Schaffens als ausgesprochener Gegenpol der bis zum Umbruch tonangebenden jüdischen oder angejüdelten Komponisten internationaler bzw. SPD-Haltung wie Lendvai u.a. Meine sechssätzige Chorsuite ›Vaterland‹ nach leidenschaftlich deutschen Dichtungen der jüngst für ihre Deutschheits-Kämpfe mit dem westfälischen Literaturpreis 1937 ausgezeichneten Dichterin Maria Kahle ist im Jahre 1923 (!) im Druck erschienen. Die letzte Hymne dieses Werkes ›Deutscher Gott, Du Gott der Freien...‹ für Männerchor, grosses Orchester und Orgel, beschloss die unter meiner von 5500 Sängern durchgeführte westfälische Feierstunde ›Schaffend

Volk‹ beim als reichswichtig erklärten Deutschen Sängerbundes-Fest in Breslau im Juli vorigen Jahres [1937].“[14]

Eine Bestätigung dieser Selbstzeugnisse, soweit sie sich auf die 1920er Jahre beziehen, enthält auch ein Artikel „*Georg Nellius zum Abschied*" in der NSDAP-Zeitung „Rote Erde" vom 4. April 1933 (Volltext →B.II.12). Der Verfasser ist „Franz Bergmann[15], eines der ältesten Mitglieder der NSDAP im Sauerlande" (VAD 1941, S. 20). Diese Quelle darf hier auch deshalb – unter Vorbehalt – herangezogen werden, weil G. Nellius in einem Gesuch vom 23.2.1934 selbst ausdrücklich vermerkt, der Artikel sei „ohne mein Vorwissen, aber zu meiner freudigen und stolzen Ueberraschung in diesem damaligen amtlichen Partei-Blatt veröffentlicht"[16] worden. NSDAP-Pionier Franz Bergmann führt in seiner

---

[14] Zit. VAD 1941, S. 10 (Volltext →B.II.7). – Ausdrücklich heißt es auch schon 1934 in einem Schreiben: „Meine vaterländischen Werke tragen zum Teil die Druck-Jahreszahl 1923." („Gesuch des Studienrats Georg Nellius betreffs endgiltiger [sic!] Festsetzung seines Besoldungsdienstalters, an den Herrn Oberbürgermeister der Stadt Herne" vom 23.2.1934: LANDESARCHIV NORDRHEIN-WESTFALEN, Abt. Westfalen, Personalakten)
[15] Zu seiner Person teilt der Arnsberger Stadtarchivar Michael Gosmann mit (E-Mail, 21.1.2014): „Franz Bergmann, katholisch, wurde am 30.11.1885 in Neheim geboren. Er starb am 04.06.1945 in Hövelhof. Bergmann hatte eine Spirituosenhandlung auf der Neheimer Möhnestraße 10, er war verheiratet, hatte jedoch keine Kinder. – Franz Bergmann ist Autor verschiedener Gedichte und mundartlicher Beiträge z.B. im ›Heimatbuch der Stadt Neheim‹ von 1928 (S. 145, 191, 193, 195f., 198). Im Stadtarchiv liegen auch Kopien von Zeitungsbeiträgen vor: ›Nehem und Hustena. Ein Gang durch die Geschichte der beiden Ortsteile Neheim und Hüsten‹ (um 1941?); ›Die germanische Mark. Vom Sinn der Mark und Markordnung – erläutert am Beispiel der Neheim-Hüstener Markgenossenschaft‹. – Vgl. ergänzend zur plattdeutschen Primärbibliographie Bergmanns: BÜRGER 2010, S. 80.
[16] „Gesuch des Studienrats Georg Nellius betreffs endgiltiger [sic!] Festsetzung seines Besoldungsdienstalters, an den Herrn Oberbürgermeister der Stadt Herne" vom 23.2.1934: LANDESARCHIV NORDRHEIN-WESTFALEN, Abt. Westfalen, Personalakten.

sauerländischen Rückschau auf die Zeit der Weimarer Republik
u.a. folgende Punkte an:

1. Er selbst habe bereits sehr bald nach der Rückkehr des aus
   dem Saarland ausgewiesenen Musikers nach Neheim [im
   September 1920!] gefunden, „dass Nellius damals schon Nationalsozialist durch und durch war".
2. Nellius „hat nichts komponiert, in dem nicht irgendwie das
   Vaterländische, das Deutsche durchklingt."
3. Als Vertreter sauerländischer Gesangsvereine gedroht hätten,
   bei einer Teilnahme uniformierter Nationalsozialisten am Totengedenktag nicht zu singen, habe Nellius seinerseits angekündigt: „Dann singe ich eben allein! Gesungen wird auf jeden Fall!"[17]
4. „Dr. Pieper, der unentwegte Schürer, Maria Kahle, die grosse
   Dichterin und Patriotin, Nellius, der unverzagte, rastlose und
   tatkräftige Komponist" hätten als sauerländisches Trio in der
   verflossenen ›Systemzeit‹ „stets gegen den Strom der Korruption, der vaterlandslosen Gesinnung, der Lumperei" ange-
   schwommen.

2. Der „Sauerländische Künstlerkreis"
als Türöffner für den Nationalsozialismus

Seit seiner Rückkehr ins Sauerland verstand sich Georg Nellius
auch als ein Vorreiter der „Heimatkunst". Die entsprechenden
Aktivitäten des „plattdeutschen Liederpioniers" werden in vielen

---

[17] In seinem Brief an die KPD-Leitung Herne vom 16.2.1946 (LANDESARCHIV
NORDRHEIN-WESTFALEN, Abt. Westfalen, Personalakten) will Nellius sich
später zwar nicht mehr an diesen Vorfall erinnern können, stellt ihn jedoch
auch nicht in Abrede. Zur Rechtfertigung führt er an, er habe ja auch bei
anderen Gelegenheiten jüdische Chorsängerinnen in der Christmette mit-
singen lassen (Neheimer Zeit) und einen von den Nazis 1933/34 drangsa-
lierten Kommunisten bei einer Laienspielaufführung 1942 besonders freund-
lich begrüßt.

Veröffentlichungen des Christine-Koch-Mundartarchivs sachlich gewürdigt. Es kann jedoch auch bezüglich des Heimat-Engagements das *politisch motivierte* Wirken des Musikers nicht außer Acht bleiben: „In den Jahren 1928/29 begründete Nellius [...] den ›Sauerländischen Künstlerkreis‹ [SSK], einen Zusammen-schluß von etwa 35 schöpferisch tätigen sauerländischen (oder dem Sauerland verhafteten) Künstlern. Nellius wurde zum Füh-rer dieser Vereinigung ernannt, die bis 1933/34 Bestand hatte, bis sie im Zuge der ›Gleichschaltung‹ in die Reichskulturkammer überführt wurde." (WALLIES 1991, S. 101) Die Erforschung dieses – sich auf den ersten Blick harmlos ausnehmenden – Künstler-kreises ist deshalb so zentral, weil sich – im Kontext der sauer-ländischen Heimatbewegung – an dieser Nahtstelle in den späten 1920er Jahren die Scheidung von konservativ-katholischen oder linkskatholischen Getreuen der Republik und rechtsextremisti-schen – z.T. ebenfalls römisch-katholischen – Verfassungsfeinden vollzogen hat. Die römisch-katholische Tendenz-Schriftstellerin Anna Kayser (1885-1962) aus Lennestadt-Hespecke sah sich z.B. aufgrund der im Künstlerkreis zunehmend forcierten „falschen Blut- und Boden-Heimatrichtung" aus Gewissensgründen zu einer Distanzierung gezwungen (BÜRGER 2010, S. 316-317). Der linkskatholische Demokrat und spätere NS-Verfolgte Josef Rüther (1881-1972) aus Olsberg-Assinghausen zog sich Ende 1928 auf-grund des erstarkenden Einflusses von rechten Verfassungsfein-den aus der Arbeit des Heimatbundes zurück (BLÖMEKE 1992; BÜRGER 2013b*). Bei den Flügelkämpfen ging es im Wesentlichen auch um eine Frontstellung gegen den organisierten politischen Katholizismus der Landschaft, wie sich an den beiden engsten Mitstreiterinnen von Georg Nellius am deutlichsten ablesen lässt (BÜRGER 2013a*): Die Hitler-Verehrerin Maria Kahle war eine Leitfigur von rechten Republikfeinden und wurde als solche ja schon in den frühen 1920er Jahren in der Zentrums-Zeitung „Germania" beleuchtet. Josefa Berens (Anmeldung zur NSDAP: 1931) zählte 1930 intern den Balver Zentrumsmann und Kir-chenmusiker Theodor Pröpper (1896-1979) zu jenen „Heimat-

bund-Proleten", deren „großes Maul" gestopft werden müsse
(BÜRGER 1993, S. 94).

In seinem im Oktober 1930 veröffentlichten Vortrag *„Kunst als
Grundkraft der Heimatbewegung"*[18] preist SSK-Chef Georg Nellius
sein reaktionäres Künstlerkreis-Programm an und spricht ausdrücklich von einer geistigen „Wandlung" bzw. Wende im Sauerländer Heimatbund: Er betont die „Evolution der kernhaften ge-
sunden Stammeskultur in eine umfassende Vaterlandskultur
unter Wahrnehmung und stärkster Betonung der Stammes-
Eigenart", will wahrnehmen, wie „der weltkrieg-kranke deutsche
Volkskörper aus seinen früher fast bedeutungslos erscheinenden
Organen die Gesundungsfermente" zieht und stellt – im Rahmen
einer rassistischen Kunsttheorie – dem von einem ›senilen Berliner Musikwissenschaftler‹ bevorzugten „Negerblut" im Jazz die
„vitalen Kräfte unverbrauchten Heimatblutes" gegenüber. Man
ahnt bereits, dass der spätere Nationalsozialist Nellius, dem eine
„Führernatur"[19] bescheinigt wird, auf der Grundlage solcher An-

---

[18] NELLIUS 1930* (dieses Künstlerheft Nr. 6-7/1930 der „Heimwacht" ist
insgesamt bedeutsam für eine Erforschung des SSK; im Jahr 1933 vgl. dann
die SSK-Beilagen der Mendener Zeitung *„Von Sauerländer Art und Kunst"*,
die auch eine Liste aller SSK-Mitglieder erschließen [STADTARCHIV MEN-
DEN]). Als „göttliche Mission des Künstlers" galt es Nellius zu dieser Zeit,
„das Wesen seiner Volkschaft" leuchten zu lassen. – Sehr verhüllt hält der
SSK-Obmann Dr. Menne zunächst sein Heimatkunst-Programm, prokla-
miert jedoch schon: „Wie einst Wotan den Felsen mit einer brennenden
Zauberlohe umgab, in der Brünhilde ruhen sollte, bis Siegfried sie erwecke
vom Schlummer, so liegt auch heute die Heimat in Feuerbränden und wartet, wartet auf den Held, dem die Lohe der brennenden Welt in die eigene
Seele dringt, der brennenden Zauber im Herzen durch das Feuer schreitet."
(MENNE 1930*, S. 181)
[19] So HAVERKAMP 1931: „Als Mensch und Charakter geht Georg Nellius seine
gerade Straße. Jeder, der seinen Weg kreuzt, steht unter dem Eindruck einer
Führernatur persönlichster Prägung. Eine Persönlichkeit von solch scharf
profilierter Mentalität und solch ungebrochenem Tätigkeitsdrang, fern aller
müßigen Reflexionen, findet im bauen in großen Formen und wohlerwoge-
nen, harmonischen Maßen sein intensivstes Glückserleben. Die entschiedene
Abwehr alles Unwertigen, die spontane Reaktion auf persönliche Einengun-

schauungen wenige Jahre danach keine grundlegende Kehre zu vollziehen braucht. (Die besondere „Westfälische Stammesideologie" gehörte bei führenden NSDAP-Funktionären der Provinz ohnehin auch nach 1933 zum festen Gedankengut.)

Präziser als in meinen eigenen früheren Arbeiten (BÜRGER 1993, S. 93-96) ist die hochpolitische Funktion des von Nellius begründeten und geleiteten „Sauerländischen Künstlerkreises" jüngst von Dr. Steffen Stadthaus auf der Basis neuer Archivalien beleuchtet worden (STADTHAUS 2012*, S. 5-7):

„Gegen Ende der 1920er Jahre verhärteten sich die Fronten in der Sauerländischen Heimatbewegung. Politisch-literarische Aktivistinnen wie Maria Kahle und Josefa Berens-Totenohl, der Tonkünstler Georg Hermann Nellius und Heinrich Luhmann gründeten [1928] den ›Sauerländischen Künstlerkreis‹ (SKK), der in den Folgejahren von Hans Menne, einem frühen NS-Anhänger, [als Obmann] geleitet wurde. [...] Nach der nationalsozialistischen Machteroberung stieg das Ansehen des SKK in der öffentlichen und politischen Wahrnehmung. Von den Nationalsozialisten wurde er als repräsentative Vereinigung der Sauerländer Kultur erachtet. Der ›Westfälische Anzeiger‹ vom 20. Juli 1933 berichtete über eine Kooperation der Künstlervereinigung mit dem Westdeutschen Rundfunk (WERAG), die vom neuen Intendanten des gleichgeschalteten Senders, dem aus der Heimatbewegung stammenden Nationalsozialisten Heinrich Glasmeier, angeregt worden war. Der Künstlerkreis sei von Glasmeier als ›eine der charaktervolls-

---

gen und Widerstände werden irrtümlich als Wogen wallenden Blutes eines Herrenmenschen gedeutet. Ich weiß, Georg Nellius ist eine der starken Naturen – gottlob –, denen ihr Werk als Ausdruck ihres tiefsten Empfindens zu hoch steht, um Kompromisse zu schließen. Er ist bereits im Kampfe um seine Ideale Opfer seiner Unerschrockenheit und Geradheit geworden! Als er im Grenzgebiet deutsche Heimaterde durch eisenbewehrte Fäuste und Siegerwillkür bedroht sah, zeugte jene heilige Flamme der Begeisterung die schwungvolle, markige Saarhymne, um derentwillen er bei Nacht und Nebel das Saargebiet verlassen mußte."

ten, geschlossensten und aktivsten Kulturzellen in Westfalen‹ gewürdigt worden und von der alten Sendeleitung nur aus politischen Gründen im Rundfunk übergangen worden. – In einem weiteren internen Rundschreiben begrüßte der Obmann Hans Menne die ›nationalsozialistische Revolution‹" (EBD., S. 5-6).

Dass der alsbaldige Nazi-Aktivist Dr. Hans Menne im SSK ohne Einverständnis (bzw. Zutun) von dessen Begründer und Führer Nellius schon Jahre vor der „Machtergreifung" zum Obmann aufsteigen konnte, ist undenkbar. Am 5.8.1933 beschließt der SSK in Grevenbrück auf Vorschlag des Obmanns einstimmig, sich „kooperativ zum Beitritt beim Kampfbund für Deutsche Kultur[20] anzumelden", und beratschlagt, sich „organisch" vom Sauerländer Heimatbund zu trennen.[21] Im August 1933 veröffentlicht Menne im ›Central-Volksblatt‹ im Namen *aller* Mitglieder des Künstlerkreises folgende Erklärung:

„Seit unserer letzten Tagung im Januar 1933 hat sich in Deutschland die Nationalsozialistische Revolution vollzogen. Sie hat uns mit großer Freude erfüllt. Wie ich ja bereits in meinem letzten Rundschreiben erwähnte, haben wir von Anbeginn unseres Zusammenschlusses mitgearbeitet zur Verwirklichung der Ideen, die nun Tat werden. Von Anbeginn sind wir ein Kampfbund gewesen, die gestaltenden und schöpferischen Kräfte der Heimat aufzurufen und ihnen Geltung zu verschaffen gegen die wurzellose Kunst [...]. Das zwingende Gefühl der Schicksalsgemeinschaft mit unserem Volke, die blutmäßige Einheit von Rasse, Volk und Stamm […] bleiben unsere grundlegenden Voraussetzungen zur Arbeit. […] Wir

---

[20] Ursprünglicher Name: „Nationalsozialistische Gesellschaft für deutsche Kultur". Begründer: NSDAP-Chefideologe Alfred Rosenberg!
[21] *Die Tagung des sauerländischen Künstlerkreises in Grevenbrück.* In: Mendener Zeitung, 15.8.1933 (Rubrik „Sauerländisches aus allen Zeiten und aller Welt").

mußten uns selbst einmal erst im Inneren säubern, Ungesundes und Krankhaftes ausmerzen, selbst erst von einem einheitlichen Wollen beseelt sein, selbst einmal erst vom Führerprinzip durchdrungen und durchglüht sein. […] Ein neuer Morgen ist angebrochen! Kompromißlos wollen wir weiter mitarbeiten am neuen Werk. *Der Künstlerkreis soll die SA-Truppe auf Kultur-und kunstpolitischem Gebiet im Sauerland bleiben.*"[22]

Werner Neuhaus hat die vom Sauerländischen Künstlerkreis ab August 1933 herausgegebene Beilage der Mendener Zeitung *„Von Sauerländer Art und Kunst"* gesichtet und kann nun nachweisen, dass Nellius für die Richtung dieser Erklärung ausdrücklich auch mit eigenem Namenszug geradesteht. Auf Seite 1 der Ausgabe vom 4.8.1933 ist nämlich ein von Georg Nellius und Dr. Hans Menne unterzeichneter Artikel „Zum Geleit" abgedruckt, der mit der Bereitschaftserklärung endet, „unserem Führer Adolf Hitler in seinem Kampf um die Wiedererweckung deutschen Geistes, deutscher Art und Sitte Helfer und Mitarbeiter zu sein. Heil Hitler!"

---

[22] Zit. STADTHAUS 2012*, S. 6-7. – *Kursivsetzung* am Schluß hier nachträglich von mir, P.B.!

3. Das Werk „Von deutscher Not" (1928/29), der Liedkreis „Deutschland" (1931) und das ursprünglich Hitler zugedachte Opus „Deutsch Volk" (1932)

In den Jahren des unentwegten musikalischen Engagements für das plattdeutsche „Volkstum" des Sauerlandes war die gesamt-deutsch-vaterländische Profilierung im kompositorischen Schaffen von Nellius in den Hintergrund getreten. Dies ändert sich gründlich Ende der 1920er Jahre, als ein bedrohlicher Rechts-schwenk in der Republik – und z.T. auch im politischen Katholi-zismus (GRÜNDER 1984) – nicht mehr zu übersehen ist. Von September 1928 bis Mai 1929 setzt Nellius die Noten zu seinem gro-ßen Opus 44 *„Von deutscher Not"*, einem ausgesprochenen Ge-meinschaftswerk[23] zusammen mit der Textautorin Maria Kahle (Sekundärquelle und Textauswahl dazu →B.I.4). Die Dichterin eines „Deutschen Gottes" (s.o.) legt hier eine weit ausholende deutsch-völkische „Befreiungstheologie" vor: „Unsre Hände wol-len wir zum Segen / Auf die blonden Kinderköpfe legen, / Ach, entsühnt ist dann die blutige Hand!" „Neue Heimat wollen wir erstreiten, / Länger nicht soll Blut von Blut sich trennen; / Enge Grenzen werden jäh sich weiten, / Wenn wir Deutsche uns als Volk bekennen!" – „Heilige Erde", „Urblut deutscher Volkheit", verlorenes Land einer „entweihten Scholle", Schreie nach einem Befreiergott und Anrufung von „Mutter Deutschland" ... Solchen endlos aneinandergereihten Phrasen und Parolen für eine natio-nale Erhebung folgt am Ende das ›deutsches Osterfest‹: „Neues Volk erstand!" Die „Reichstheologie" bzw. „Reichsideologie" (Breuning 1969) der rechtskatholischen Kreise im deutsch-nationalen bzw. völkischen Spektrum klingt auf Schritt und Tritt an. Die nationalistischen Republikfeinde fühlen sich verstanden.[24]

---

[23] Vgl. NELLIUS/KAHLE 1930a (gemeinsames Vorwort vom Juli 1930: „Dem Deutschen Volke: Maria Kahle, Georg Nellius"); NELLIUS/KAHLE 1930b (Ein-führung von Dr. Karl Laux).

[24] Vgl. dazu auch den reaktionären Beitrag in der SHb-Zeitung: SCHEUCH 1932*. Der sauerländische Nationalsozialist Franz Bergmann schreibt im

Ein Berliner Musiktheoretiker, der später trotz Aufnahmestopp
NSDAP-Mitglied (1936) und ab 1938 stellvertretender Leiter der
NS-Reichsstelle für Musikbearbeitungen werden wird, schreibt
schon im Juli 1932: „[I]n ›Von deutscher Not‹ ist Nellius *der* Mo-
numentalmusiker der neuen vaterländischen Bewegung." (MO-
SER 1932, S. 566) Was in diesem Opus besungen wird, kann freilich am Ende nur „Krieg" bedeuten.

Um einiges zahmer fällt hernach das Ende April / Anfang Mai
1931 entstandene Opus 48 „*Deutschland. Ein Liedkreis*" aus (Se-
kundärquelle und ein Liedtext dazu →B.I.5). Die vaterländischen
Gönner im Preußischen Kulturministerium wollten in dieser
„Auftragsarbeit" doch keine allzu argen oder geradewegs „nazis-
tischen" Liedtexte haben. Immerhin kann Nellius u.a. Heynickes
„Mein Volk, blüh ewig" aufnehmen: „Strom, ausgespannt von
Mitternacht zu Mitternacht, / Strom, groß und tief von Meer zu
Meer, / aus deiner Tiefe stürzen Quellen, / urewig speisend dich,
/ das Volk."

Was Georg Nellius eigentlich vorschwebt, setzt er – jetzt ohne
republikanische Lektürevorschläge für die Textsuche – in seinem
nachfolgenden Männerchor-Opus 50 „*Deutsch Volk*" um, komponiert Dezember 1931 bis April 1932 (Sekundärquelle und
Textauswahl →B.I.6):

April 1933 rückblickend über Nellius: „Mir steht es nicht zu über den künstlerischen Wert seiner Kompositionen Urteile zu fällen [...], doch schaue ich
das eine klar und deutlich, dass alles, was er komponierte, im wahrsten
Sinne des Wortes deutsch ist. Eben darum fielen ja auch alle Juden-Gazetten
anlässlich des Deutschen Sängerfestes in Frankfurt am Main [1932] so über
ihn her: genau so wie jetzt über Deutschland! Aber als er ›*Von deutscher Not*‹
zu singen und zu sagen anhub, bellte alles Internationale wieder ihn. Ein
Sturm der Begeisterung aber entstand bei denen, die noch deutsch zu fühlen
vermochten." (Volltext →B.II.12)

Georg Nellius, op. 44

Von deutscher Not

Volkstümliche dramatische Kantate in drei Teilen
für vier Soli, Männerchöre, Frauen-und Kinderchor
[Mädchen und Knaben], Orgel und großes Orchester

Dichtung von Maria Kahle

Textbuch mit einer Einführung von Dr. Karl Laux

Verlag von Karl Hochstein in Heidelberg

1. opus 50,1: „Nun schlägt der Hass wie Wetter / in alles deutsche Land. / Vernichter oder Retter, / erschein' im Weltenbrand! [...]."[25] (*Walter Flex*)
2. opus 50,2: „Sie hämmern an der Eiche, [...] // Mag auch die Borke splittern / Nach zähem Widerstand, / Der Stamm kennt kein Erzittern / Vor feiler Söldnerhand." (*Ernst Ritter von Dombrowski*)
3. opus 50,3: „Ich wollt', ich wär' ein gewaltiger Sturm! / Ein Sturm, der der Wolken Grau zerpflückt / [...] Und all mein Brausen wär' ›Deutschland!‹ nur! // [...] Eine Glocke wie Schlacht-Gebet und Schwur, – / Und all mein Dröhnen wär' ›Deutschland!‹ nur!" (*Hertha Torriani-Seele*)
4. opus 40,4: „Und dennoch, würd in Staub zermalmt von dem Gerichte / Was wir geliebt, es wüchse frisch empor. [...] / Ein heimgesuchtes Volk kommt wieder vor." (*Hans Heinrich Ehrler*)
5. opus 50,8: „O Deutschland, wenn wir deinen Namen rufen, / Stehn wir voll Demut; wissen: wir sind Stufen, / Darauf die Kommenden dich erst erwandern." (*Maria Kahle*)
6. opus 50,9: „Nur das Niedre gleitet feig, [...] Wille soll aus deutschem Blut erstehn, / Wille, eigener Wesenheit geweiht, / Werdens-Sehnsucht blüht in Ewigkeit." (*Maria Kahle*)
7. opus 50,10: „Machtvoller Gott, der in den Stürmen fährt, [...] / Der Atem unsres Wesens, Blut und Geist, / Wird Opferrauch im Worte, das dich preist, / Wir können nur als Deutsche vor dich treten / [...] Lass immer strahlender den Widerschein / Aus uns, aus deutschem Wesen sich gebären". (*Maria Kahle*)

Nellius-Chronist Hugo Vad hat in seiner nach 1945 sorgsam unter Verschluss gehaltenen Dokumentation vermerkt, dass dieses Opus ursprünglich den Titel *„Dem dritten Reiche!"* tragen sollte

---

[25] Eine Lektüre des ganzen Gedichts „Deutsche Schicksalsstunde" (→B.I.6) sei nachdrücklich empfohlen; der Weltkriegs-Text ist heute noch bei Rechtsradikalen beliebt.

(VAD 194⁻, S. 87; ungekürzter Text unter →B.I.6). Dazu teilt er auch eine Nellius-Tagebuchnotiz vom 6. Dezember 1931 mit: „Dem 3. Reiche und seinem <u>bewunderten</u> Schmied Adolf Hitler sollen diese Chöre gewidmet sein! 6 weitere sollen ehestens dazu kommen! Was die ›Berliner Akademiker‹ nicht verdauen konnten [...], das werden einst wohl die deutschen Chorvereine einer besseren Zukunft mit heissem Herzen umfassen!! [...] Geschrieben unter dem Eindruck der Lektüre [*sic*!] von Hitlers ›Mein Kampf‹, I. Teil." (zit. ebd.) Weiter lässt uns H. Vad wissen: „Am 13.3.32 wählten G. Nellius <u>und</u> Frau A. Hitler. Nach dem Stimmzettel-Bekenntnis nachmittags Entschluss, den Cyclus op. 50 zu vollenden." (EBD.) Ostern 1932 vermerkt Georg Nellius jedoch: „Die Widmung an Hitler soll fallen, schmeckt zu sehr nach Konjunktur-Politik!" (zit. EBD.) Ein nicht abschriftlich erhaltener Brief vom 13.4.1932 an Musikdirektor Fritz Binder in Nürnberg, dem das Opus letztlich gewidmet wird, enthält dann nach Aussage von Hugo Vad „ein glühendes Bekennen des Komponisten zum Nationalsozialismus und dessen Verkünder Hitler" (EBD.).

II.

Nationalsozialistisches und antisemitisches Engagement von Georg Nellius zur Zeit des „Dritten Reiches"

Peter Bürger

„Der Westdeutsche Rundfunk würdigt
gerade seit dem deutschen Aufbruch
mein Schaffen im bemerkenswertem Maße."[1]
Georg Nellius, 23.2.1934

[Mein] „ernstes Streben" [seit 1923]:
„der Zersetzungsarbeit zumal des
deutschen Chorwesens durch volks-
und rassefremde Elemente entgegenzuwirken".
Georg Nellius, 9.12.1934

Georg Nellius hat also schon Ende 1931 [!] die Widmung eines seiner Werke an Adolf Hitler erwogen. Er ist dann im Jahr darauf mit drei bzw. vier „Staatspreisen" ausgezeichnet und z.T. begeistert gefeiert worden.[2] Esther Wallies beleuchtet dies in ihrer Doktorarbeit so: Die „politische Formierung, die bereits vor 1933

---

[1] Georg Nellius an den Oberbürgermeister der Stadt Herne, Brief vom 23.2.1934 (LANDESARCHIV NORDRHEIN-WESTFALEN, Abt. Westfalen: Personalakten Nr. AN 81, Schulkollegium Münster).
[2] Vgl. als Überblick: HOFFMEISTER 1932*. – Abgesehen von der „Duitsken Misse / Deutschen Messe" handelt es sich bei den preisgekrönten Arbeiten eben um die in A.I.3 dargestellten Kompositionen.

stattfand, legt den Verdacht nahe, daß die Werke Nellius' primär wegen ihrer völkisch orientierten Textauswahl und nicht wegen der musikalischen Fähigkeit des Komponisten ausgewählt wurden."[3] Für Nellius wird 1932 zum Jahr seines „Durchbruchs" mit einer nicht mehr nur regional begrenzten Anerkennung. Seine Kunst kommt dem „Zeitgeist" außerordentlich entgegen. Die Musikwissenschaftlerin zieht folgenden Schluss: „Somit ist es kein Wunder, daß Nellius Werke zeitgleich mit der Machtergreifung der Nationalsozialisten erst zu allgemeinem Bekanntheitsgrad gelangten und daß Nellius gerade an diesem politischen Schnittpunkt 1933 auch die Möglichkeit erhielt, eine bessere Stellung anzunehmen" (WALLIES 1991, S. 52).

Georg Nellius kann seine berufliche Position jetzt erheblich verbessern (EBD., S. 74-75). Schon im Januar 1933 erfolgt per Ausnahmegenehmigung seine Anstellung „als Studienrat" (*ohne* entsprechende Ernennung!) und als Dirigent in der Stadt Herne. Es haben ihn jedoch nicht Nationalsozialisten dorthin geholt, sondern StD Anton Pesch[4] und der – später auf Druck der Nationalsozialisten zurückgetretene – parteilose OB Curt Täger. Die entsprechende Ratsentscheidung trägt das Datum 2.12.1932.

Es gelingt zum Antritt der Stelle in Herne am 1.4.1933 nicht, das *vor* der Anstellung zugrundegelegte Besoldungsdienstalter an höherer Stelle festsetzen zu lassen. Trotz der gemäß Zusage erfolgten Einstufung als „Studienrat" fällt das Lehrergehalt deshalb von Anfang an deutlich niedriger aus als erwartet. In einem

---

[3] WALLIES 1991, S. 51 (mit knappen Hinweisen zu einer Fachkritik, der Musiker werde doch etwas überschätzt). Die Bedeutsamkeit der *Textwahl* wird hier auch aus musikwissenschaftlicher Sicht erneut unterstrichen! Die Vorlage zu Opus 44 „Von deutscher Not" hatte Nellius ja regelrecht bei Maria Kahle bestellt (EBD., S. 48).

[4] Anton Pesch (1884-1954), 1933 in Herne „als Schulleiter von den Nazis suspendiert" (PIORR 2013*). Als er „im Jahre 1933 entlassen war, hat Nellius sich von ihm auf der Schaeferstr. vorzeitig verabschiedet mit den Worten: ›Gestatten Sie, dass ich mich hier verabschiede, man könnte es mir falsch auslegen, wenn man mich[t] länger mit Ihnen sähe.‹" (→B.V.1.) – *Pfeile* stehen in dieser Arbeit immer für Verweise auf den Dokumentarteil B.

Rechtfertigungsbrief vom 16.2.1946 hat Georg Nellius nach dem 2. Weltkrieg zu diesem Vorgang die Behauptung aufgestellt, „dass die nationalsozialistische Herner Stadtleitung meine [noch] von Oberbürgermeister Täger festgesetzten Amtsbezüge als Studienrat ab 1. April 1933 um den Betrag von RM. 200.- bis 250.- [...] gekürzt" hätte.[5] So wäre er denn in beruflicher Hinsicht ein „NS-Opfer" gewesen ...

1. Nellius' Bekenntnis zu Adolf Hitler und „politische Zuverlässigkeit"

Doch diese Konstruktion fällt beim Blick in die Personalakten in sich zusammen. 1933 tritt Albert Meister[6], schon seit 1924 Mitglied der NSDAP, sein Amt als neuer Oberbürgermeister von Herne an. Ihn bittet Georg Nellius am 23.2.1934 ergebenst um erneute Überprüfung des festgesetzten Besoldungsdienstalters, wobei er auf eine schon im letzten Kapitel vorgestellte Ehrung in der NSDAP-Parteizeitung „Rote Erde" vom 4.4.1933 (Volltext

---

[5] Brief von Georg Nellius an die Leitung der kommunistischen Partei in Herne, 16.2.1946 (LANDESARCHIV NORDRHEIN-WESTFALEN, Abt. Westfalen: Personalakten Nr. AN 81, Schulkollegium Münster).

[6] Zeitpunkt des *Amtsantritts* nach www.herne.de im August 1933; nach Wallies 1991, S. 76-77 hingegen *Übernahme des Amtes* schon am 4.4.1933 (also fast zeitgleich mit dem Stellenantritt von Nellius). – „Albert Meister, ein mustergültiges Beispiel eines NSDAP-Funktionärs, der im Juli 1937 beim 12. ›Deutschen Sänger-Bund‹-Fest in Breslau an Adolf Hitlers Seite den Vorbeimarsch von zigtausend Sängern abnahm. Seit 1924 NSDAP-Mitglied, wurde der Lehrer 1928 erst nationalsozialistischer Stadtverordneter Hernes und 1931 wegen seiner Parteimitgliedschaft aus dem Schuldienst entfernt. Während seiner Amtszeit verfolgten die Nazis in Herne massiv Andersdenkende und Juden." (www.herne.de) Weitere Funktionen: MdR und Führer des Westfälischen Sängerbundes (1933), DSB-Bundesführer (ab 1934). – Auf Wikipedia.org wird dieser für den NS-Chorgesang ab 1933 so maßgebliche frühe Nationalsozialist als ein geborener Sauerländer vorgestellt, womit er ein Landsmann von Nellius gewesen wäre: Albert Meister, geboren am 14.1.1895 in Siedlinghausen, gestorben am 20.8.1942 in Herne.

→B.II.12), seine bekannte Berufung zum Fachberater für das Musikwesen im Gau Westfalen-Süd durch die NSDAP (Juli 1933), die verstärkte Würdigung seiner Werke im Rundfunk und seine zurückliegenden Nachteile als 1920 ausgewiesener ›Kämpfer für die deutsche Saar‹ verweist.[7] Das Gesuch trägt unten den handschriftlichen Vermerk von OB Meister, dass die Stadt ein höheres Gehalt zu zahlen bereit ist. – Die Sache kommt offenbar nicht weiter. Am 11.7.1934 wendet sich Nellius an das zuständige Provinzialschulkollegium in Münster[8] und schreibt ausdrücklich: *„Die Stadt [Herne] erkennt an, dass mir getane Zusicherungen gehalten werden müssen."* Offenbar fehlen für die bei Herner Vorverhandlungen 1932 angestellten Berechnungen zum Besoldungsdienstalter einfach die beamtenrechtlichen Voraussetzungen. Das neue Stadtoberhaupt (NSDAP) zeigt in der Sache durchaus guten Willen.

In dieses neue Gesuch vom 11.7.1934 platziert Nellius auch eine Aufzählung weiterer Funktionen und Tätigkeiten „im nationalsozialistischen Geiste" (s.u.) und einen äußerst aufschlussreichen Absatz zum Erweis seiner politischen Zuverlässigkeit:

„Im Juni [!] vorigen Jahres [1933] hatte ich die erste Unterredung über die musikalischen Aufbaupläne hierselbst mit Herrn Oberbürgermeister Meister. Herr O.B. Meister eröffnete mir bei dieser Gelegenheit, er habe bei der Ortsleitung der NSDAP in Neheim Auskünfte über mich eingeholt. Diese Auskünfte haben ergeben, dass ich mich, wie das ja auch meine bereits im Jahre 1923 veröffentlichten Werke beweisen, seit länger als zehn Jahren ganz im Sinne des Nationalsozialismus betätigt habe. Herr Meister sagte mir dann wörtlich: ›Sie haben mein hundertprozentiges Vertrauen. Was Ihnen die frühe-

---

[7] LANDESARCHIV NORDRHEIN-WESTFALEN, Abt. Westfalen: Personalakten Nr. AN 81, Schulkollegium Münster.
[8] Georg Nellius an Regierungsdirektor Dr. Losse, Brief vom 11.7.1934 (LANDESARCHIV NORDRHEIN-WESTFALEN, Abt. Westfalen: Personalakten Nr. AN 81, Schulkollegium Münster).

re Stadtleitung versprochen hat, das werden wir Nationalsozialisten halten.‹"

An politischer Zuverlässigkeit und „Bekenntnistreue" wird es
Georg Nellius in der Folgezeit nicht mangeln. Ab 5.12.1934 bittet
Prof. Dr. Hermann Unger ihn um einen Beitrag zu einer Doku-
mentenmappe, die dem „Führer und Reichskanzler [...] die besondere Bedeutung des deutschen Westens und seiner Komponisten für die deutsche Musik und ihren Abwehrkampf gegenüber dem andringenden Westen darlegen soll" (→B.II.9). Nellius
antwortet schon am 9.12.1934: „Ich habe liebend gerne nach einer
total schlaflos durchwachten Nacht den ganzen heutigen Sonntag
dazu benutzt, um die Abschriften herzustellen und mein Bekenntnis zum Führer niederzuschreiben." (→B.II.10) Schon die
Titel von zwölf Werken aus der Zeit 1923-1933, so heißt es dann
im eigentlichen Bekenntnistext (→B.II.11), bezeugten sein „ernstes Streben", „der Zersetzungsarbeit zumal des deutschen Chorwesens
durch volks- und rassefremde Elemente entgegenzuwirken. In klar erkanntem Gegensatz zu den männiglich bekannten destruktiven
Chor-Komponisten jüdisch-marxistischer Haltung habe ich seit
dem Jahre 1922 gerade als Tonsetzer neue Werke gesucht zu den
Urgrunds-Kräften des Volklichen und Heimatlichen. [...] [Karl
Wagenfelds[9]] eisen-eichenen Westfalenleute wollen stählerner
Wall sein gegen alles, was vom Westen andringen und einstürmen mag, sind es wohl auch!" Georg Nellius lässt dann sein
„Credo" der neuen Zeit folgen. Er ist zu diesem Zeitpunkt noch
nicht NSDAP-Mitglied:

> „Aber den Führer erkannte und anerkannte ich öffentlich seit
> zwölf Jahren als die einzige deutsche Hoffnung, ich bewunde-
> re und verehre in ihm den Schmied der deutschen Gegenwart
> und Zukunft. Dies unumwunden auszusprechen ist mir Be-
> dürfnis. Die hunderte schöpferischer Deutscher müssen es of-

---

[9] Vgl. zu K. Wagenfelds Weichenstellungen schon vor 1919 auch „daunlots
nr. 50": www.sauerlandmundart.de

fen bekennen, ihr eigenes deutsches Sehnen habe durch die Persönlichkeit des Führers wieder Richtung und Leuchte gewonnen. Und diese Hunderte der Still-Schöpferischen im Lande wiegen in der Gradheit, mit der sie das Programm des Führers gelebt haben und unbeirrbar weiter vorleben, denn doch wohl die wenigen auf, die untreu werden oder niemals treu waren. Und mögen diese von der lauten ›Welt‹-Oeffentlichkeit noch so sehr vergottet werden! Ich selber bekenne mich so zu Adolf Hitler, wie all meine künstlerischen Arbeiten in ihrer Stoffnahme und Zielsetzung den heiligen Glauben an Deutschland stets bekundeten und immer wieder erweisen werden. – Am 13. Januar 1935 werden meine Frau und ich mit dem Stimmzettel für unsere einstige Saar-Heimat, für Reich, Volk und Führer einstehen.“

Ob es in all diesen Zeugnissen nur um bloß vorübergehende, dem eigenen Fortkommen dienliche „Bekenntnisse“ geht, die letztlich folgenlos bleiben, werden wir in den nachfolgenden Abschnitten klären können.

2. Kompositorischer Auftakt:
Der Liedzyklus „Heil dem dritten Reich!“ (1934/35)

Lieder zur expliziten Verherrlichung des Nazi-Reiches und seines Führers Adolf Hitler komponiert Georg Nellius erstmalig im Jahr 1934. Diese kommen dann 1935 durch Drucke für unterschiedliche Zielgruppen und Zwecke an die Öffentlichkeit. Vollständig enthalten sind sie im Zyklus *Heil dem dritten Reich! Lieder aus Deutschlands großer Zeit* (opus 67, 15-20). Zwei Titel daraus (op. 63, Nr. 17 und 20) kann man noch als völkisch gefärbte bzw. opportunistische Zugeständnisse an den amtlich vorgegebenen „Zeitgeschmack“ der 1930er Jahre werten. Der Rest ist indessen knallharte Ware, 200-prozentiger NS-Kult – samt pseudoreligiöser Wahngebilde und vorauseilender Ankündigung eines „Siegessturm[s], in Kampf und Not" (vollständige Textdokumentation →B.I.7):

1. *Der Ruf des Führers* (opus 63,15): „Der Führer hat gerufen! Wir haben ihn gehört. / Und war'n wir erst auch wenig: Das hat uns nicht gestört. / [...] Der Führer hat gerufen! Ganz Deutschland hat's gehört. / Millionen Männer schwören, als ob nur einer schwört."
2. *Treuschwur* (opus 63,16): „Heil! Unserm Führer Hitler / Heil! Wir woll'n für ihn kämpfen und siegen. / Hakenkreuzbanner, die recken sich steil empor, / in die Sonne zu fliegen. – Schwarz ist das Kreuz und schwarz ist die Not. / Weiß ist der Schild, der uns entgegenloht / und rot – das Blut sein Gebot. / Treu bis zum Tod, treu bis zum Tod!"
3. *Volk und Führer* (opus 63,18): „Dein Wort hieb Funken aus dem Stein, / wir sollten nicht mehr Schlacke sein, / verstreut im Brachgefilde. / Was vor dir lag in Ungestalt, / hast du mit harter Faust geballt, / Du formtest uns zum Bilde. // [...] du gabst uns neuen Anbeginn: / Wir glauben, leben wieder."
4. *Das Lied vom Führer* (opus 63,19): „Und als wir ganz geschlagen, wer sollte unser Retter sein? / [...] Du Hitler, wandtest uns're Nacht; / wer konnte Flammen spenden? Wer segnete mit Bränden? / Du Hitler, wandtest uns're Nacht, du, Hitler, wandtest uns're Nacht!"

Zum Zeitpunkt dieser Kompositionsarbeiten, die nach der Drucklegung gerade auch von Kindern gesungen wurden, wusste in Deutschland jeder, dass die Nazis vor brutaler Gewalt gegen Andersdenkende am allerwenigsten zurückschreckten. In den von Nellius vertonten Liedtexten von Walter Filbry wird zu einem entsprechenden Vorgehen nachdrücklich aufgerufen: „Blick gradaus und Tritt gefaßt! / Die Faust in den Nacken, wem das nicht paßt!" (opus 63,15) – Der zweite Textlieferant Heinrich Ossenberg bringt seine Erfahrungen aus dem Dichten von Chorälen ein: Adolf Hitler werden u.a. Heilstaten zugeschrieben, die bis dahin

nur Christus vorbehalten waren. Die eigentlichen „religiösen"
Titelbeiträge Ossenbergs, die man im Nellius-Opus 63 an anderer
Stelle findet, sind hingegen so vage gehalten bzw. ‚entchristlicht',
dass sie in jeder Hitler-Jugend gesungen werden konnten.[10]

Am Silvesterabend 1934 schreibt Georg Nellius das Vorwort
zu seinem „Westfälischen Liederbuch", für das die oben genannten
Titel getextet und komponiert worden sind. – Anlage und Titel
dieser Sammlung (opus 63) erklären sich leicht aus der westfälischen Stammesideologie, die auch in den Eliten der NSDAP
Westfalens auf namhafte Anhänger zählen konnte. Texte oder
Dichter sollten westfälisch sein. – Nellius sagt „den Dichtern Dr.
W. Filbry-Lünen und Dr. Heinrich Ossenberg-Hamm" im Vorwort seinen „besonderen Dank", da sie „zum überwiegenden
Teile die dichterische Unterlage" der betreffenden Abteilung
(„Heil dem dritten Reich!") „eigens für dies Liederbuch geschaffen"
haben (Nellius 1935a)![11] Nellius selbst hat sich bei seiner Bearbei-
tung leiten lassen vom „Bestreben nach geweiteter Verwendbar-
keit, auf dem Marsch und in den Gemeinschaftsstunden". Im
neuen Jahr kommt dann das „Westfälische Liederbuch" mit
„Volksgut", plattdeutschem Gesang und den NS-Gesängen beim
Heidelberger Verlag Hochstein in den Druck: als Stimmheft
(NELLIUS 1935a) und als „Klavierauszug". Zu diesem Liederbuch
schreibt als Gutachter Prof. Wilhelm Schaun (Dortmund), Nellius
werde in der 3. Abteilung „zum Rufer unserer Zeit", während
Prof. Ben Esser (Bonn) vermerkt, das „überaus behagliche" Werk
wende sich „an jung und alt, an Haus und Schule, an HJ und
BDM" (zit. VAD 1941, S. 62). Die Führerhymnen sind, solchen
Verwendungszwecken entsprechend, auch leicht singbar gehal-
ten.

---

[10] Vgl. Nellius opus 63, 33-36 (Texte H. Ossenberg): „Deutsche Weihnacht";
„Ostern"; „Pfingsten"; „Den Toten".

[11] Der gleiche Dank geht auch an Christine Koch wegen der von ihr eigens
zum Nellius-Opus 63 beigesteuerten Mundartverse (NELLIUS 1935b, S. 35-
38); ein der ‚Neuen Zeit' besonders weit entgegenkommender Kanon aus
diesem Zusammenhang ist nachlesbar in: BÜRGER 2012b*, S. 80.

Im Mai 1934 war Nellius als direkter Nachfolger des NSDAP-Veteranen OB Albert Meister zum Gauchorleiter für Westfalen ernannt worden und hatte dann am 11.7.1934 wortwörtlich erklärt, in seiner Freizeit *„das heimische Chorwesen im nationalsozialistischen Geiste umzuformen"* (vgl. →Kap. A.II.4). Dazu passt, dass er den Zyklus der von westfälischen Autoren getexteten Hitler-Lieder, jetzt vermindert um den einzigen wirklich „westfälischen", vergleichsweise harmlosen Text, auch noch anspruchsvoller – nämlich vierstimmig – in einem eigenen Opus 64 verarbeitet.[12] Dieses nunmehr reichsweit einsetzbare Werk „für Männerchor a cappella", das wegen seiner *Eigenständigkeit* keineswegs als bloßer „Auszug" aus dem Vorgenannten gelten kann, wird ebenfalls bei Hochstein in Heidelberg verlegt (NELLIUS 1935b): als „Partitur aller fünf Lieder in einem Heft" (RM 2.00) und als „Stimme jedes Liedes" (RM 0.20). Das Opus heißt *„Volk und Führer"*. Auf dem Titelblatt prangt ein stattliches Hakenkreuz. Beim ersten Umblättern liest man: „Dem Bundesführer des Deutschen Sängerbundes Herrn Oberbürgermeister A. Meister M[itglied]. d[es]. R[eichstags]. in *herzlicher* Verbundenheit gewidmet." Diese neue Version für den Männerchorgesang muss zweifellos in Verbindung mit der „Chorzentrale Herne" betrachtet werden (s.u.): Das Stadtoberhaupt ist zugleich DSB-Bundesführer (mit Geschäftsstelle am Ort), der städtische Musikdirektor ist außerdem auch Gauchorleiter. Der Gaugeschäftsführer und stellvertretende Sängergauführer Edmund Konsek (Herne) läßt die von Nellius vertonte Führer-Verehrung zwei Jahre später auch im „Heft ›Westfälisches Chorbuch‹, 2. Folge 1937 auf den S[eiten] 36/37"[13]

---

[12] Nellius-Verehrer Hugo Vad (VAD 1941, S. 73) führt das Werk so auf: „opus 64 ›Volk und Führer‹, 5 Hitler-Hymnen nach Ged. v. Dr. Filbry u. Dr. Ossenberg" (→B.IV.6).

[13] Dies teilt Nellius später in seinem Brief an den „Herrn Oberpräsidenten der Provinz Westfalen" vom 4.3.1946 mit (LANDESARCHIV NORDRHEIN-WESTFALEN, Abt. Westfalen: Personalakten Nr. AN 81, Schulkollegium Münster). – Herausgeber E. Konsek behauptet vor dem Entnazifizierungsausschuss am 15.9.1948 allerdings: „Soweit Männerchöre infrage kamen,

abdrucken. Ehefrau Elsa Nellius hatte schon 1936 die Werke *„Westfälisches Liederbuch"* (opus 63) und *„Volk und Führer"* (opus 64) der Reichsmusikkammer zur Empfehlung eingesandt und hierauf eine positive Reaktion bekommen (→B.IV.2).

Einen der möglichen Hintergründe zur Entstehungsgeschichte des Opus 63 *(„Westfälisches Liederbuch")* schildert Georg Nellius ein Jahrzehnt später in einem Brief „an die Leitung der kommunistischen Partei in Herne" vom 16.2.1946 so:

> „Es war eine bestellte Arbeit der ›Deutschen Arbeitsfront‹ des Gaues Westfalen-Süd. Der damalige Gaubeauftragte der Jungarbeiter, Richard Masseck, hat mich 1934 dreimal besucht, um mich dazu zu bewegen, von mir [!] gesammeltes bzw. geschaffenes westfälisches Liedgut, in dem indessen auch neu zu komponierende Zeitlieder keineswegs fehlen dürften, für die Arbeitsfront zu bearbeiten. [*Die Vorgabe zu NS-Liedern war also nur ganz vage! P.B.*] Ich konnte diesen An- und Auftrag letzten Endes gezwungenermassen einfach nicht ablehnen, da ich dann z.B. ernstlich hätte befürchten müssen, in dem von mir damals zu führenden Kampf um mein Recht, d.h. um die Anerkennung meines mit der früheren bürgerlichen Stadtleitung vereinbarten Beamtengehaltes zu unterliegen, darüber hinaus Stellung, Existenz und künstlerische Betätigungsmöglichkeit zu verlieren."

Wir halten fest: Ein junger DAF-Funktionär im Gau Westfalen-Süd wendet sich 1934 mit einem Liederbuch-Anliegen an Nellius, den zuständigen Gauchorleiter der Region, welcher seinerseits den Behörden im gleichen Jahr versichert, den Chorgesang im NS-Sinne zu formen. Es mag schon sein, dass der Blick auf den Kampf um eine günstigere Festsetzung des Besoldungsdienstalters Nellius in dieser Sache motiviert hat. Im zitierten Schreiben an die KPD Herne vom 16.2.1946 führt er indessen noch eine

---

habe ich es abgelehnt, diese [Nellius-]Lieder singen zu lassen." Nach 1938 war er mit dem Komponisten zerstritten!

ganze Liste von anderen, abenteuerlichen „Entschuldigungen"
für seine Hitler-Lieder an:

1. Das „Westfälische Liederbuch" weise schließlich auch 8 religiöse Lieder auf, deren einwandfreien Gehalt er sich von ev.
und kath. Religionslehrern in Herne habe bestätigen lassen
[s.o.].
2. Ossenberg, einer der Dichter der kritisierten „Zeitlieder",
habe außerdem auch an dieser religiösen Abteilung mitge-
wirkt.[14]
3. Die Arbeitsfront habe – *vermutlich* wegen der religiösen Titel
– trotz Vorbestellung am Ende doch kein einziges der 5.000
sofort gedruckten Liederbuch-Exemplare gekauft.
4. Die Männerchorfassung (NELLIUS 1935b) sei als „Auszug" [!]
„auf Veranlassung" von *OB Albert Meister* zur Drucklegung
vorbereitet worden.[15]
5. Hierbei habe der *Verleger*, ein um seine Existenz bangender
›Halbjude‹, ohne Rücksprache mit ihm einfach das Hakenkreuz auf den Titel gesetzt. [Ganz unpassend erscheint diese
graphische Gestaltung bei einem Opus, welches der Komponist „Volk und Führer" nennt, freilich nicht.]

Die Reihe der ›wahren Hintergründe‹ und der ›wirklichen Urheber‹ der Nazi-Lieder, die der Komponist hier anführt, wird während der Entnazifizierungsverfahren von Nellius' Leumundszeugen noch um einiges bereichert (vgl. Kap. A.III). Das späteste
Protokoll des Kreisberufungsausschusses Bochum vom 15.9.1948
(LANDESARCHIV NRW Abt. Rheinland) enthält z.B. folgende Ver-
sionen:

---

[14] Da Ossenberg ja auch die Hitler-Lieder nach „religiösem" Muster gedichtet hat, ist dies freilich ein sehr zweifelhaftes Rechtfertigungsargument. Der
Hinweis ist jedoch erneutes Indiz dafür, dass Nellius selbst die Textdichter
konsultiert hat.
[15] Hat A. Meister, dem das Opus *herzlichst* gewidmet ist, zuvor denn auch –
statt Nellius – die *neuen*, vierstimmigen Tonsätze komponiert? Natürlich
nicht. Das Opus 64 ist eigenständig, kein „Auszug" aus Opus 63!

FÜR MÄNNERCHOR A CAPPELLA VON

GEORG NELLIUS

WERK 64

1 Volk und Führer — Heinrich Ossenberg
2 Das Lied vom Führer — Heinrich Ossenberg
3 Der Ruf des Führers — Walther Filbry
4 Die letzte Stunde — Walther Filbry
5 Treu-Schwur — Walther Filbry

Partitur aller fünf Lieder in einem Heft RM 2.00
Stimme jedes Liedes . . . . RM 0.20

VERLAG VON KARL HOCHSTEIN HEIDELBERG

1. Der befreundete Emil Weischenberg meint: „Wenn er [Nelli-us] damals das Liederbuch herausgegeben und dabei Texte übernommen hat, die zeitgemäss waren, so ist für ihn in ers-ter Linie massgeblich gewesen, dass er auf jeden Fall errei-chen wollte, *dass das Buch überhaupt gedruckt wurde.*" [Diese Version hat z.t. durchaus etwas für sich, P.B.]
2. Die Zeugin Maria Schepers (Freundin der Ehefrau) will wis-sen, man sei 1934 an Nellius herangetreten, „damit er Lieder vertone".[16] Sie selbst habe dem Komponisten wegen seines mutmaßlichen Rufs als „Schwarzer" [sic!] „beim Gau" gera-ten, zuzusagen. Daraufhin habe Nellius „seine anfänglichen Bedenken fallen gelassen".
3. Der einzige (angebliche) ›Belastungszeuge‹ Edmund Konsek gibt zu Protokoll: „Es ist wohl richtig, dass er Lieder kompo-niert hat im Sinne der nazistischen Bestrebungen. Diese Lie-der wurden in einem Liederbuch herausgegeben und, soweit es sich um Schullieder handelte, gesungen."

An der letzten Aussage ist vermutlich alles zutreffend. Nellius teilt ja selbst mit, er habe das Liederbuch vor dem Druck von Herner Religionslehrern begutachten lassen (geplanter Schulge-brauch!). Nicht nur kritische Arbeitersänger klagen ab 1945, Nellius habe die Kinder in den Schulen seine Liederbücher kau-fen lassen und ihnen daraus Nazi-Lieder eingetrichtert (→B.V.2 und B.V.3). Die Stadt Herne will Nellius auch *nach* seiner soge-nannten „Entnazifizierung" vom 15.9.1948 nicht wieder einstel-len, wobei an erster Stelle wieder die NS-Lieder und die noch im Gedächtnis haftende Singpraxis in der Schule angeführt werden (→B.V.6)!

Aufgrund ihrer leichten *Zugänglichkeit über Drucke* haben die beiden Werke von 1934/35 mit Hitler-Hymnen zur Zeit der Ent-nazifizierung und auch noch in der jüngsten Debatte einen über-

---

[16] Nellius selbst hatte 1946 ja nur davon gesprochen, dass die westfälische DAF ein Liederbuch gewünscht hatte; von eigentlichen *Textvorgaben* war in dieser Aussage noch keine Rede.

ragenden Stellenwert bei Nellius-Kritikern eingenommen (wobei ich mich selbst einschließe). Im Licht der in dieser Veröffentlichung nunmehr erschlossenen Zusammenhänge sind sie freilich nur ein „kompositorischer Auftakt", ein Beleg unter vielen – z.t. noch weitaus schlimmeren – Belegen für den musikalischen NS-Aktivismus von Nellius. Wie konstitutiv für dessen kompositorisches Werk die gezielte Auswahl der Texte ist, erhellt die Musikwissenschaftlerin Esther Wallies in ihrer Dissertation (WALLIES 1991). Bei seiner *Textauswahl* gab es aus NS-Perspektive am allerwenigsten Defizite zu bemängeln (EBD., S. 155).

Das in diesem Abschnitt angeklungene Thema „Nationalsozialismus und Religion" können wir im Rahmen der vorliegenden Veröffentlichung leider nicht vertiefen. 1941 wird ein Musikrezensent über Georg Nellius schreiben: „Religiöse Tiefe spürt man in dem ›Stabat Mater‹, dem ›Requiem‹ [...] und der ›Festmesse‹ [...], aber der *Hitlermann* spricht fast noch unmittelbarer aus der mächtigen Kantate und den Männerchorzyklen." (MOSER 1941, S. 86)

3. Der Eintritt von Georg Nellius in die NSDAP – nebst Sagenkranz

Georg Nellius war schon seit dem 1.9.1933 Mitglied im Nationalsozialistischen Lehrerbund (NSLB)[17], für deren Herner Ortsgruppe er ab Mitte 1934 die Arbeitsgemeinschaft Musik leitete (s.u.). In einem „Fragebogen über Zugehörigkeit zu Organisationen"[18]

---

[17] WALLIES 1991, S. 80. Zum NSLB vgl. leicht zugänglich: SCHMIDT 2006*. – Bezogen auf den recht frühen NSLB-Eintritt vom 1.9.1933 einfach nur eine „Zwangsmitgliedschaft" geltend zu machen, wie Nellius es nach 1945 tun wird, ist irreführend.

[18] Archivquelle ist die von Werner Neuhaus eingesehene Personalakte AN 81 im LANDERARCHIV NRW, Abt. Westfalen (Personalblatt B für Oberschullehrer und nichtakademisch gebildete Kandidaten – Fragebogen über Zugehörigkeit zu Organisationen pp.).

vermerkt Nellius mit seiner Unterschrift vom 29.3.1939 noch folgende Mitgliedschaften:

1. Mitglied des Volksbundes für das Deutschtum (VDA) im Auslande; Inhaber der Ehrennadel des VDA mit Inschrift: „Für Arbeit am Deutschtum" seit Juli 1932.[19]
2. Mitglied der NSDAP seit dem 1. Mai 1937 (NSDAP-Mitgliedsnummer 5 494 391).
3. Mitglied des Deutschen Reichsbundes für Leibesübungen (RBL) seit dem 23.11.1937.

In seinem am 4. Juni 1938 geschriebenen Lebenslauf ($\rightarrow$B.II.7) vermerkt Nellius schon im zweiten Absatz: „Ich bin Mitglied der NSDAP." Die o.g. Jahreszahl für den NSDAP-Eintritt bestätigt auch sein Chronist Hugo Vad in einem Texteinschub: „G. Nellius ist seit 1937 Parteigenosse!" (VAD 1941, S. 17 [$\rightarrow$B.II.11]). Ob er nun wirklich *direkt* nach jener am 20.4.1937 angeordneten Lockerung der Eintrittssperre, die vor allem im NS-Sinne schon *bewährten* Kandidaten wieder die Mitgliedschaft ermöglichte, seinen Beitritt erklärt hat, bleibt zu untersuchen.[20] Das Eintrittsjahr 1937

---

[19] Ich vermute, dass Nellius durch seine bevorzugte hochdeutsche Textlieferantin Maria Kahle den Weg zu dieser Organisation gefunden hat. Der während der Weimarer Republik immer weiter nach rechts abdriftende VDA imponierte schon vor 1933 als völkisch-nationalistische Organisation (HAUSE/POßKEHL 1950, S. 716-729). Dass Nellius diesem Verein schon im Juli 1932 verbunden war, passt wiederum ganz zu den bereits in Kapitel I.3 dargestellten Sachverhalten. Nellius musste nach der „Machtergreifung" 1933 eben nicht mehr unter Zwang „gleichgeschaltet" werden.

[20] Esther Wallies schreibt, leider ohne nachvollziehbaren Quellenbeleg: Nellius „stellte gegen Ende des Jahres 1937 (am 23. Dezember) den Antrag auf Mitgliedschaft in der NSDAP. Nach der vier Jahre dauernden Aufnahmesperre (vom 1.5.33 bis zum 30.4.37) wurden nun wieder neue Mitglieder zugelassen. Das Eintrittsdatum wurde üblicherweise bei allen Antragstellern des Jahres 1937 [!!!], so auch bei Nellius auf den 1.5.37 rückdatiert." (WALLIES 1991, S. 80-81) – Klaus Baulmann geht von einem *früheren* Parteibeitritt aus und spekuliert: „Als bedeutender Musiker, der auf Öffentlichkeit angewiesen ist, musste Nellius 1937 unter Druck in die NSDAP eintreten, sonst hätte

wird jedenfalls übereinstimmend in zwei Quellen *vor* 1945 genannt. Nellius selbst schreibt zum NSDAP-Beitritt auch noch in seinem Schriftsatz für die Britische Militärbehörde vom 26.2.1946: „Eingetreten 1. Mai 1937."[21]

Indessen folgen Nellius und seine Leumundszeugen zwischen Oktober 1945 und September 1948 bei anderen Aussagen, in denen es gezielt um Beweise für einen gleichsam erzwungenen Parteibeitritt o.ä. geht, einer abweichenden Zeiterinnerung.[22] Es soll vor dem Wohnhaus von Nellius – im Januar 1938 – ein Vorkommnis mit der SA gegeben haben, das als „Katzenständchen"[23], „Sprechchöre" (u.a. ›Judenknecht‹) oder gar „Terroraktion" bezeichnet wird. Die Pointe: Weil eine Wiederholung droht, tritt Nellius erzwungenermaßen oder zu seinem Schutz der Partei bei. (Dem NSDAP-Kreisleiter ist offenbar sehr an einem Parteieintritt des soeben als „Philosemit" entlarvten Musikers gelegen.) Mit welchen Differenzen, auffälligen Übereinstimmungen oder Zutaten die Sache nach Kriegsende vorgetragen worden ist, das müssen wir hier nicht in epischer Breite entfalten. Werner Neuhaus wird im nächsten Kapitel noch ein besonders kurioses Detail aus den diesbezüglichen Selbstzeugnissen anführen: Ende 1937, als Nellius (angeblich) noch gar kein Parteimitglied war, soll ein *Parteigerichtsverfahren* gegen den Musiker angestrengt worden sein! Zur Strafe habe Nellius dann neun Monatsbeiträge

---

er z.B. nicht mit den Sauerländer Sängern [?] in einem Sonderzug nach Breslau zum Deutschen Sängerbundfest [Juli 1937] fahren können. Die Nationalsozialisten hatten viele Repressalien auf Lager wie z.B. Aufführungsverbot, Maßnahmen der Gestapo, Schutzhaft, Konzentrationslager oder gar erzwungen Selbstmord." (zit. NELLIUS ALS MITLÄUFER 2013)

[21] Personalakte im LANDESARCHIV NRW Abt. Westfalen (eingesehen von Werner Neuhaus).

[22] LANDESARCHIV NRW Abt. Rheinland und Abt. Westfalen.

[23] Diese Bezeichnung des Ereignisses, das in irgendeiner – womöglich auch SA-typischen – Form ja durchaus stattgefunden haben mag, wird z.B. *gleichlautend* von zwei weit voneinander entfernt lebenden Entlastungszeugen benutzt, nämlich von Emil Weischenberg am 3.4.1946 und von Maria Schepers am 15.9.1948 (LANDESARCHIV NRW Abt. Rheinland).

in die NSDAP-Kasse „nachzahlen" müssen. Beim Versuch, dies alles zusammenzureimen, bekommt man einen heißen Kopf.

In seinem Schreiben an die Leitung der KPD Herne vom 16.2.1946 wird Nellius behaupten, er sei „in keiner einzigen Organisation der NSDAP aktiv tätig gewesen" und „nur in der Zwangs-Fachorganisation ›Lehrerbund‹, im ›Roten Kreuz‹ und in der ›Volkswohlfahrt‹ zahlendes Mitglied" gewesen.[24] Der – unter dem Eindruck einer „SA-Terrordemonstration" gegen ihn – getätigten Anmeldung zur NSDAP sei nie eine Parteibuch-Zusendung, eine Vereidigung oder ein Besuch von Parteiversammlungen gefolgt. Er könne somit nur als ›Parteianwärter‹ gelten! Hierbei unterschlagene Mitgliedschaften (VDA, RBL) und sogar die verschwiegene *Leitertätigkeit* für den örtlichen NSLB-Musikarbeitskreis brauchen wir gar nicht einzuklagen ... Nach den in dieser Veröffentlichung unterbreiteten Sachverhalten spielt es zur Beurteilung der „nationalsozialistischen Betätigung" (→B.V.1) auch keine zentrale Rolle mehr, unter welchen ganz genauen Modalitäten Nellius NSDAP-Mitglied war.

4. „Führer-Audienz":
NS-Kulturfunktionär mit guten Beziehungen

Sehr bald nach der „Machtergreifung" hat Georg Nellius – zunächst eben auch ohne Parteibuch – seine Karriere als aktiver Kulturfunktionär im Dienste des Nationalsozialismus angetreten. Am 23.2.1934 schreibt er OB Albert Meister MdR: „Im Juli 1933 wurde ich von der Gau-Leitung der NSDAP zum Fachberater für das Musikwesen im Gau Westfalen-Süd ernannt. Dass und wie ich mich auch anderweitig jederzeit in den Dienst des Wiederaufbaus stelle, ist Ihnen bekannt."[25] In einem Brief an Regie-

---

[24] LANDESARCHIV NRW Abt. Westfalen (Personalakte).

[25] „Gesuch des Studienrats Georg Nellius betreffs endgiltiger [sic!] Festsetzung seines Besoldungsdienstalters, an den Herrn Oberbürgermeister der

rungsdirektor Dr. Losse vermerkt der Musiker ergänzend am 11.7.1934: „Seit kurzem leite ich die Arbeitsgemeinschaft ›Musik‹ im örtlichen NSLB [*Nationalsozialistischen Lehrerbund*]. Im Mai dieses Jahres wurde ich zum Westfälischen Bundeschorleiter des Deutschen Sängerbundes ernannt und verwende meine Freizeit gerne dazu, *das heimische Chorwesen im nationalsozialistischen Geiste umzuformen.*"[26]

Hinter diesen Mitteilungen verbirgt sich auch eine Art Arbeitsteilung im Herner Gespann „Stadtoberhaupt – Stadtdirigent". OB Albert Meister MdR hatte als alterprobter Nationalsozialist 1933 die Führung des Westfälischen Sängerbundes und 1934 auch die Bundesführung (DSB) übernommen. Nellius leitete dann statt seiner ab 1934 den Westfälischen Sängerbund und bekleidete das Amt eines Gauchorleiters (WALLIES 1991, S. 77):

> „Die Gautagung des Sängerbundes in Hagen vom 13./14.10.34 sollte daher wegweisend für alle anderen Sängerveranstaltungen werden. Die Teilnahme aller Chormeister und Vereinsführer war zum ersten Mal nicht freiwillig, sondern verpflichtend. Der Festzug der Herner Vereine, choreographiert von Propagandisten der NSDAP, in militärischer Formation endete mit einem ›Massenchorsingen‹ unter Leitung von Nellius, der das Amt eines Gauchorleiters bekleidete."

Das gesamte Musikleben in Herne wird ab Januar 1934 von der „NS-Kulturgemeinde" organisiert, die sich als alleinige Trägerin des Kulturlebens betrachtet (EBD., S. 76). Es erfolgt eine zentralistische Zusammenlegung kleinerer Gesangsvereine, denn im NS geht es um das kollektive Massenerlebnis[27], nicht um persönliche

---

Stadt Herne" vom 23.2.1934 (LANDESARCHIV NORDRHEIN-WESTFALEN, Abt. Westfalen: Personalakten Nr. AN 81, G. Nellius, Schulkollegium Münster).
[26] LANDESARCHIV NORDRHEIN-WESTFALEN, Abt. Westfalen: Personalakten Nr. AN 81, Nellius, Schulkollegium Münster.
[27] Hitler wird auf dem Nürnberger Reichsparteitag 1935 die Richtung noch einmal klar benennen: „Ich bin ... überzeugt, daß die Kunst [...] unbewußt

Freude am Musizieren im vertrauten Kreis (EBD., S. 75-76). In Musikauswahl, Kompositionen und Choreographie erfüllt Stadtmusikdirektor Nellius ab 1933 willig „die Forderungen nationalsozialistischer Kulturpolitik" (EBD., S. 79, vgl. auch S. 74-85). „Seine Vorliebe für musikalische Großveranstaltungen" kann er jetzt voll verwirklichen und auch die eigenen Kompositionen in Herne „durch häufigere Aufführungen" „zu ihrer vollen Geltung" bringen.[28] Nellius sorgt über die Standardwerke hinaus für eine verstärkte Berücksichtigung von „Kompositionen mit aktueller, politisch gewünschter Thematik", trifft „sowohl den Geschmack des Publikums als auch den der politischen Machthaber" und reicht mit seiner „Bekanntheit durchaus über den Raum Westfalen" hinaus (EBD., S. 85). Aufführungen seiner großen Kantate „*Von deutscher Not*" finden in mehreren Städten statt; in Münster sieht der Oberbürgermeister in ihr „die sieghafte Lösung" im Sinne „unseres nationalsozialistischen Reiches" enthalten (EBD., S. 85, 135-137). – Nellius ist ein gefragter Mann. 1936 wirkt er auf achttägigen Schulungslagern für jeweils 60-80 Chorleiter in Meersburg am Bodensee, Thüringen und Schlesien als Dozent.[29]

Ein herausragendes Musikereignis 1937 war das 12. Sängerbundesfest in Breslau, bei dem auf Bitten von Oberbürgermeister Albert Meister, dem Bundesführer der Sänger, Reichsminister Joseph Goebbels die Schirmherrschaft übernommen hatte (EBD., S. 80). Unter Leitung von Georg Nellius reiste die westfälische Abordnung Ende Juli zu dieser „kulturellen Heeresschau" an.

---

weitaus den größten direkten Einfluß auf die Masse der Völker ausübt" (zit. WALLIES 1991, S. 58).

[28] Aufs Ganze gesehen erfüllte der zeitweilig von der Presse so überaus gelobte Musiker aus dem Sauerland in seinen *eigenen* Tonsätzen aber nicht die für den NS-Massenchorgesang geforderte „Richtung einer Vereinfachung der Musik" (WALLIES 1991, S. 155): Deshalb „konnten sich die Kompositionen von Nellius, obwohl sie durch die Textauswahl ›richtig‹ ausgerichtet waren, nur wenige Jahre behaupten" (EBD.).

[29] Vgl. im Dokumentarteil den Text →B. III.1 und ebenso auch einen Hinweis im Brief von G. Nellius an Josefa Berens vom 20.11.1942 (STADT- UND LANDESBIBLIOTHEK DORTMUND).

Die Herner Zeitungen berichteten später „von einem Treffen der Herner Musiker mit Hitler. Nach einem ›Ständchen‹ [...] wurden Nellius als Gauchorleiter und der Gaugeschäftsführer Edmund Konsek[30] von Hitler zum Gespräch gebeten, was die Herner als besondere ›Ehre‹ betrachteten" (EBD.). Hugo Vad vermerkt: „Leitung der westfälischen Gaufeierstunde ›Schaffend Volk‹ mit 5500 heimischen Sangeskameraden (in Breslau) [...]. Leitung einer Morgen-Musik vor Adolf Hitler, 1937. Nellius wurde anschließend zum Führer gebeten, der ihm dankte und sich eingehend über chorische Fragen mit ihm unterhielt" (VAD 1941, S. 46).

Vorauseilend nimmt in Herne „die Darbietung von Soldatenliedern in Konzerten des Jahres 1938 stark" zu; die Stadt erhöht für die Konzertsaison 1938/39 ihre Zuschüsse (WALLIES 1991, S. 81). OB Albert Meister gedenkt alsbald, *„gerade jetzt im Kriege den Kulturwillen"* wachzurütteln (EBD., S. 83). Nellius kann große Veranstaltungen realisieren (u.a. am 11.2.1940 das Oratorium „Deutschland" von Fritz Sporn) und im Januar 1942 sein Opus 79 *„Heldenfeier"* uraufführen (EBD.; vgl. →B.II und B.IV).

Ein gutes Verhältnis zu Stellen der NSDAP und des NS-Staates sowie eine kontinuierlich günstige Beurteilung des Musikers und Funktionärs Georg Nellius – vom nationalsozialistischen Standpunkt aus – werden in der von Hugo Vad Anfang 1941 abgeschlossenen Sammlung eindrucksvoll dokumentiert:

1. Am **15.7.1933** wird Nellius anlässlich der Aufführung seiner Kantate *„Von deutscher Not"* – „als eine[r] wahrhaft deutsche[n] und edle[n] Kunstleistung" – zum 6. Westfälischen

---

[30] Rektor E. Konsek war – u.a. nach Ausweis von Widmungen (so *1938*: Nellius-Opus 71) – ehedem mit Nellius gut befreundet, bevor es ein heftiges Zerwürfnis gegeben haben muss (diesen Konflikt können wir anhand der uns vorliegenden Quellen nicht tiefer beleuchten). Auch Konsek war 1937 der NSDAP eingetreten. Im Nellius-Berufungsverfahren zur „Entnazifizierung" 1948 war er der einzige vom Ausschuss selbst geladene Zeuge. – Nicht eingesehen habe ich zu ihm folgenden Nachruf: *Heinrich Lemacher*: Edmund Konsek (1888-1958). In: Musika sacra [Zeitschrift für katholische Kirchenmusik] 1958 / 06, S. 184.

Sängerbundesfestes die Stadtplakette der Stadt Dortmund verliehen (→B.II.6).

2. Am **12.2.1935** wird Nellius mit dem Ehrenkreuz für Frontkämpfer ausgezeichnet (→B.II.5).

3. Auf Anfrage hin teilt die Reichsfachschaft Komponisten in der Reichsmusikkammer der Ehefrau von Georg Nellius am **27.6.1936** mit, „dass von hier aus eine Aufführung des Werkes [Nellius-opus 12: *Totenklage*] in Nürnberg [Reichsparteitagort] wärmstens befürwortet worden ist"; ähnlich günstig beurteilt man weitere eingesandte Nellius-Kompostionen, darunter die Chorwerke *„Volk und Führer"* (opus 64) und *„Deutschland"* (opus 48), und der stellvertretende Leiter Hugo Rasch fügt hinzu, „dass derartige positive Gutachten durch den sehr kritischen Werksprüfungsausschuss ›C‹ zu den grossen Seltenheiten gehören" (→B.IV.2).

4. Studienrat B. Kieslich, Fachberater für den Musikunterricht an den höheren Schulen Westfalens, schreibt am **26.9.1937** an den Herner OB Albert Meister, Nellius sei „ein völkisch eingestellter Musikpolitiker" und setze „sich für die von unserem Führer erstrebte kulturelle Zusammenschmiedung einer deutschen Volksgemeinschaft mit der ganzen Wucht seiner Führerpersönlichkeit ein: als Berater für musikalische Angelegenheiten der Partei, als Führer in der Männerchorbewegung [...] und nicht zuletzt als Komponist von Rang, der aus seiner sittlichen Haltung heraus dem deutschen Volke und seiner Jugend Werke geschenkt hat und noch zu schaffen berufen ist, die beim Aufbau einer nationalsozialistischen Kultur Helfer sein können" (→B.II.15).

5. Am **4.6.1938** schreibt Nellius über sich selbst: „Ich bin Mitglied der NSDAP [...], ehrenamtlich als Leiter der städtischen Konzerte (Städtischer Chor!), städtischer Musikbeauftragter, als Gaufachberater für das Musikwesen im Gau Westfalen-Süd der NSDAP, stellvertretender staatlicher Musikberater für den Regierungsbezirk Arnsberg, Gauchorleiter (in Westfalen-Süd, -Nord und Lippe!) des Deutschen Sängerbundes,

Kreischorleiter des Emscher-Sängerkreises u.s.w. tätig. [...] Man zählt mich heute zu den am meisten aufgeführten bzw. gesungenen Vokal-Komponisten des Reiches. Seit 15 Jahren [...] ausgesprochener Gegenpol der bis zum Umbruch tonangebenden jüdischen oder angejüdelten Komponisten internationaler bzw. SPD-Haltung" (→B.II.7).

6. Ab dem **1.10.1939** vertritt Nellius den staatlichen Musikerberater für den Regierungsbezirk Arnsberg und begutachtet u.a. im Jahr 1940 etwa 8 Schulmusik-Bücher (→B.IV.6).

7. Am **12.2.1940** gratuliert Karl Nieper[31] (Kreisleitung Herne-Castrop-Rauxel der NSDAP) Nellius schriftlich zur gelungenen „Aufführung des grossen Werkes von Wolfram Brockmann „Deutschland‹" (→B.II.2).

8. Am **17.2.1940** teilt G. Nellius dem NSDAP-Kreisleiter Nieper seinerseits – unter Hinweis auf den Konzertbesuch von Wehrmachtsangehörigen – mit: „Wir dürfen Ihren Worten wohl entnehmen, dass die Partei unsere nun schon sieben Jahre lang selbstlos geleisteten Kulturdienste zu schätzen und zu würdigen weiss. Gerne wollen wir gerade jetzt in schwerer Kriegszeit an unserer Stelle zur Erringung des Sieges [...] beitragen" (→B.II.3).

9. Auf Anfrage von OB Albert Meister (DSB), der am **23.10.1940** auf ein günstiges Gutachten des Jahres 1936 verweist, teilt die Reichsmusikkammer am **27.11.1940** mit, dass der Werkprüfungsausschuss „hinsichtlich der Partitur [Nellius-opus 12: *Totenklage*] bei seiner positiven Einstellung geblieben ist" (→B.IV.3/B.IV.4).

---

[31] In einer „Anlage II zum Personal-Fragebogen der Militärregierung" vom 29.10.1945 (LANDESARCHIV NRW Abt. Westfalen) sagt Nellius aus, NSDAP-Kreisleiter Nieper habe im Januar 1938 die Wiederholung einer SA-Aktion (Sprechchöre) vor seinem Hause „in letzter Minute" verhindert, ihm *„aber als Bedingung für weiteren Schutz auferlegt, Parteimitglied zu werden"*. In den Briefdokumenten (→B.II.2-3) tritt ein gutes Verhältnis Nellius-Nieper zutage; die Kritiker monieren denn auch nach 1945, Nellius habe beim NSDAP-Kreisleiter Nieper in „hoher Gunst" gestanden (→B.V.2).

10. Am **20.1.1941** schreibt der NSDAP-Kreisleiter Herne-Castrop-Rauxel: „Lieber Parteigenosse Nellius! [...] Dass Sie durch Ihre Arbeit ein treuer Mitstreiter des Führers sind, brauche ich wohl nicht weiter auszuführen. [...] Herzliche Grüße und ein kräftiges *Heil Hitler!*" (→B.II.1).

11. Am **21.1.1941** bedankt sich Obertruppführer Zimmermann bei Nellius für dessen „unentgeltliche und wertvolle musikalische Beratung und die Übernahme der Begleitung" beim Wunschkonzert des N.S.K.K.-Motorsturm „zugunsten des Kriegswinterhilfswerks" (→B.II.4).

12. Der Herner Oberstudiendirektor Hermann Kracht bescheinigt Nellius am **26.1.1941**, „als Berater für musikalische Angelegenheiten der Partei, als Führer in der Männerchorbewegung" usw. „segensreiche Arbeit geleistet" zu haben; „eine musikpolitische Arbeit" sei „von unersetzlichem Wert" (→B.II.14).

Nach 1945 vorgebrachte Behauptungen, Nellius habe zur NSDAP oder namentlich auch zum Herner Stadtoberhaupt[32] A. Meister ein schlechtes Verhältnis gehabt, wirken angesichts der Archivbefunde aus der vorhergehenden Zeit aberwitzig. Auf ganzer Linie ist das Gegenteil der Fall, was die Kritiker direkt nach 1945 auch immer wieder betonen (→B.II.2 u. bes. B.II.3). Zumindest kulturpolitisch hat Nellius mit seinem vorgesetzten Stadtoberhaupt im Sinne des Nationalsozialismus bis zum Schluss reibungslos zusammengewirkt! Am 20. August 1942 stirbt OB Albert Meister in Herne. Über seinen Nachfolger schreibt Georg Nellius an Josefa Berens-Totenohl am 2.5.1943: „Am Tage vor dem [Oster-]Fest

---

[32] Im Entnazifizierungsfahren vom 15.9.1948 suggeriert die Entlastungszeugin Maria Schepers, Nellius habe zum Herner NSDAP-Oberbürgermeister Meister ein distanziertes bis schroff ablehnendes Verhältnis gepflegt, u.a. auch das von diesem angebotene „Du" abgelehnt (LANDESARCHIV NORD-RHEIN-WESTFALEN, Abt. Rheinland). Im Hintergrund steht freilich die gedruckte *herzliche* Widmung des Nellius-Opus *„Voik und Führer"* an den OB (und mutmaßlichen Mentor) A. Meister!

hatte ich die erste Unterredung mit dem 4 Tage zuvor eingeführten neuen Oberbürgermeister. Scheinbar ein ordentlicher, ruhiger, besonnener und doch resoluter Mensch!"[33] Am 11.11.1943 kann Nellius seiner Freundin auch mitteilen: „Mein neuer Oberbürgermeister hat mir großzügigerweise die Fortzahlung meines Honorars für die Leitung des Städt. Chores für ein Jahr bewilligt".

5. Nellius als antisemitischer „Musikpolitiker"

Für den nationalsozialistischen Priester Dr. Lorenz Pieper sowie die Schriftstellerinnen Maria Kahle und Josefa Berens sind antisemitische Aktivitäten und Hetzbeiträge quellenmäßig sicher belegt.[34] Für Nellius, der diesen drei Sauerländern seit den frühen 1920er Jahren eng verbunden war, gab es bislang „nur" einen einzelnen Nachweis für eine rassistisch ambitionierte „Kunsttheorie": „unverbrauchtes Heimatblut" versus sogenanntes „Negerblut" (NELLIUS 1930*). Besonders durch die uns nunmehr ermöglichte Berücksichtigung des 1940/41 zusammengestellten „Vad-Konvoluts"[35] ergibt sich an dieser Stelle jedoch ein radikal neues Bild:

---

[33] Briefwechsel „Nellius an Berens" in der STADT- UND LANDESBIBLIOTHEK DORTMUND. – Darin auch der nachfolgend im Text zitierte Brief vom 11.11.1943, welcher in Widerspruch zu der sonst von Nellius vorgetragenen Kennzeichnung der Städt. Chorleitung in Herne als *ehrenamtlich* (→B.II.7) steht. – Der neue OB war Hugo Peiter (1895-1978), „ein strammer Nationalsozialist – NSDAP-Mitglied seit 1925 und bereits vorher Mitglied der Deutschvölkischen Freiheitspartei" (www.herne.de).

[34] BÜRGER 2013a*; vgl. zur Judenfeindschaft im katholischen Milieu und im kölnischen Sauerland: BÜRGER 2009*; BÜRGER 2012a, S. 553-740 und 749-788.

[35] Dass Esther Wallies in ihrer Doktorarbeit, in deren Vorwort sie dankend „die Hilfe vieler Freunde von Georg Nellius'" und namentlich die von Norbert Voss erwähnt, die nachfolgend referierten Quellen *ganz* ausklammert, wirft angesichts der musikgeschichtlichen und politischen Brisanz dieser Archivalien viele Fragen auf; die Dokumentation von Hugo Vad führt

1. Nellius bezeugt in einem Brief vom 14.6.1937 mit eigenen Worten und „ohne Not", er habe sich schon bei einem Raabe-Abend in Neheim mit Dr. Friedrich Castelle 1926 oder 1927 [!] öffentlich *„als Juden- und Thomas-Mann-Todfeind bekannt"* (VAD 1941, S. 42).
2. In seinem *„Bekenntnis zu Führer und Volk"* vom 9.12.1934 schreibt Nellius: „In klar erkanntem Gegensatz zu den männiglich bekannten destruktiven Chor-Komponisten jüdisch-marxistischer Haltung habe ich seit dem Jahre 1922 gerade als Tonsetzer neue Werke gesucht zu den Urgrunds-Kräften des Volklichen und Heimatlichen." (EBD., S. 16)
3. In seinem am 4.6.1938 erstellten Lebenslauf betont Nellius, er gelte seit 15 Jahren infolge seines „ausgeprägt vaterländisch-deutschen Chor-Schaffens als ausgesprochener Gegenpol der bis zum Umbruch tonangebenden jüdischen oder angejüdelten Komponisten internationaler bzw. SPD-Haltung wie Lendvai u.a." (EBD., S. 10).

Der Nellius wohlgesonnene Rechtsanwalt Hugo Vad belegt nun 1940/41 durch die Aufnahme von Briefdokumenten in seine Sammlung, dass es sich bei solchen Äußerungen keineswegs etwa nur um folgenlose „Lippenbekenntnisse" handelt. Die Überschrift der entsprechenden Abteilung, die wir im Dokumentarteil (→B.III) als ›Zeitzeugnis zur deutschen Kulturgeschichte‹ vollständig darbieten, lautet treffend: *„Georg Nellius als Musikpolitiker"* (VAD 1941, S. 30-44). In seiner Funktion als Städtischer Musikbeauftragter (Herne) und Gauchorleiter für ganz Westfalen und Lippe sorgt Nellius leidenschaftlich für ein „arisches", „judenfreies" Musik- und Kulturleben in seinem Verantwortungsbereich – und anderswo:

E. Wallies nämlich in ihrem Literaturverzeichnis auf (WALLIES 1991, S. ii, S. 235 oben). – Zu antisemitischen Klischees im Werk des Nellius-Verehrers und -Freundes Norbert Voss (noch 1966!) vgl. BÜRGER 2013c, S. 388-391.

1. In einem sehr barsch gehaltenen Schreiben von Nellius an den Herner Konzertsänger und Musikerzieher Fritz Buschmann vom 31.3.1937 erfolgt die Anweisung, zwei Stücke eines mutmaßlichen „Vollblutjude[n]" [Alfred?] Rose aus einer Vortragsfolge herauszunehmen und ebenfalls ein Stück des „Karussell-Wolff" abzusetzen, falls dieser nicht „restlos" sicher als „Arier" nachzuweisen ist. Angemahnt wird unter Verweis auf das „Juden-ABC" eine zukünftige Vornamen-Nennung zu den Komponisten. Im Fall einer verweigerten Programmänderung soll eine Meldung an die Reichsmusikkammer erfolgen.

2. Am 14.6.1937 hört der arbeitsgeplagte Georg Nellius an seinem – seltenen – freien Anglertag morgens um 5:50 Uhr mit „abgrundtiefem Entsetzen" im Radioprogramm des Reichssenders Köln das Lied „Frohsinn", dessen Vortrag er noch unlängst untersagt hat. Nellius schreibt noch am selben Tag vier Schreibmaschinenseiten an den Sendeleiter Dr. Friedrich Castelle und verlangt Konsequenzen: „Der Komponist des ›Liedes‹ heisst Ferdinand Hiller und war *Vollblutjude!*" Dessen „Rassegenosse" Rudolf Löwenstein habe den Text gemacht („Gemauschel", „entsetzlich doofes, typisch jiddisches Gereimsels"): Ein Skandal sondergleichen, „ein prachtvolles ›Fressen‹ für ein Emigranten-Witzblatt": „ein Judenmachwerk", hineingesendet „in das gläubige Volk", eine Irreführung „ahnungsloser Chorleiter".

3. Am 16.9.1937 versagt Nellius dem Vereinsführer Max Tillmann vom Herner MGV 1862 Sangeslust die Genehmigung einer Programmfolge „Von deutscher Erde und von deutschen Menschen", „weil sie die Aufführung eines *Juden-Liedes:* ›Das alte Mütterchen‹, komponiert von dem *Vollblut-Juden Max Spicker* vorsieht". Angefordert wird ebenfalls ein ›Ariernachweis‹ für den Komponisten Simon, dessen Lied „Klagt nicht" im Programm vorgesehen ist.

4. Am 26.3.1938 fragt Chorleiter Eugen Meyknecht aus Ostenfelde nach einer Verbotsweisung erstaunt beim Gauchorfüh-

rer Nellius an: „Wissen Sie denn mit Bestimmtheit, dass Mendelssohn Jude war?" (Das verbotene Lied stehe nämlich in einem amtlichen Verzeichnis von 1934, „wo doch alles Jüdische schon bekämpft wurde"). Nellius antwortet entrüstet, wie man denn „1938 (!) für ein Kreissängerfest des Deutschen Sängerbundes ein von Mendelssohn[36], d.i. einem *Vollblutjuden* vertontes Lied" melden könne: Kein jüdischer Komponist dürfe bei DSB-Veranstaltungen oder Proben gesungen werden; diesen „ganz konzessionslosen Standpunkt habe" er „persönlich übrigens vor Erscheinen des Schünemann-Buches" [1934!] dem Verlag des zitierten Musikführers schon bekannt gegeben. – Den zuständigen Kreischorleiter für „Emsland" tadelt Nellius am 4.4.1938 ebenfalls, weil dieser trotz wiederholter Aufforderung in Meyknechts „Mendelssohn"-Sache keinen Bericht erstattet hatte.

---

[36] Vgl. dagegen die Behauptung von Emil Weischenberg vor dem Kreisberufungsausschuss Bochum („Entnazifizierungssache") am 15.9.1948: „Ich muss bestätigen, dass der Antragssteller [G. Nellius] damals mehrfach betont hat, dass er jüdische Komponisten nicht um deswillen ablehne, weil sie Juden seien, sondern dass er im Gegenteil immer wieder hervorgehoben hat, wie sehr er z.B. die Musik von Mendelssohn-Bartholdi [!] schätzte." (LANDESARCHIV NRW Abt. Rheinland) – In seiner eidesstaatlichen Erklärung vom 3.4.1946 wollte Weischenberg (Wohnort Bonn!) sogar noch wissen: „Sein Eintritt in die Partei wurde nach meiner Erinnerung durch folgendes Vorkommnis erzwungen. Nellius hatte in der Oberklasse seiner Lehranstalt dem jüdischen Komponisten Mendelssohn dadurch ger[e]chte Würdigung zuteil werden lassen, dass er seine Werke lobte. Nazieifrige Schülerinnen hatten dies zu Hause berichtet und am Abend brachte ihm die S.A. ein fürchterliches Katzenständchen. Im Ablauf dieser Begebenheit sah Nellius sich gezwungen, karteimässig Mitglied der Partei zu werden, wenn er nicht wagen wollte, durch die Partei Amt und Brot zu verlieren." (Abschrift: LANDESARCHIV NRW Abt. Rheinland, NW 1102 Nr. 4493) Zwei weitere Erklärungen von 1946 im selben Akt datieren die ›SA-Katzenmusik‹ mit präzisem Gedächtnis unabhängig voneinander auf den 15. Januar 1938. – Zum Jahr des NSDAP-Eintritts (nach WALLIES 1991: 1937!) vgl. A.II.3 und sowie die Ausführungen von Werner Neuhaus in Kapitel →A.III.3 unserer Darstellung.

5. Am 27.2.1940 setzt Georg Nellius seinen Vorgesetzten, OB
    Albert Meister, davon in Kenntnis, dass der „Herner Anzei-
    ger" mit den Löwenstein-Versen „Froh wie die Libell am
    Teich / Frohsinn macht leicht und reich" für das Winter-
    hilfswerk werbe. Nellius entwirft für MdR Albert Meister ei-
    ne an zuständige Parteiinstanzen gerichtete Klage darüber,
    „dass dieser Löwenstein *Vollblut-Jude* sei, dass also seitens
    bzw. auf Veranlassung einer Gaudienststelle unter Benut-
    zung ausgesprochen *jüdischen Geistesgutes* für eine *Reichsstras-
    sensammlung des WHW* geworben werde; – – – all dies im Jah-
    re 1940, d.i. *sieben Jahre nach der Machtergreifung*!!!" „Erschüt-
    ternde Folgerung": „Mit dem Lied-Machwerk *zweier Vollblut-
    Juden* ist [...] Propaganda gemacht worden"!

Mit größter Peinlichkeit brüstet sich Nellius in jedem der genannten Fälle mit seiner enormen Kenntnis der ›wissenschaftlichen
Juden-Fahndungsliteratur‹, z.T. in epischer Breite und mit akribi-
scher Bibliographie. Wo er gleichsam amtlich ermahnt, ist der
Ton herrisch, überaus unfreundlich und auch drohend: Sie müssen mit dem „*Vorwurf rechnen, in unserer Zeit des so bitter notwendigen Ausscheidens aller jüdischen Elemente aus unserer Musikübung
und -erziehung es an der erforderlichen Vorsicht haben fehlen zu lassen*" (VAD 1941, S. 31). Wo er als Privatmann „jüdische" Noten
oder *Verse* aufgespürt hat und dann an ›höherer Stelle‹ interve-
niert, lässt er seinen Emotionen freien Lauf: „Die armen Forellen
haben mein Entsetzen zu spüren bekommen: 23 waren bis 12 Uhr
an den Haken gegangen. Massenmord, wie ich ihn wirklich normalerweise nicht liebe! *Wie* soll nun Kultur- bzw. Musikpolitik
getrieben werden: so, wie wir Musikanten aus ehrlichem Gewissen und jehrzehntealter [sic!] Ueberzeugung heraus sie auffassen,
oder so, wie der Reichssender Köln sie praktiziert???" (EBD., S.
41). Der Komponist ist rigoroser noch als ein „amtliches Verzeichnis" von 1934 oder eben der Reichssender Köln. Achtmal
taucht in dem Quellensegment allein die Bezeichnung „Vollblutjude" auf. Es besteht kein Zweifel daran, dass im Hintergrund

der Nellius-Aktivitäten ein „*rassisch*" verstandener Antisemitismus steht. Mehr als ein Jahr nach den mörderischen Novemberpogromen 1938[37] zeigt sich Georg Nellius im Februar 1940 noch zutiefst erschüttert [!] darüber, dass man das „Machwerk *zweier Vollblut-Juden*" im öffentlichen Raum verbreitet habe.

Alle Entlastungsbehauptungen zugunsten von Nellius, die nach 1945 im Rahmen der sogenannten Entnazifizierung bezüglich des Vorwurfs „Antisemitismus" auftauchen, verlieren in Kenntnis der nunmehr erschlossenen – genau datierten – Quellen aus der NS-Zeit jegliche Glaubwürdigkeit![38] Hingegen ergibt sich aus den von Nellius-Verehrer Hugo Vad bis 1941 zusammengestellten Dokumenten genau jenes Bild, das auch in einer Dortmunder Sänger-Stellungnahme „*In Sachen Nellius-Herne!*"[39] vom 19.10.1946 dargeboten wird.

---

[37] Bei einer Kranzniederlegung auf dem jüdischen Friedhof in Sundern-Stockum zum „75. Jahrestag der Reichspogromnacht" sagte Bürgermeister Detlev Lins bereits am 11. November 2013: „Können wir es uns leisten, auch in Anbetracht solcher Veranstaltungen wie dieser, Straßen nach Menschen wie Nellius zu benennen, die dieses Regime unterstützten? Ich sage ganz klar: Nein." (zit. SUNDERN GEDENKT 2013*)

[38] Georg Nellius selbst führt in eigenen Schriftsätzen (Abschriften im LANDESARCHIV NRW Abt. Westfalen: Personalakten Nr. AN 81) folgende Punkte zu seinen Gunsten an: Sein Musikverleger Karl Hochstein sei „Halbjude", in Saarbrücken habe er um 1919/20 [„daneben ..."] auch einen Synagogenchor geleitet, in Hüsten habe er um 1924/25 als Chorleiter die Mitwirkung von jüdischen Sängerinnen in der kath. Weihnachtsmette durchgesetzt, im Nov./Dez. 1937 habe man gegen ihn [als „Nichtparteigenossen"!] ein Parteigerichtsverfahren wegen „judenfreundlicher Einstellung" angestrengt (Nellius: Brief an die Leitung der KPD Herne, 16.2.1946); außerdem: ein SA-Zug habe am 15.1.1938 vor seinem Haus in Sprechchören u.a. gerufen: „Judenknecht! Nieder! Nieder!" (Anlage II zum Personalbogen der Militärregierung, 29.10.1945). – Nur, was sollte uns all dies – gerade in Kenntnis der nunmehr erschlossenen *internen* Dokumente aus der Zeit *vor* 1945 – beweisen?

[39] LANDESARCHIV NRW Abt. Rheinland, NW (mit weiteren Beispielen für das antisemitisches Wirken von Nellius als NS-Kultur- und Musikfunktionär). Volltext →B.V.II.

6. Kriegspropaganda, weitere Kompositionen
für „Führer und Reich"
und privates „Heil Hitler!" bis zum Ende

Glaubt man den von Nellius im Berufungsverfahren zur „Entnazifizierung" beigebrachten Leumundszeugnissen und eidesstattlichen Erklärungen, dann war der 1935 in zwei bzw. vier Versio-
nen gedruckte Zyklus *„Heil dem dritten Reich!"* etc. (op. 63 und 64)
nur ein opportunistisches oder gar erzwungenes Zugeständnis
im Dienste der eigenen Existenzsicherung. – Insgeheim aber soll
der Komponist, so heißt es an einer einzelnen Stelle, die Nazis
generell und mit Verbitterung – nach seinem Parteieintritt – als
„Verbrecher" bezeichnet haben.[40] – So hätten wir es also mit einem einmaligen „Ausrutscher" zu tun? Nellius schreibt am
16.2.1946 der Herner KPD-Leitung in einer Selbstrechtfertigung,
es ginge schließlich ja nur um 4 [!] von ca. 800 Kompositionen aus
seiner Werkstatt.

Ein vollständig anderes Bild ergibt sich auch hier, wenn man
aus dem echten Nellius-Nachlass ebenfalls die *ungedruckten* Notenhandschriften sichtet, die nach 1945 den Behörden und Kriti-
kern offenkundig nicht bekannt waren.[41] Bis hin zum bitteren
Ende sucht Nellius ›geeignetes Material‹ und setzt an seinem
Komponier-Tisch Noten, um Adolf Hitler, das Reich und den
Krieg zu verherrlichen und den Jungen die Todesverachtung zu
lehren (→Dokumentation: B.I).

Im Jahr 1941 entsteht das Opus 77 *„Vorwärts, Kamerad! Empor!"* für Männerchöre – ohne Begleitung:

---

[40] So Maria Schepers, Freundin von Frau Nellius, am 15.9.1948 vor dem
„Entnazifizierungs"-Berufungsausschuss (LANDESARCHIV NRW Abt. Rheinland).

[41] Da ab 1938 für Herne eine Zunahme von Soldatenliedern in Programmen
vermerkt ist und dort z.B. auch das ungedruckte Nellius-Opus 79 „Heldenfeier" 1942 uraufgeführt wurde, halte ich es für sehr wahrscheinlich, dass
zahlreiche der nachfolgend behandelten Werke zumindest vor Ort auch im
Chorwesen gesungen worden sind.

1. Op. 77,1: „Kameraden, / die Granaten / sind die Glocken neuer Zeit. / Todeshiebe / schaffen Liebe, / Und wir fühlen uns geweiht." (*Alfred Hein*)
2. Op. 77,2: „Ein Volk, ein Reich, ein Führer! / Unserm Führer: Sieg – Heil! / Adolf Hitler: Sieg-Heil, Sieg-Heil, Sieg-Heil!" (› *Volksgut des dritten Reichs* ‹)
3. Op. 77,4: „Aber erst Gräber / schaffen Heimat [...]. // Erst wo auf Hügeln / Klagende knien, / erst über Särgen / werdet ihr Volk." (*Ernst Bertram*)
4. Op. 77,6: „Gott, glühend unter deinen Sonnen, / entbrannt in der Gestirne Lauf / stehn wir, gewappnete Kolonnen, / in himmlischen Fanfaren auf." (*Hans-Jürgen Nierentz*)
5. Op. 77,8: „Junge Faust um heilige Fahne / [...] Ernst und Trutz und Stolz: Germane! [...] // Edles Blut und auserkoren, / Zier im Siege und im Tod, / hält die Fahne, dass sie loht / allen, die ihr zugeschworen!" (*Herybert Menzel*)
6. Op. 77,9: „Wir bluten und wir sterben / Für Führer, Volk und Haus. / Domm domm domm domm – so geht die Trommel voran" (*Heinrich Krückemeyer*).

Sein frühes Opus 12 „*Totenklage*" hatte Georg Nellius schon 1937 mit einer durchgreifenden Umarbeitung des Textes – von eigener Hand [!] – neu vorgelegt; zu Kriegszwecken erfolgt 1942 noch eine weitere Umarbeitung zum Opus 79 „*Heldenfeier*" (WALLIES 1991, S. 126-129): Die allen bekannten religiösen – christlichen – Bezüge (Engel, Seligpreisungen etc.) sind verschwunden bzw. in eine völkische Ideologie zum „Lobpreis der Toten" verwandelt. Es geht jetzt endgültig nicht mehr um christliche Seligkeit![42] Aus

---

[42] *Christlich* sind die von Wallies untersuchten und referierten Textverwandlungen durch Nellius im Opus 79 jedenfalls nicht mehr! Ähnlich hat der Geistliche Dr. L. Pieper, so einige Berichte, die christliche Liturgie völkisch geschändet (BÜRGER 2013a*). – Zur persönlichen bzw. kirchlichen Frömmigkeit von G. Nellius enthalten die biographischen Zeugnisse – abgesehen von seiner wiederholten Berufung auf die Ursprünglichkeit der sakralen Kunst („ars sacra") – so gut wie keine Hinweise. 1929 hoffte der Neheimer Pfarrer Mülting, dass Nellius, der sich „bislang nicht als eifriger Katholik betätigt"

dem „Erlöser" ist der „Führer der Helden", ein ›politischer Befreier‹ geworden. Die Aufführung von 1942 erfährt ob der Stimmungsgegensätze „ein großes Echo"; ein Rezensent spricht vom „Sieg durch die Hingabe der Helden".

Dieser „Trauer-Trost-Kantate für Männerchor, Frauen- oder Kinderchor" lässt Nellius 1942 sogleich noch zwanzig weitere neue *„Männerchorsätze zu Soldatenliedern"* (Opus 80) nach Melodien von Hans Heeren folgen:

1. Opus 80,1: „Wir reiten, weil die Heimat rief, / ob uns der Tod auch führet. / [...] Der Führer hat uns auserwählt, / Wir sind die Jungen Reiter. / Nun eure Seelen Gott befehlt, / Ein Tor, der seine Tage zählt" (*J. O. Bringezu*).
2. Opus 80,5: „Wo immer wir marschieren, / die Trommel ist dabei [...] // Und wo sie dröhnt zum Sterben, / da ist ein Volk auf Wacht, / zum Leben und zum Sterben / hat eine Trommel Macht." (*Max Rothfuss*)
3. Opus 80,6: „Der Führer hat befohlen, / mein Deern, ich sage dir, / da zogen gegen Polen / viel tausend Musketier. / [...] die Bomben schlugen ein: / Die Flieger und die Panzer / die ersten wollten sein. [...] // Ich war Soldat in Polen, / in Wochen war's vorbei, / und vor uns steht der Führer, / da wird das Herze frei." (*Hugo Fischer*)
4. Opus 80,12: „Morgen marschieren wir in Feindesland. / Heiß in den Herzen glüht der Freiheit Brand. / Kehr ich nicht mehr zurück, was ist dabei? / Wenn nur mein Vaterland, wenn Deutschland frei. [...] Sterben, wohlan es sei." (*nach: Liller Kriegszeitung*)

---

habe, durch seine Wahl zum Organisten „wieder religiöser wird" (WALLIES 1991). Als „göttliche Mission des Künstlers" galt es Nellius dann 1930, „das Wesen seiner Volkschaft" leuchten zu lassen. Unbekannt sind die Quellen, auf deren Grundlage Pfarrer Ludwig Kleffmann in einer Gedenkstunde drei Jahrzehnte später meint, Nellius „habe die Musik als Auftrag Gottes betrachtet und sich in Neheim dafür ein Instrument gebaut zu des Allerhöchsten Ehre" (Westfalenpost Neheim-Hüsten, 5.11.1962).

5. Opus 80, 8: „Und haben wir im Ranzen / nichts als ein'n Kanten Brot, / wir werden leichter tanzen, / wir tanzen in den Tod. [...] / Wir kommen jung an Jahren [...] / Wir tanzen in den Tod." (*Herybert Menzel*)
1944 ist Georg Nellius noch immer nicht am Ende mit seiner musikalischen Weisheit als NS-Komponist und vertont Kränzleins *„Lied der westfälischen Bombenkämpfer"* (Opus 88):

> Rot ist die Flamme auf Hütten und Werken,
> Feuer weht über die Schächte.
> Rot [*NS-Fahne*!] ist die Fahne, der wir gehören,
> rot sind die Bombennächte. [...]
> Hart ist der Kampf der Soldaten im Osten,
> hart ist das Herz der Westfalen. [...]
> Wenn die Teufel toben, die Hölle ist los, [...]
> dann steigt der Ruf ingrimmig empor aus der Erde Rot:
> Vorwärts ihr Bombenkämpfer,
> wir siegen trotz Terror und Tod!

Was wir in diesem Durchgang gesichtet haben, ist ein endloser Kult des Todes. Hätte man nach den Massengräbern des letzten Weltkrieges bei besserer Werkkenntnis wenigstens ein paar jener nekrophilen Verse, die sich der Komponist aus dem Sauerland zu seiner Musik ausgesucht hat, in den einschlägigen Nellius-Artikeln zitiert? Wohl kaum. So etwas passte nicht zum großen Vergessen ...

In einer Eidesstattlichen Erklärung vom 3.4.1946 versteigt sich Sparkassendirektor a.D. Emil Weischenberg zu folgender Aussage über Georg Nellius: „Vom Chauvinismus war all sein Wirken frei." (LANDESARCHIV NRW Abt. Rheinland) Vor dem letztinstanzlichen „Entnazifizierungs"-Berufungsausschuss gibt die Entlastungszeugin Maria Schepers am 15.9.1948 zu Protokoll: „Ich habe im Haus des Antragsstellers [G. Nellius] verkehrt. Ich könnte mich nicht erinnern, dort jemals ein Hitlerbild gesehen zu haben. Bei politischen Gesprächen machte er aus seiner inneren gegnerischen Einstellung keinen Hehl. Er lehnte das Bonzentum

allgemein ab und betonte auch sonst stark seine Abneigung."
(EBD.) Das Protokoll vom 15.9.1948 enthält noch mehr „Entlas-
tungen" dieser Art: „Bei den allgemeinen Gesprächen habe ich
nicht festgestellt, dass er [Nellius] den überzeugten Nationalsozialisten betonte" (E. Konsek, NSDAP-Mitglied seit 1937). Bezogen
auf einen bestimmten Freundeskreis, in dem offenbar nur Nellius
Parteimitglied war, wird sogar gemutmaßt, mit „innerer politischer Überzeugung" habe die Vertonung „zeitgemäßer" Texte bei
ihm nichts zu tun gehabt: „... denn sonst wäre nicht zu erklären,
dass er [Nellius] in allen Fragen garzugern bereit war, über die
Nazis, ihre Massnahmen und Einrichtungen zu schimpfen" (E.
Weischenberg). War der „Bonzen-Feind" Georg Nellius also im
privaten Umfeld und in seinem Innersten vielleicht ein NS-
Gegner, gar eine Art geistiger Widerstandskämpfer?

Archivalien, die man heute mehrheitlich in der Tat an entlege-
nen Stellen aufspüren muss, sprechen eine andere Sprache als die
Leumundszeugen nach 1945. Und nun fehlt sogar in den ganz
vertraulichen Schreiben des Komponisten an die sehr enge
Freundin Josef Berens-Totenohl bis 1944 nie der „Führergruß".[43]
Hier war Nellius in seiner *privatesten* Briefpraxis noch „gläubi-
ger" im NS-Sinne als die Adressatin, die doch 1936 die „Treue
zum Führer" als „Treue zur Ordnung der Welt" bekannt hatte:
„Liebe Josefa [...] Herzlichst Heil Hitler! Georg" (5.6.1937). – „Lie-

---

[43] Quelle: STADT- UND LANDESBIBLIOTHEK DORTMUND (Kopien: Christine Koch-
Mundartarchiv; letzter Brief des Jahres 1944: geschrieben am 27. Januar).
Erst in den Briefen ab 1945 fehlt dann der „Führergruß" (Originale ab 1945:
z.T. in der Stadt-und Landesbibliothek Dortmund, z.T. im Christine Koch-
Mundartarchiv). Nirgends entdeckt man in dieser ganzen Korrespondenz
eine Kritik am Nationalsozialismus. In der Nachkriegszeit weiß sich G.
Nellius trotz Verfemung „frei von jeder Schuld" und beklagt die Einzwän-
gung in ein „geistiges ‚K.Z.'" (9.5.1947 [STADT- UND LANDESBIBLIOTHEK
DORTMUND]), sieht sich durchgehend als Opfer einer Verschwörung seines
ehemaligen Freundes Edmund Konsek, von KPD-Leuten etc. und spricht
von Denunziation um „Judaslohn". – Nunmehr lautet die Unterschrift am
9.5.1947 z.B. „In alter Treue" – und im Nachsatz folgt noch die bezeichnende
Frage: „Wie geht es [Lorenz] Pieper? Hörtest Du etwas von Maria Kahle???"

be Josefa [...] Auf Wiedersehen in den Tagen nach Weihnacht! Bis dann Heil Hitler! Dein Georg" (24.11.1938). – „Liebe Josefa! [...] Viele Grüße und Heil Hitler Deines Georg ..." (2.5.1943). – „Liebe Josefa! [...] Herzlichst Heil Hitler! Georg" (9.8.1943). – „Liebe Josefa! [...] Mit Heil Hitler Dein Georg" (11.11.1943). – „Liebe Josefa! [...] Mit Heil Hitler herzlichst! Georg" (20.11.1943). – „Liebe Josefa! [...] Mit vielen Grüßen und mit Heil Hitler Dein Georg" (16.12.1943). – „Liebe Josefa! [...] Mit Heil Hitler herzlichst Dein Georg" (27.1.1944).

*

Unter dem Vorzeichen einer postmodernen Beliebigkeit, der zufolge bei einer Beschäftigung mit der Geschichte jegliche Deutungswillkür erlaubt zu sein scheint, werden grundlegende Kulturtechniken infrage gestellt, deren Standards in Generationen vor uns errungen worden sind. Auch deshalb erschien es mir notwendig, die von uns erschlossenen Archivalien in dieser Darstellung auf Schritt und Schritt im Auge zu behalten. Das hat jedoch nichts mit einem wertfreien akademischen Ehrgeiz zu tun.

Im Konzentrationslager Bergen-Belsen sagte der in Sundern-Enkhausen geborene Bundespräsident Heinrich Lübke am 25. April 1965 über die Millionen Mordopfer des deutschen Faschismus: „Sie haben Anspruch auch auf unser Zeugnis [...]. Deshalb erweist uns keiner von denen einen Dienst, die unserem Volk zureden, es müsse nun endlich einmal Schluß gemacht werden mit dieser Schattenbeschwörung aus den Tagen einer furchtbaren Vergangenheit. Nicht wir beschwören die Schatten, die Schatten beschwören uns, und es liegt nicht in unserer Macht, uns ihrem Bann zu entziehen." – Historisches Forschen ist keine Staubwedelei. Gegen das Vergessen und die Gleichgültigkeit stellte Bundeskanzlerin Angela Merkel in ihrer Rede vor der Knesset am 18. März 2008 in Jerusalem die Erkenntnis: „Menschlichkeit erwächst aus der Verantwortung für die Vergangenheit."

Georg Nellius (1891-1952)

III.
Zur „Entnazifizierung" von Georg Nellius (1945-1948)

Werner Neuhaus

1. Zur Einschätzung der „Entnazifizierung" von Georg Nellius durch die Bürgerinitiative in Sundern-Hachen

In der Argumentation der Bürgerinitiative (BI) „Nelliusstraße bleibt Nelliusstraße" und ihrer Berater besitzt die so genannte Entnazifizierung von Georg Nellius einen zentralen Stellenwert. Bereits in einer am 20. November 2013 abgedruckten Presseerklärung behauptete einer der Berater der BI: „Georg Nellius wurde mit 95 Prozent der Betroffenen unter die Entlasteten und Mitläufer (Gruppe 5 und 4) eingestuft."[1] Diese Argumentationslinie wurde in der Folgezeit durch eine umfangreiche Presseerklärung verstärkt,[2] und ein Leserbriefschreiber verstieg sich zu der Behauptung, „dass eine Entnazifizierung ein juristischer Vorgang war, bei dem alle Begleitumstände berücksichtigt wurden", weshalb er Peter Bürger angriff, da dieser es gewagt hatte, „den damaligen Entnazifizierungsausschuss in Frage zu stellen"[3]. Auch bei der Übergabe der Unterschriften für die Beibehaltung der Nelliusstraße durch einen Beschluss des Sunderner Stadtrates oder zur Erzwingung eines Bürgerentscheids übergab einer der

---

[1] Westfalenpost (=WP) / Westfälische Rundschau (=WR), 20.11.2013.
[2] Vgl. WP/WR, 27.11.2013; Sauerlandkurier, 27.11.2013; Wochen-Anzeiger, 30.11.2013.
[3] Leserbrief in WP/WR, 5.12.2013.

Sprecher der Bürgerinitiative „eine Kopie der Entnazifizierungs-urkunde von Georg Nellius an Bürgermeister Lins"[4].

2. Die Entnazifizierungsverfahren gegen Nellius 1946-48

Angesichts dieser Beharrung auf der Bedeutung der „Entnazifi-zierung" von Nellius sollen daher im Folgenden z. Zt. wesentlich erscheinende Aspekte dieser sich über Jahre erstreckenden Ver-waltungsmaßnahmen vor dem Hintergrund der Entwicklung in der britischen Zone bzw. dem Land NRW dargestellt werden, soweit sie für den Fall Nellius von Belang sind.

Für die Entnazifizierung in der britischen Zone war im Zeitraum 1945-47 eine spezielle britische Behörde, die PSSB (Public Safety, Special Branch) zuständig, die zunächst nach relativ pauschalen Disqualifikationskriterien wie z.B. Mitgliedschaft in der NSDAP vor dem 1.4.1933 oder Mitgliedschaft in Gestapo oder SD anhand von Fragebögen deutsche Staatsbürger von Positionen in Wirt-schaft, Politik und öffentlichem Dienst ausschloss.[5]

Zwar gelang es Nellius nach Kriegsende, „im ersten Anlauf seine Entnazifizierung durchzubekommen"[6], denn die britische Militärregierung teilte dem Oberpräsidenten von Westfalen im Dezember 1945 mit, Nellius sei „acceptable to Mil. Gov. and may be retained"[7] (annehmbar für die Militärregierung und darf im Amt belassen werden – W.N.), aber bereits im Januar 1946 wurde

---

[4] Wochen-Anzeiger, 8.1.2014.

[5] Vgl. den allgemeinen Überblick bei Cornelia RAUH-KÜHNE, 1995, sowie für die britische Zone die Darstellungen bzw. Dokumentationen von Irmgard LANGE, Bearb. 1976; Wolfgang KRÜGER 1982; Clemens VOLLNHALS, Hg. 1991; Klaus-Dietmar Henke 1991.

[6] Esther WALLIES 1991, S. 90.

[7] Britische Militärregierung an OP Westfalen, 19.12.1945, in: LANDESARCHIV NRW, Abtlg. Westfalen, Personalakten Nr. AN 81, Nellius Georg, Schulkol-legium Münster (in Zukunft zit. als AN 81).

er vom Oberpräsidenten der Provinz Westfalen vom Schuldienst suspendiert und am 1.3.1946 entlassen.[8]

Eine der wesentlichen Ursachen dieser Entfernung aus dem Dienst war wahrscheinlich das von drei Herner Arbeitersängern unterzeichnete Schreiben an den Oberpräsidenten in Münster vom 20.1.1946, in welchem sie Nellius vorwarfen, dieser habe „noch bis vor kurzem Hitlertreue, Nazitum und Hakenkreuzgefolgschaft mit seinen Liedern eingetrichtert und eingedrillt". Auch seine guten Beziehungen zu „Nazibonzen" wie NSDAP-Kreisleiter Nieper, Schulrat Lutz und Oberbürgermeister Peiter wurden kritisiert, und die Anklage gipfelte in dem Satz, „daß Nellius solche Nazitexte zu Liedern gemacht hat und damit in hohem Maß zur Ausbreitung und Vertiefung der Naziideen, zur Verherrlichung der SA und der Person Hitlers beigetragen, sogar zur Verfolgung Andersdenkender [...] aufforderte und mit solchen Schundliedern auch die deutsche Musikkultur verschandeln half."[9]

Der Unterausschuss für Lehrer an Höheren Schulen der Stadt Herne kam am 1.11.1946 nach Anhörung von Nellius und Lektüre einiger von diesem beigebrachten Entlastungsschreiben zu dem einstimmigen Ergebnis, „dass N.[ellius] auf Grund seiner nationalsozialistischen Betätigung, die in seinen Liedern für das dritte Reich besonders zum Ausdruck kommt, ein begeisterter Verfechter des Nationalsozialismusses gewesen" sei. Daher erfolgte die Empfehlung der deutschen Ausschussmitglieder an die britische Aufsichtsbehörde, dass Nellius nicht als Studienrat in den öffentlichen Dienst zurückkehren dürfe, da er ein „aktiver Nazi" sei.[10]

---

[8] LANDESARCHIV NRW, Abtlg. Rheinland, NW 1102. Nr. 4493, S. 4 des Fragebogens. Bei diesem ungehefteten Aktenkonvolut ohne Seitenzählung handelt es sich um die Entnazifizierungsakte von Nellius, sie wird hier im Folgenden als NW 1102 zitiert.

[9] AN 81, 20.1.1946 (im Original unterstrichen).

[10] Sitzung für die Lehrerschaft der Höheren Schulen: Nellius, Georg, Studienrat, Herne, Vinckestr. 91, SK/HERNE/Ed/250, 1.11.1946, in: NW 1102.

Wie viele Deutsche, denen es ähnlich erging, legte Nellius Einspruch ein, aber auch die Revisions-Grundausschuss-Kammer A von Herne kam am 14.1.1947 nach erneuter Anhörung Nellius' und Lektüre weiterer von ihm beigebrachter Leumundszeugnisse zu dem gleichen Ergebnis: Nellius blieb in Kategorie III (Minderbelastete) eingestuft, was automatisch eine Beschäftigung im öffentlichen Dienst ausschloss. Erneut lautete die Begründung, er sei ein aktiver Nazi.[11] Diese Empfehlung wurde von dem zuständigen britischen Besatzungsoffizier am 31.3.1947 genehmigt, Nellius am 21.4.1947 mitgeteilt und am 30.6.1947 rechtskräftig.[12]

Ganz offensichtlich gab es noch einen weiteren Einspruch von Nellius, denn in seiner Entnazifizierungsakte findet sich unter dem Datum 5.8.1947 die Empfehlung des Entnazifizierungs-Grundausschusses A: „Kategorie 3.a, b I, c,d, ist von obiger Stellung unter Verlust jeden Anspruchs auf Ruhegehalt zu entfernen oder auszuschließen."[13] Hätte Nellius diese Entscheidung akzeptiert, hätte dies bedeutet, dass er auf absehbare Zeit nicht mehr in den öffentlichen Dienst hätte zurückkehren dürfen und alle Renten- bzw. Pensionsansprüche verloren hätte.

Daher ist es verständlich, dass er durch den Bochumer Rechtsanwalt (und späteren CDU-Vorsitzenden von Westfalen-Lippe) Josef Hermann Dufues am 20. 8.1947 Einspruch gegen die Entlassungsverfügung der britischen Militärregierung einlegen ließ.

Zwar waren von den Briten in NRW nur insgesamt 90 deutsche Staatsbürger (= 0,01 Prozent der Untersuchten) in die Gruppen I und II eingeteilt worden, und von Februar 1947 bis Ende

---

[11] NW 1102, Empfehlung der Grundausschuss-Kammer A vom 14.1.1947.
[12] EBD., Entscheidung 917/Ed/13/8/1976/Boch/SK/HRN/ED365 vom 21.4.1947; Erlass des OP der Provinz Westfalen – Abwicklungsstelle – VI a, No. 112 Nellius vom 30.6.1947, in: AN 81.
[13] NW 1102, Empfehlung des Entnazifizierungs-Grundausschusses A, 5.8.1947, Case Summary, S. 3. – Die Ziffern- und Buchstabenkombination verweist auf die im März und April 1947 erlassenen Formulierungen der Zonen-Exekutiv-Anweisung Nr. 3 (endgültige Fassung) und die diesbezüglichen Bestimmungen der britischen Militärregierung: vgl. W. KRÜGER 1982, S. 50-54.

1950 waren nur 1,3 % der Untersuchten von der britischen Besatzungsbehörde wie Nellius als Minderbelastete (Gruppe III) eingestuft worden,[14] aber dennoch wurde auch das britisch kontrollierte Entnazifizierungswesen der Jahre 1946/47 insgesamt von vielen Deutschen als chaotisch, unfair und wenig rechtsstaatlich angesehen. So wurde häufig pauschal nach Fragebogen entschieden, die Verfahrensvorschriften änderten sich oft nach widersprüchlichen und nicht nachvollziehbaren Kriterien, und der gesamte Prozess drohte immer wieder unter einer bürokratischen Papierlawine zu ersticken. Auch die Landesregierung von NRW sowie die meisten politischen Parteien waren äußerst unzufrieden, so dass, als seit dem 18.12.1947 die deutschen Behörden bis auf wenige Ausnahmefälle die alleinige Zuständigkeit für die Entnazifizierung bekamen, eine deutliche Änderung in der Beurteilung ehemaliger Nazis eintrat. Jetzt kam es zu massenhaften Rehabilitierungen, und auch tief in das NS-Regime involvierte Deutsche kamen „gewissermaßen dekontaminiert"[15] aus dieser Säuberungsprozedur hervor.

Von diesen geänderten politischen und gesellschaftlichen Rahmenbedingungen profitierte auch Georg Nellius. Der in Bochum im September 1948 unter einem deutschen Rechtsanwalt tagende Revisionsausschuss hatte einen Zeugen, den ehemaligen Nellius-Freund Rektor Edmund Konsek, der inzwischen mit Nellius tief zerstritten war, geladen, während Nellius' Anwalt Dufues ein ganzes Dutzend Entlastungszeugen, darunter mehrere Verfasser/innen von Entlastungsschreiben aus dem Jahre 1946, aufgeboten hatte. Lediglich Konsek kritisierte vor dem Ausschuss den „Unfug" des Singens der „im Sinne der nazistischen Bestrebungen" liegenden Nellius-Kompositionen, aber nachdem drei weitere Zeugen Nellius' gegen den NS gerichtete Einstellung rühmten und ihre früher an Eides statt gegebenen Aussagen wieder-

---

[14] Vgl. VOLLNHALS [Hg.] 1991, S. 32f.; KRÜGER 1982, S. 48; RAUH-KÜHNE 1995, S. 60.
[15] HENKE 1991, S. 52.

holten, dieser sei nur unter dem Druck der SA in die NSDAP eingetreten, wurde die Verhandlung abgebrochen und Nellius einstimmig der Kategorie V (Entlastet) zugeordnet.[16] Damit stand seiner Wiedereinstellung als Studienrat beamtenrechtlich nichts mehr im Wege, aber die Stadt Herne weigerte sich, Nellius sofort wieder als Studienrat einzustellen, denn sowohl der Schul- als auch der Hauptausschuss der Stadtverordnetenversammlung lehnten eine Wiedereinstellung Nellius' einstimmig ab. Als Begründung teilte der Herner Oberstadtdirektor Meyerhoff dem Schulkollegium Münster im Januar 1949 mit, Nellius sei „in der Öffentlichkeit durch die Komposition von nazistischen Liedern hervorgetreten, die in Herne von den Schulkindern gesungen worden" seien, so dass man „die Tätigkeit des Herrn Nellius für politisch so belastend" hielt, dass sich daraus „eine Beunruhigung der Schüler und der Elternschaft ergeben könne". Weiterhin habe „Herr Nellius als Pädagoge versagt", da er „kein Schulmann" sei und über seine Tätigkeit als Komponist und Dirigent „die Schule vollkommen vernachlässigt" habe.[17]

Auch die beiden Direktoren der höheren Schulen der Stadt Herne, an denen Nellius vor und im Krieg als Musiklehrer gearbeitet hatte, stellten ihm vernichtende Gutachten über seine pädagogische Tätigkeit aus, die dem Schreiben des Oberstadtdirektors an das Schulkollegium beigefügt wurden. Dennoch musste Nellius auf seinen Antrag hin zum 1.4.1949 wieder in seine alte Stelle eingewiesen werden, aber offensichtlich war er von Schulleitungen und Kollegen nicht wohl gelitten und fehlte häufig monatelang aus Krankheitsgründen.

Wahrscheinlich liegt hier der Hauptgrund dafür, dass es Nellius zu Beginn der 1950er Jahre „wieder zurück in seine alte

---

[16] Vgl. die Kopien der Zeugenaussagen und den Kammerentscheid in NW 1102 sowie in Nellius' Personalakte im LANDESARCHIV NRW, Abtlg. Westfalen, Personalakten Nr. AN 81, Nellius, Georg, Schulkollegium Münster (im Folgenden zitiert als: AN 81).
[17] Meyerhoff an Schulkollegium Münster, 28.1.1949, in: AN 81.

Heimat Neheim" zog.[18] Von dort schrieb er im Oktober 1952 an das Schulkollegium in Münster, dass er „den Wunsch habe, zum 1. April 1953 in den Ruhestand zu treten"[19], aber er verstarb bereits kurz darauf am 8.11.1952.

3. Zur Beurteilung der Argumente und Verhandlungsstrategie von Nellius im Verfahrensablauf

Wie sind nun Nellius' Entnazifizierungsverfahren zu beurteilen?

Ganz allgemein herrscht in der Geschichtswissenschaft Übereinstimmung darüber, dass weder die unter britischer Oberaufsicht von deutschen Ausschüssen durchgeführten Verfahren der Jahre 1946/47 noch die unter deutscher Kontrolle abgewickelten späteren Verfahren rechtsstaatlich unbedenklich und einwandfrei waren.[20]

Konkret im Hinblick auf das Verfahren des Jahres 1948, das letztendlich zur Entlastung von Nellius führte, hat bereits Peter Bürger in einer ersten Stellungnahme auf Widersprüche in einigen Zeugenaussagen hingewiesen.[21] Er zählt u.a. auf, dass die Ausführungen zu Nellius' Vertonung „zeitgemäßer Texte", d.h. seine den NS und seinen „Führer" Adolf Hitler verherrlichenden Texte aus dem Westfälischen Liederbuch von 1935, unhaltbare Schutzbehauptungen seien. Weiterhin sei die Darstellung der gleichen Zeugin, Nellius habe ein äußerst gespanntes Verhältnis zum Herner Oberbürgermeister Albert Meister gehabt, völlig unglaubwürdig, da er ihm u.a. nachweislich sein opus 64 „Volk und Führer" gewidmet habe.[22]

---

[18] WALLIES 1991, S. 91.

[19] AN 81, Nellius an SK Münster, 17.10.1952.

[20] Vgl. z.B. VOLLNHALS 1991, S. 259ff.; HENKE 1991, S. 53ff.; KRÜGER 1982, S. 58ff; RAUH-KÜHNE 1995, S. 58ff.

[21] Vgl. BÜRGER 2013d*, S. 7f.

[22] Vgl. dazu jetzt in der vorliegenden Veröffentlichung die Abschnitte A.II.1 und A.II.4

26

III. Heil dem dritten Reich!
Lieder aus Deutschlands großer Zeit

Der Ruf des Führers*)
(Walther Filbry)

Georg Nellius, Op. 63 Nr. 15

Markig (♩ = 116)

1. Der Füh = rer hat ge = ru = fen! Wir
2. Füh = rer hat ge = ru = fen! Wir
3. Füh = rer hat ge = ru = fen! Und
4. Füh = rer hat ge = ru = fen! Ganz

1. ha = ben ihn ge = hört. Und war'n wir erst auch
2. wur = den ih = rer mehr, die kämpf = ten und mar =
3. hun = dert = tau = send Mann die folg = ten sei = nen
4. Deutsch = land hat's ge = hört! Mil = lio = nen Män = ner

1. we = nig: Das hat uns nicht ge = stört.
2. schier = ten für Deutsch = lands neu = e Ehr!
3. Fah = nen und tra = ten mit uns an.
4. schwö = ren, als ob nur ei = ner schwört.
} Den

Blick grad = aus und Tritt ge = faßt! Die Faust in den Nak = ken, wem

das nicht paßt! Den Blick grad = aus und

Tritt ge = faßt! Die Faust in den Nak = ken, wem

1   1.–3.   4. 2

das nicht paßt!   2   2.–4. Der

*) Erschien auch für Männerchor a cappella bearbeitet als Op. 64 Nr. 3 („Volk und
Führer")   H. 3104 H.

Es lassen sich unschwer weitere Einzelaussagen von eidesstatt-
lich abgegebenen Erklärungen für die Verfahren von 1946/47, die
teilweise beim letzten Verfahren vom September 1948 wiederholt
wurden, bezweifeln, etwa die Behauptungen, Nellius habe sich
nach SA-Pressionen vom 15. Januar 1938 gegen seinen Willen
zum NSDAP-Eintritt gezwungen gesehen,[23] während Esther Wallies seinen Eintrittsantrag auf den 23.12.1937 datiert.[24]

Es scheint in diesem Zusammenhang jedoch lohnender zu sein,
statt Details von eher zweitrangiger Bedeutung als falsch zu ent-
larven bzw. begründet anzuzweifeln, einige grundsätzliche in
den Nellius-Verfahren verwendete Argumentationsstrukturen zu
erörtern. Dazu sollen für Entnazifizierungsverhandlungen und in
ihnen verwendete typische Verteidigungsstrategien untersucht
werden.

So fällt auf, dass Nellius schon in seiner ersten Verhandlung
vom November 1946 eine Reihe von eidesstattlichen Leumundszeugnissen beibrachte, und bis zur dritten Verhandlung im Frühjahr 1948 sammeln sich mehr als 15 dieser Zeugnisse in seiner
Entnazifizierungsakte. Diese Zeugnisflut, die auch für andere
Entnazifizierungsverfahren typisch war[25], verfehlte zwar zunächst ihre Wirkung, aber im letzten Verfahren erfüllten inhalt-
lich fragwürdige Aussagen, die auf den oft schon zwei Jahre vorher gemachten Erklärungen beruhten, offensichtlich ihren Zweck.
In diesem Zusammenhang ist außerdem zu berücksichtigen, dass
die Auswahl der Verfasser von Leumundszeugnissen allein beim

---

[23] So die gleichlautenden Aussagen von Carola Wibelitz, Herne, vom
23.4.1946 und Maria Schepers, Neheim-Hüsten, vom 26. 4.1946, Anlagen 3
und 4, in: NW 1102; schon 1945 hatte Nellius in einer Anlage zu seinem
Personal-Fragebogen ähnliche Angaben fast im gleichen Wortlaut schriftlich
festgehalten: vgl. AN 81, Anlage zu Punkt J, 29.10.1945.
[24] WALLIES 1991, S. 80; auch der Nellius-Freund Hugo Vad datierte 1941
Nellius' Parteieintritt auf das Jahr 1937: VAD 1941 (Vad-Konvolut), S. 17.
[25] Vgl. KRÜGER 1982, S. 109.

Beschuldigten lag und die Zeugnisse selbst nicht durch Hinzu-
ziehung von Akten überprüft werden durften.[26]

Dabei war nicht nur wichtig, *was* von den Zeugen gesagt wurde, sondern auch, *wer* diese Aussagen machte, und das konnte
von Ort zu Ort unterschiedlich sein, je nachdem, welche Gesell-
schaftsgruppe dort jeweils sozial angesehen und politisch füh-
rend war. Dennoch lässt sich zunächst ganz allgemein formulie-
ren, dass „an dem berühmten „Persilschein"-Unwesen [...] prak-
tisch alle örtlichen Gruppen von Gewicht, von den Gewerkschaften bis zur Geistlichkeit, in frappierender Eintracht beteiligt" waren.[27] In einer Industriestadt wie Herne, in der SPD und direkt
nach dem Krieg auch noch die KPD mächtig waren, musste
Nellius also versuchen, auch diese Gruppen zufrieden zu stellen.
Diese Aufgabe sollte offensichtlich die Aussage des Herner Stra-
ßenbahn-Kontrolleurs und KPD-Mitglieds Willi Schäfer erfüllen,
der in seiner eidesstattlichen Erklärung ausdrücklich auf seine
politische Einstellung als „langjähriger Verfechter der kommunistischen Weltanschauung" verwies und betonte, Nellius sein niemals „Nazi-Aktivist" gewesen, da er „immer wieder an der Nazi-
Partei und deren Einrichtungen Kritik geübt" habe.[28] Schäfer war
von Nellius' Anwalt auch für die letzte Revisionsverhandlung im
September 1948 als Zeuge aufgeboten worden, musste aber nicht
mehr aussagen.

Nellius wusste natürlich, dass der SPD und KPD nahe stehen-
de Arbeitersängerkreise des Reviers mit guten Gründen gegen
seine Entnazifizierung waren. Bereits am 11.2.1946 hatten Mitglieder der KPD-Fraktion im Herner Stadtrat gegen Nellius'
„künstlerische Haltung" in der NS-Zeit protestiert. Prompt rich-
tete der Komponist ein langes Schreiben mit sieben Anlagen an
die KPD der Stadt Herne, in welchem er u.a. beklagte, dass die
„nationalsozialistische Herner Stadtleitung" seine Amtsbezüge
widerrechtlich gekürzt habe, weshalb er „<u>nicht</u> etwa ein <u>Nutznie-</u>

---

[26] Vgl. die Bemerkungen bei Hans-Bodo THIEME 2001, S. 209.
[27] HENKE 1991, S. 56.
[28] NW 1102, Erklärung Schäfers vom 4.11.1946, Anlage 6 a.

ßer der NSDAP, sondern [...] ihr ausgesprochenes Opfer" gewesen sei: Wie viele, die dem NS-System gedient und von ihm profitiert hatten, stilisierte sich Nellius nach dem Zusammenbruch explizit als Opfer des Regimes! Weiterhin berichtete er erneut, dass er erst 1938 „unter dem Druck einer durch Zeugen beweisbaren gegen [ihn] inszenierten SA-Terrordemonstration" NSDAP-Mitglied geworden sei. Auch die Kritik an seinen NS-Verherrlichungen im Westfälischen Liederbuch von 1935 wies er darin zurück: „Aus dem Vorwort geht klar hervor, dass ich das ganze westfälische Liederbuch dichterisch und musikalisch ausschließlich auf rein westfälischen Boden stellen wollte, wobei mich auch der Gedanke leitete, auf diese Weise an der Aufnahme ausgeprägter Hass- und Hetz-Lieder vorbeizukommen." Hier scheint ein weiteres klassisches Argument von Ex-Nazis durchzuscheinen, nämlich die Behauptung, man habe bei dem braunen Treiben nur mitgemacht, um Schlimmeres zu verhindern.

Weiterhin stellte er an Eides statt klar, von dem ihm gewidmeten Abschiedsartikel aus der „Roten Erde" vom 4.4.1933 habe er nichts gewusst, aber es sei „kein Wunder, dass der Verfasser bei dem bekannten Mangel der Nationalsozialisten an geistig-kulturellen Werten [Nellius'] Lebenslauf als parteipolitisch absolut neutraler deutscher Künstler [...] skrupellos für seine Zwecke auszuschlachten" versucht habe. Ebenso habe er zwei von den Nazis verfolgten Herner KPD-Mitglieder als Laienschauspieler bevorzugt behandelt, und an der Saar, in Neheim, Hüsten und im Ruhrgebiet habe er *Arbeiter*chöre geleitet.[29]

Zu Nellius' „judenfreundlicher Einstellung", seinem Parteieintritt und dem *Westfälischen Liederbuch* ist bereits an anderer Stelle dieser Veröffentlichung die Rede gewesen, aber auch seine hochheilige Ablehnung des Neheimer *Rote Erde*-Artikels „Georg Nellius zum Abschied" aus dem Jahre 1933 lässt sich eindeutig widerlegen: So schrieb Nellius am 23.2.1934 an den Herner OB A. Meister, dass die NSDAP-Parteileitung Neheim diesen Artikel

---

[29] AN 81, Nellius am 16.2.1946 an die Leitung der KPD Herne.

„ohne [s]ein Vorwissen, aber zu [s]einer freudigen und stolzen Überraschung in diesem damaligen amtlichen Partei-Blatt veröffentlicht" habe.[30] So viel zu Nellius' Glaubwürdigkeit im Hinblick auf seine NS-Gegnerschaft!

Einen besonders skurrilen Aspekt seiner „Entnazifizierung" stellt der Streit um sein genaues Eintrittsdatum in die NSDAP dar. Nellius selbst hatte gegenüber zwei britischen Besatzungsoffizieren bereits am 26. und 27.2.1946 erklärt, am *1. Mai 1937* unter der Mitgliedsnummer 5 494 391 in die Partei eingetreten zu sein. Da dies natürlich mit den Aussagen mehrerer von ihm benannter Zeugen, die eine SA-Terroraktion im Januar 1938 als Grund für den erzwungenen Eintritt angegeben hatten, nicht übereinstimmte, tischte Nellius den britischen Besatzungsbehörden folgende Geschichte auf: Er habe in seinem Personalfragebogen wahrheitsgemäß angegeben, erst im *Januar 1938* einen Aufnahmeantrag gestellt zu haben, aber gegen ihn sei „im November/Dezember 1937" (also *vor* seinem von ihm selbst angegebenen Eintritt!) „ein Parteigerichtsverfahren wegen ›judenfreundlicher‹ Gesinnung [!] durchgeführt worden." [...] „Als ›Busse‹ für die gegen mich erhobenen Vorwürfe musste ich dann die Parteibeiträge für 9 Monate nachzahlen".[31]

Natürlich ließen Nellius' Gegner sich von solchen „Argumenten" nicht beirren, und kurz vor seinem ersten Entnazifizierungsverfahren am 1.11.1946 richteten sechs Dortmunder Arbeitersänger eine vierseitige Anklageschrift an den Ausschuss, in welchem sie sich u.a. bitter über Nellius' langjährige Diskriminierung marxistischer Arbeiterchöre und jüdischer Komponisten beklagten.[32] Wahrscheinlich haben diese überprüf- und belegbaren Vorwürfe der Dortmunder Abeitersänger – etwa im Hinblick auf Nellius' Rede auf dem Hagener Westfälischen Sängerbundtreffen vom

[30] AN 81, Nellius am 23.2.1934, S.4, an OB Meister, Herne.
[31] AN 81, Nellius an die Militärregierung in Herne, zu Händen des Herrn Captain Wintercorn, 26.2.1946, Anlage 9 b.
[32] NW 1102, Eingabe „In Sachen Nellius-Herne!" vom 19.10.1946.

14.10.1934, wo er u.a. gegen den Komponisten Erwin Lendvai vom Leder zog und ihn als „ungarischen Juden, Hofkomponist der SPD, Lieferant hetzerischer Klassenkampfchöre, langjährigen Mitarbeiter der sozialistischen Monatshefte" sowie als „Hetzerkomponist" beschimpft hatte,[33] zum negativen Bescheid des Ausschusses beigetragen.

Angesichts der unsäglichen Greuel, die Deutsche dem jüdischen Volke von 1933 bis 1945 zugefügt hatten, war es natürlich von unschätzbarem Wert, wenn man einem Entnazifizierungsausschuss jüdische Entlastungszeugen präsentieren konnte.[34] Auch hier war Nellius fündig geworden und präsentierte eine Erklärung des Sohnes seines „halbjüdischen" Heidelberger Verlegers Karl Hochstein, der Nellius wie gewünscht bestätigte, von diesem nie antijüdische Tiraden gehört zu haben. Im Gegenteil: Dieser habe seinen Vater immer fair und zuvorkommend behandelt und ihn in geschäftlichen Dingen nie übervorteilt.[35] Weitere Aussagen Neheimer Sängerinnen sollten belegen, dass sich Nellius 1924 oder 1925 bei einer Choraufführung für die Teilnahme jüdischer Sängerinnen stark gemacht habe.[36] Diese Aussagen können durchaus zutreffen, aber die zahlreichen im Hagener Musik-Archiv liegenden schriftlichen Zeugnisse belegen Nellius' gar nicht zu leugnenden Antisemitismus in den 1930er Jahren auf erschreckende Weise.

Ein weiteres klassisches Argument, das Unschuldige und auch Ex-Nazis vor den Ausschüssen häufig für sich reklamierten, war den NS ablehnendes oder sogar resistentes Verhalten.[37] So kann es nicht verwundern, dass auch Nellius mit dem ehemaligen Bonner Sparkassendirektor Emil Weischenberg dem Ausschuss

---

[33] Zit. EBD. Blatt 1 (Rückseite); zu Nellius' Rede in Hagen vgl. auch den Bericht in Westfälische Landeszeitung – Rote Erde, Folge 283, 15.10.1934: „Das deutsche Lied – Seelengut unseres Volkes".
[34] Vgl. KRÜGER 1982, S. 84ff.
[35] Das Schreiben von Hochstein befindet sich in NW 1102.
[36] Nellius an KPD Herne, 16,2.1946, S. 5 in: AN 81.
[37] Vgl. KRÜGER 1982, S. 86ff.

am 15.9.1948 einen von den Nazis politisch Verfolgten präsentierte, den er nach dessen Aussagen im Gefängnis besucht hatte, als dieser 1933 in Schutzhaft saß. Nellius sei damals „gar zu gern" bereit gewesen, „über die Nazis, ihre Maßnahmen und Einrichtungen zu schimpfen" und habe ihn in jener Zeit wirtschaftlich unterstützt.[38] Es mindert allerdings die Glaubwürdigkeit dieser Aussage, dass Weischenberg diese Dinge in seiner eidesstattlichen Erklärung aus dem Jahre 1946, die Nellius in seinem ersten Entnazifizierungsverfahren als entlastendes Material vorlegte, mit keinem Wort erwähnt.[39] Dort rhapsodierte Weischenberg statt dessen über die in seinen Augen erwiesene Tatsache, „dass Nellius in seinem Schaffen immer wieder gerade die Erhabenheit des Friedens, die Schönheit des Ausgleichs aller Gegensätze durch Hinaufhebung in eine Zone allgemeiner Menschlichkeit verkündete" – eine Behauptung, die sich angesichts der zahlreichem kriegsverherrlichenden, rassistischen und antisemitischen Äußerungen von Nellius sowie vieler von ihm vertonter Texte als geradezu abenteuerlich anhört.

So kann angesichts der sozialen Zusammensetzung der von Nellius aufgebotenen Entlastungszeugen festgehalten werden, dass die in der Forschung festgestellten Tendenzen auch hier zutreffen:

> „Der lokale Filz aus Nachbar- und Freundschaften schien [...] eine Art von Zwang zur Rehabilitierung auszuüben [...] Seinen papiernen Niederschlag fand dieser ›Filz‹ in einer Flut von Entlastungsschreiben, in der vor allem Freunde, Nachbarn, Geschäftskollegen und sonstige Personen des Bekanntenkreises den Spruchkammer-Betroffenen ihre ›anständige‹ Haltung

---

[38] Protokoll der Sitzung des Berufungsausschusses I vom 16.9.1948, S. 2, in: NW 1102, auch in AN 81 als Kopie enthalten.
[39] NW 1102, Eidesstattliche Erklärung E. Weischenbergs (Abschrift), Anlage 6 zur Berufungsschrift Gg. Nellius, 3.4.1946.

oder gar anti-nationalsozialistische Gesinnung und dement-
sprechendes Verhalten bescheinigten."[40]

Auch Nellius als bestens vernetzter Studienrat, Gauchorleiter und
Leiter verschiedener Chöre besaß einen „Elitenbonus", der es ihm
ermöglichte, Leumundszeugen unterschiedlichster sozialer Herkunft und Couleur – vom Kommunisten bis zum Sparkassendirektor, von der Hausfrau bis zum Sohn eines „halbjüdischen"
Verlegers – zu benennen und deren Aussagen dem Ausschuss in
schriftlicher und mündlicher Form zu präsentieren.

Als besonders auffälliges Beispiel für die fragwürdige Glaubwürdigkeit einiger dieser Zeugen sei der angesehene Neheimer
Rechtsanwalt und spätere Notar Hugo Vad genannt: Er hatte, wie
wir oben gesehen haben, 1941 umfangreiches Material – vermutlich für eine Ehrung von Georg Nellius zu dessen 50. Geburtstag
– gesammelt, aus dem Nellius' Antisemitismus und Begeisterung
für Hitler und den NS klar hervorgehen. Aber auch Vad „bezeug-
te" nach dem Krieg – natürlich ebenfalls unter dem Hinweis, dass
er selbst nie NSDAP-Mitglied gewesen sei – Nellius' lauteres
nationales und künstlerisches Streben![41]

Selbstverständlich kommt es jedoch nicht nur darauf an, *wer* für
einen Delinquenten aussagte, sondern ebenso wichtig war natürlich, *was* vor dem Ausschuss behauptet wurde.

Eine ganze Reihe typischer Verteidigungsargumente wird in
der Forschung genannt[42], und angesichts der Tatsache, dass in
der Frühphase der Entnazifizierung bereits die Mitgliedschaft in
NSDAP oder ihr nahe stehenden Vereinigungen für einen negativen Entscheid ausreichen konnte, liegt es nahe, dass viele Ex-
Nazis versuchten, äußeren Zwang als Ursache für ihre Parteimitgliedschaft anzuführen. Wie wir bereits gesehen haben, hat
Nellius bereits 1946 mehrere eidesstattliche Erklärungen vorlegen

---

[40] RAUH-KÜHNE 1995, S. 54.
[41] Vads umfangreiche Einlassungen befinden sich in NW 1102.
[42] Vgl. KRÜGER 1982, S. 79ff.

können, die seinen Parteieintritt (1937/38?) als von der SA erzwungen darstellen. Auch auf seinem eigenen Fragebogen führte
er unter Punkt 41 an, seine NSDAP-Mitgliedschaft sei „durch SA-
Demonstration erzwungen" und dann „auf den 1. Mai 1937 zu-
rückdatiert" worden.[43]

Es sollte jedoch in den vorhergehenden Kapiteln mehr als
deutlich geworden sein, dass angesichts der von Nellius selbst oft
bezeugten Affinität zur nationalsozialistischen Kulturpolitik und
der dieser zu Grunde liegenden Ideologie von einem erzwungenen Beitritt schwerlich die Rede sein kann. Gerade in diesem
Punkte ist die Beweislast erdrückend, dass Nellius begeisterter
Anhänger deutsch-völkischen und rassistisch-antisemitischen
Gedankengutes war und Hitler und seine Politik freudig begrüßte und feierte. Die SA mag vor seinem Haus ein „Katzenständchen" – so seine Hauptentlastungszeugin Maria Schepers – ver-
anstaltet haben, aber dass Nellius (mit oder ohne Parteibuch)
bereits lange vor 1938 überzeugter Nationalsozialist war, lässt
sich angesichts des hier vorgelegten Materials nicht mehr bezweifeln.

Wie in zehntausenden von anderen Fällen aus den drei westdeutschen Besatzungszonen wurde auch Georg Nellius, nachdem
er 1946 und 1947 einstimmig als „Minderbelasteter" (Gruppe III!)
eingestuft worden war, im September 1948 anhand der gleichen
Entlastungszeugnisse und -zeugen einstimmig in Gruppe V (Entlasteter) eingeordnet. Wie ist dieser Widerspruch zu erklären?

Neben den großen historischen Entwicklungen (Kalter Krieg;
Entstehung zweier deutscher Staaten; wirtschaftliche und soziale
Not der Nachkriegsjahre) scheint besonders wichtig zu sein, dass
die Besatzungsmächte der unendlichen Streitigkeiten überdrüssig
und froh waren, den Deutschen die undankbare Aufgabe der
Entnazifizierung überlassen zu können. Westdeutsche Politiker
und Parteien hatten aber angesichts des inzwischen teilweise

---

[43] NW1102, Fragebogen Nr. 41 und 103.; Auch in seiner Personalakte (AN
81) gab Nellius mehrfach an, am 1. Mai 1937 den Antrag auf Eintritt in die
NSDAP gestellt zu haben.

katastrophalen Rufs, den die Entnazifizierung bei fast allen Ge-
sellschaftsschichten besaß, kein Interesse mehr daran, die Mitglieder von bitter benötigten Funktionseliten in Wirtschaft, Verwaltung, Justiz, Bildung, Gesundheitswesen etc. weiterhin mit
Berufsverboten zu belegen und so dem entstehenden demokrati-
schen Staat Bundesrepublik Deutschland zu entfremden.

Diese eher allgemein gehaltenen Beobachtungen lassen sich
auch im Entnazifizierungsverfahren von Georg Nellius konkreti-
sieren. Der Soester Studienrat Wilhelm Diestmann, der den Text
des von Nellius vertonten – vergleichsweise harmlosen – „West-
falen-Marschliedes" (op. 63.20) verfasst hatte, wunderte sich 1947
in einem Brief an Nellius über dessen Entnazifizierungsverfahren, „dass Deutsche gegen Deutsche so schmutzig vorgehen".
Diestmann war nach eigenen Worten selbst „Mitglied des Unterausschusses für die Entnazifizierung der Schulmeister" in Soest
und lobte, dass dort ein „grosszügiger, demokratisch-christlicher
und vor allem echt deutscher Geist herrscht, der auf Denunziationen pfeift und das Ziel vor Augen sieht, endlich ein wirklich
einheitliches deutsches Volk formen zu helfen, das nicht ängstlich
auf die Vergangenheit oder die Sieger blickt"[44].

Offensichtlich brauchte es in einigen Städten des Ruhrgebietes
mit ihren starken Bastionen von KPD, SPD und Gewerkschaften
etwas länger, bis sich dieser „Geist" auch dort durchsetzte. Danach war Nellius ein weiterer Beweis für das „grandiose Scheitern" der Entnazifizierung deutscher Musiker nach dem Zweiten
Weltkrieg:

„Obwohl offenkundig war, dass zahlreiche Repräsentanten
und Repräsentantinnen des Musiklebens mit dem NS-Regime
eng kooperiert hatten, wurde niemand von ihnen daran gehindert, nach 1945 weiter tätig zu sein. Von den Stars der
Bühne und des Konzertpodiums über Komponisten, Musik-
verleger, Intendanten und Dramaturgen an den Theatern,

---

[44] NW 1102, Diestmann an Nellius, 3.1.1947, (Anlage 15).

Konzerthäusern und am Rundfunk bis zur Musikpublizistik […] und Musikpädagogik – in allen Bereichen des deutschsprachigen Musikdiskurses sind Kontinuitäten verbürgt."[45]

4. Die Beurteilung der „Entlastung" von Georg Nellius im September 1948

Abschließend soll die eingangs aufgeworfene Frage nach der Rolle der Entnazifizierungs-Verfahren für die heutige Einschätzung der Stellung von Georg Nellius zur nationalsozialistischen Ideologie, zur NSDAP und zu ihrem Führer Adolf Hitler erneut aufgegriffen werden. Im Gegensatz zu der von der BI „Nelliusstraße bleibt Nelliusstraße" und ihren Beratern in Unkenntnis des Archivmaterials aufgestellten Behauptung, das Entnazifizierungsverfahren habe die Unschuld von Nellius erwiesen und mache daher eine Umbenennung der Nelliusstraße unnötig, kommen wir zu dem diametral entgegen gesetzten Schluss: Das Material der in der Entnazifizierungsakte von Georg Nellius im Landesarchiv NRW, Abtlg. Rheinland (ab 2014) in Duisburg sowie der Personalakte im Landesarchiv NRW, Abtlg. Westfalen in Münster bringt keine Entlastung für Nellius und keine Stützung der Selbstinszenierung als NS-Gegner, sondern bestätigt die Befunde der in dieser Veröffentlichung erschlossenen und ausführlich dokumentierten Quellen aus dem Westfälischen Musikarchiv in Hagen sowie der schon bislang bekannten Materialien. Georg Nellius wirkte schon vor 1933 im Sinne der rechten Republikfeinde. Spätestens nach der „Machtergreifung" lassen sich Nellius' Verherrlichung des Führers und dessen Ideologie sowie die Bekämpfung von Pazifismus, Sozialismus und Judentum eindeutig nachweisen. Daran können auch die Gefälligkeitsgutachten und „Persilscheine" des letzten Entnazifizierungsverfahrens vom September 1948 nichts ändern.

---

[45] CUSTODIS/GEIGER 2013, S. 11. Vgl. auch die dort in den Anm. 3 - 9 genannte Literatur.

IV.
Resümee und Votum

Die hier vorgelegte Forschungsarbeit nebst Dokumentation antwortet auf ein berechtigtes Informationsbedürfnis von Bürgerinnen und Bürgern und Politikerinnen und Politikern. Sie basiert in
erster Linie auf der arbeitsteiligen Erschließung von drei umfangreichen Quellensegmenten aus mehreren Archivbeständen, die
bislang in der öffentlichen Diskussion zum größten Teil noch gar
nicht berücksichtigt worden sind. Die neue Forschungslage er-
möglicht es, unbezweifelbare Ergebnisse vorzulegen, die jeder
anhand dieser Veröffentlichung nachvollziehen und überprüfen
kann.

Diese Ergebnisse fallen allerdings um ein Vielfaches erschreckender aus, als es die bis zum Herbst 2013 schon bekannten
Sachverhalte erwarten ließen. Ein bislang so zentraler Beleg wie
der Nellius-Liederzyklus „Volk und Führer" (op. 63; 64) erscheint
nunmehr z.B. nur noch als Mosaikstein aus der Biographie eines
NS-Musikfunktionärs. Alle grundlegenden Quellen, auf die wir
uns beim historischen Nachweis stützen, stammen aus der Zeit
vor 1945. Eine Überprüfung anhand der später datierten Zeugnisse erbrachte zusätzlich eine Bestätigung bei sämtlichen wichtigen
Fragestellungen.

Nach Auswertung der derzeit bekannten und zugänglichen Ar-
chivmaterialien kommen wir zu folgendem Ergebnis:

1. Georg Nellius stand bereits während der frühen Weimarer
    Republik in engem Kontakt zu völkisch-antisemitischen Krei-
    sen und Hitler-Verehrern im Sauerland. Besonders als Vorsit-
    zender des – zunehmend und schließlich eindeutig – natio-
    nalsozialistisch ausgerichteten „Sauerländer Künstlerkreises"

war er in der Spätphase der Weimarer Republik einer der Steigbügelhalter des NS im Sauerland. Dies wurde auch nachweislich von der Neheimer NSDAP so gesehen. Nellius bezeugt u.a. schon in persönlichen Aufzeichnungen vom 6.12.1931 die Lektüre von „Mein Kampf" und sein vorauseilendes Bekenntnis zum „3. Reiche und seinem *bewunderten* Schmied Adolf Hitler".

2. Aus der Zeit seiner Tätigkeit als Studienrat und NS-Kulturfunktionär in Herne (1933-1945) gibt es dann eine Fülle schriftlicher Aussagen von Nellius selbst, aber auch von Zeitgenossen, die eindeutig seine Führerverherrlichung und rassistisch-antisemitische Grundeinstellung und Tätigkeit belegen. Wenn Chorleiter bzw. öffentliche Einrichtungen Stücke von Dichtern oder Komponisten auswählten, die Nellius anhand seiner Fahndungsliteratur als „Volljuden" identifizierte, wurden sie von diesem, z.T. unter Drohungen, zurechtgewiesen. Besonders seine Bewunderung für Adolf Hitler und dessen aggressive Außen- und Kriegspolitik lässt sich in zahlreichen Texten, die er in den 1930er Jahren und während des Zweiten Weltkrieges vertont hat, belegen. Die Auswahl weist bei den kriegspropagandistischen Werken auf einen regelrechten „Todeskult" hin und enthält z.B. noch 1941 wörtlich die Parole: „Ein Volk, ein Reich, ein Führer! / Unserm Führer: Sieg – Heil! / Adolf Hitler: Sieg-Heil, Sieg-Heil, Sieg-Heil!" Die im Historischen Centrum Hagen aufbewahrten Notenhandschriften des Komponisten (bis 1944) widerlegen eindeutig dessen spätere Behauptung, er habe in den 1930er Jahren lediglich unter Zwang einige wenige systemkonforme Texte nationalsozialistischer Dichter vertont.

3. Es trifft zu, dass Georg Nellius im September 1948 in seinem letzten Entnazifizierungsverfahren als sogenannter Entlasteter in Kategorie V eingestuft worden ist. Seine Entnazifizierungsakte in Düsseldorf und seine Personalakte in Münster enthalten jedoch zahlreiche Hinweise, dass diese „Entnazifizierung" auf höchst widersprüchlichen und teilweise eindeu-

tig falschen Aussagen von Nellius und der von ihm ausgewählten Leumundszeugen beruht. Die 1946 und 1947 durchgeführten Verfahren, die ihn als „aktiven Nazi" charakteri-
siert und in Kategorie III eingeordnet haben, entsprechen in
weitaus höherem Maß den geschichtswissenschaftlich fest-
stellbaren Sachverhalten.

Somit bleibt als durch zahlreiche Quellen sicher belegtes Fazit:
Georg Nellius hat als Komponist, Dirigent und Kulturfunktionär
während der Weimarer Republik und in der NS-Zeit wesentliche
Bestandteile der nationalsozialistischen Ideologie bejaht; er hat
über Jahrzehnte den „Führer" Adolf Hitler und dessen Politik
durch seine Kompositionen und in Selbstzeugnissen verherrlicht;
er hat, wie jetzt nachzuweisen ist, als Funktionsträger im Musikwesen der NS-Zeit eine rassistische Judenfeindschaft an den Tag
gelegt und Chorleitern negative Konsequenzen angedroht, falls
„jüdische Musik" nicht aus dem Programm genommen würde.[1]
Georg Nellius gehört somit nicht zu den Persönlichkeiten, die
durch einen Straßennamen öffentlich geehrt[2] werden können.

Düsseldorf, Sundern, Arnsberg
25. Januar 2014

Peter Bürger, Werner Neuhaus, Michael Gosmann

---

[1] Vgl. zu diesem zentralen Gegenstand unserer neuen Forschungen die Darstellung in Kapitel A.II.5 und im Dokumentarteil die Abteilung →B.III.
[2] Im breiten Alltagsverständnis wird die Wahl einer *Persönlichkeit* für eine
Straßenbenennung zutreffend als „Ehrung" und Hinweis auf ein *Vorbild*
verstanden. Es geht hierbei nicht um eine Geschichtserinnerung mit *beliebi-
gen* Inhalten, die etwa auch durch kleingedruckte Erklärungstafeln näher
erläutert werden könnten.

Trier, kurz nach Ende des Zweiten Weltkrieges:
Die Adolf-Hitler-Straße erhält wieder ihren alten Namen: Bahnhof-Straße
(US- Department of Defense: commons.wikimedia.org)

V.
Ein Rückblick:
Die Auseinandersetzungen
um die Umbenennung der
Nelliusstraße in Sundern-Hachen,
2012-2014

Werner Neuhaus

1. Vorbemerkung
zur Methode

Bei der folgenden Darstellung der Konflikte um die Umbenennung der Nelliusstraße im Sunderner Ortsteil Hachen handelt es sich nicht um einen von außen abgegebenen Blick auf die damaligen Ereignisse, sondern um die subjektive Erinnerung eines an diesen Auseinandersetzungen Beteiligten. Der Verfasser hielt – und hält – die später tatsächlich erfolgte Umbenennung für richtig, und diese Einstellung muss notwendigerweise auf die folgende Darstellung abfärben.

Dennoch wird versucht, die hier vorgestellte Interpretation durch Verweise auf die in großer Zahl in der Lokalpresse veröffentlichten Artikel, Kommentare und Leserbriefe aus dem Zeitraum der Auseinandersetzung zu belegen.[1] Dabei können die offenbar zahlreichen Wortmeldungen in den sogenannten sozialen Medien nicht berücksichtigt werden, da der Verfasser diese

---

[1] Texte aus der *Westfalenpost/Westfälischen Rundschau* werden mit WP/WR abgekürzt; AZ steht für *Anzeigen-Blatt* und SK für *Sauerlandkurier*.

damals nicht eingesehen und daher auch nicht archiviert hat.
Auch über die Berichterstattung im Radio Sauerland besitze ich
keinerlei Unterlagen.

Bei dem folgenden Rückblick versuche ich, verschiedene Phasen des öffentlichen Diskussionsprozesses herauszuarbeiten, wobei Überschneidungen bei den von mir für wichtig erachteten
Argumentationszusammenhängen nicht zu vermeiden sind,
denn analytisch exakte trennscharfe Abgrenzungen zwischen den
hier gewählten Episoden sind kaum möglich, da wegen der sich
teilweise wiederholenden Argumente (z.B. die Gegenüberstel-
lungen von „großer Sauerländer Künstler" versus „moralisch
gebotene Umbenennung") die Übergänge häufig fließend waren.
Oft erleichtern jedoch verwaltungsrechtliche Schnittstellen (z.B.
Termine und Laufzeiten von Bürgerbegehren und Bürgerentscheid) die hier vorgeschlagene Einteilung, aber prinzipiell wären
auch andere Periodisierungen bei anderer Schwerpunktsetzung
und Beurteilung einzelner Vorgänge denkbar.

2. Die Anlaufphase:
Herbst 2012 bis Herbst 2013

Als der Sunderner Heimatbund im Herbst 2012 den aus Eslohe
stammenden Düsseldorfer Publizisten Peter Bürger zu einem
Vortrag über den Sauerländer Komponisten Georg Nellius nach
Sundern-Westenfeld einlud, ahnte er sicherlich nicht, welche La-
wine er damit lostreten würde. Es müssen nicht unbedingt „fal-
sche Ratgeber"[2] gewesen sein, die den Vorstand vor dem Hintergrund der bereits seit Jahren auch in Westfalen laufenden Stra-
ßenumbenennungsdebatte[3] veranlassten, dieses Thema anzu-
packen.

---

[2] So der Leserbrief von Willi KLEIN, WP/WR, 26.11.2013.
[3] Vgl. hierzu Rainer PÖPPINGHEGE, Wege des Erinnerns – was Straßennamen
über das deutsche Geschichtsbewusstsein aussagen, Münster 2007; Matthias

Der Vortrag Bürgers und die anschließende Diskussion, an der auch eine Reihe von Sunderner Ratsvertretern und -vertreterinnen teilnahm, zeigte bereits, dass hier ein heißes Eisen angepackt worden war: Bürger bezichtigte Nellius unter Vorlage schriftlicher Belege der Kriegsverherrlichung und der Unterstützung des Nationalsozialismus und seines ‚Führers' Adolf Hitler. Daraus zog er den Schluss, dass ein solcher Komponist nicht durch die Benennung von Straßen nach seinem Namen geehrt werden dürfe. Klaus Baulmann, der Ehrenvorsitzende des Sunderner Heimatbundes, bezog bereits damals die Gegenposition und verteidigte den „großen Sauerländer Komponisten".

Auf der Grundlage der von Bürger vorgelegten Dokumente reichte die Fraktion Bündnis 90/Die Grünen am 02. Februar 2013 einen Antrag auf Umbenennung der Nelliusstraße in Sundern-Hachen ein. Die Verwaltung bat die Hachener Ortsvorsteherin (OV') am 25.02.2013 um Vorschläge für die eventuelle Umbenennung der Straße, wobei die Bewohner der Straße offensichtlich nicht konsultiert wurden. Wegen noch nicht abgeschlossener Meinungsbildung verschob der Schul-, Sport- und Kulturausschuss (SSK) der Stadt am 05.03.2013 eine Entscheidung, dem Rat einen Vorschlag zu unterbreiten, auf die nächste Sitzung.

Offensichtlich köchelte das Problem in der Folgezeit auf kleiner Flamme weiter, denn weder Lokalpolitiker noch Anwohner der Nelliusstraße fielen im Frühjahr und Frühsommer 2013 durch intensive Aktivitäten in der ‚Causa Nellius' auf. Wie wenig aktuell dieses Problem damals war, wird aus der Tatsache ersichtlich, dass kein einziger Bewohner der Nelliusstraße zu der Informationsveranstaltung am 06.08.2013 im Rathaus von Sundern erschien, zu der die Verwaltung durch eine Pressemitteilung in der 29. Kalenderwoche (15.-19. Juli 2013) eingeladen hatte. Die inzwischen gebildete „Bürgerinitiative Nelliustraße" (BIN) verwies später darauf, dass man wegen der Sommerferien keine Notiz von dieser Einladung genommen habe und eine Einladung zu

---

FRESE, Hg., Fragwürdige Ehrungen!? Straßennamen als Instrument von Geschichtspolitik und Erinnerungskultur, Münster 2012.

einer Informationsveranstaltung während der Urlaubszeit wenig bürgerfreundlich gewesen sei. Umso schärfer ging man daher auf einer von der Hachener OV' einberufenen Anwohnerversammlung in Hachen am 04.09.2013 mit den Lokalpolitikern ins Gericht. Wahrscheinlich hat sich der Konflikt an diesem Abend entscheidend hochgeschaukelt, und in den folgenden Wochen wurde wohl von beiden Seiten zu wenig getan, um die Diskussion in rational kontrollierbare Bahnen zurückzulenken.

Als der SSK am 30.09.2013 den Beschluss fasste, dem Rat u.a auch die Umbenennung der Nelliusstraße – die Umbenennung der Maria-Kahle-Straße und der Karl-Wagenfeld-Straße war inzwischen von deren Bewohnern akzeptiert worden – vorschlug, war für die Bewohner der Nelliusstraße offensichtlich das Maß voll: Man fühlte sich von „der Kommunalpolitik" übergangen und „verschaukelt" und zeigte am 22.10.2013 der Stadtverwaltung ein Bürgerbegehren an mit dem Ziel, den Namen ihrer Straße nicht umzuändern. Die Stadtverwaltung bestätigte der BIN den Eingang des betreffenden Schreibens am 28. Oktober und wies gleichzeitig auf die erforderliche Zahl von 1.889 Wahlberechtigten hin, die bis zum 10.01.2014 das Begehren unterschrieben haben mussten, um dieses als erfolgreich zu bewerten.

Im Nachhinein lässt sich konstatieren, dass in dieser ersten Phase von mehreren an der Debatte Beteiligten teils gravierende Fehler gemacht worden sind:

1. Der Lokalpolitik kann man teilweise begründet vorwerfen, sich nicht früh und intensiv genug um die Meinung der Bewohner der Straße gekümmert zu haben. Zumindest subjektiv herrschte dort das Gefühl vor, von den entscheidenden lokalpolitischen Kräften in Hachen und Sundern nicht so ernst genommen zu werden, wie die Anwohner das verlangten.

2. Die Anwohner müssen sich den Vorwurf gefallen lassen, dass sie die von P. Bürger vorgelegten Dokumente nicht professionell haben prüfen lassen. Natürlich kann man das nicht von

ihnen persönlich verlangen, aber die zu diesem frühen Zeitpunkt von der BIN kontaktierten ‚Unterstützer', ‚Mitarbeiter'
oder ‚Berater' (die Bezeichnungen in der Presse variierten)
der Sprecher der BIN waren offensichtlich nicht in der Lage
oder willens, die neu gefundenen Dokumente vor dem Hintergrund der bekannten Literatur über Nellius' *politische* Einstellung – es ging bei der Begründung durch die Umbenen-
nungsbefürworter nicht um seine *musikalische* Leistung[4] - zu
überprüfen.

3. Mit dem Ende Oktober 2013 angezeigten Bürgerbegehren
legte die BIN einen für ihr Vorhaben verhängnisvollen zeitlichen Rahmen fest.[5] Die Verwaltungsvorschriften sehen nicht
aufschiebbare Fristen für Bürger*begehren* und den sich eventuell anschließenden Bürger*entscheid* vor. Dieser Mechanis-
mus, der im Frühjahr und Frühsommer 2014 eine terminliche
Zusammenlegung von Bürgerentscheid und Kommunalwahl
ausschloss, hätte bei einem späteren Anzeigen des Bürgerbegehrens verhindert werden können, aber offensichtlich war
die BIN im Herbst 2013 nicht nur geschichtswissenschaftlich,
sondern auch verwaltungsrechtlich nicht auf dem Laufenden.

---

[4] Soweit dies für mich ersichtlich ist, ging es bei der Kontroverse zunächst
um die Vertonung nazistischer und kriegsverherrlichender Texte durch
Nellius, die dieser nicht selbst verfasst hatte. Zu Nellius' Qualität als Komponist gab es in der Presse unterschiedliche Auffassungen: Während F.
VOLMER in einem Leserbrief (WP/WR, 22.11.2013) behauptete, Nellius sei
„das größte Musik-Genie, welches das Sauerland hervorbrachte", äußerte
sich der Arnsberger Musikwissenschaftler Prof. Dr. W. HÜMMEKE deutlich
reservierter: „Nellius leistete keinen Beitrag zur zeitgenössischen Musikent-
wicklung, war aber ein bedeutender Komponist für das Laienchorwesen."
(WP/WR, 9.12.2013.)
[5] Dieser wurde auch in der Lokalpresse ausführlich beschrieben: vgl.
WP/WR, 31.10./01.11.2013.

3. Die zweite Phase:
Die Auseinandersetzungen im Vorfeld
und während des Bürgerbegehrens,
November 2013 – Januar 2014

Im Vorfeld des 75. Jahrestages der Reichspogromnacht (10./11. November 1938) kam es in Sundern zu einer scharfen Auseinandersetzung in mehreren Leserbriefen. In einem WP/WR-Artikel vom 31.10./01.11.2013 wurde einer der Sprecher der BIN zitiert, „es gehe lediglich um Vermeidung unnötiger Kosten und weiterer Nachteile für die Anwohner." Als daraufhin der BIN in einem Leserbrief (WP/WR, 05.11.2013) vorgeworfen wurde, sich einer *inhaltlichen* Auseinandersetzung mit den Vorwürfen gegen Nellius zu verweigern und „sich lediglich auf das Kostenargument zu berufen", keilte einer der publizistischen Unterstützer der BIN zurück, „die berechtigten Kostenargumente der betroffenen Anwohner" würden „in infamer Weise mit den Judenpogromen in der NS-Zeit vermischt." In dem Bürgerbegehren gehe es „auch um die Rehabilitation unseres großen Sauerländer Komponisten und Kirchenmusikers" (WP/WR, 07.11. 2013).

Vor diesem Hintergrund zeigte Sunderns Bürgermeister Detlev Lins (CDU) bei der Gedenkfeier zur Reichspogromnacht am 10.11.2013 auf dem jüdischen Friedhof in Sundern-Stockum klare Kante. Angesichts des anwachsenden Antisemitismus' und Neonazismus' stellte er die rhetorische Frage: „Können wir es uns leisten, […] Straßen nach Menschen wie Nellius zu benennen, die dieses Regime unterstützten? Ich sage ganz klar: Nein." (WP/WR, 11.11.2013) Auch der SPD-Stadtverbandsvorsitzende Michael Stechele unterstützte BM Lins in dessen klarer Haltung und kündigte an, der Sunderner BM wolle sich beim Kreis dafür einsetzen, den Anwohnern der Nelliusstraße anfallende Kosten, etwa für KFZ-Ummeldungen, nicht in Rechnung zu stellen. Schon vorher hatte die Stadt Sundern angekündigt, für die anfallenden Kosten bei neu auszustellenden Personalausweisen aufzukommen.

Somit geriet die BIN angesichts der breiten Koalition von CDU, SPD und Bündnis 90/Die Grünen im Sunderner Stadtrat in die Defensive, zumal auch unzweideutige Pressekommentare wie der von Martin Schwarz in der WP/WR vom 16.11.2013 in die gleiche Kerbe hieben.

Vor diesem Hintergrund schien es, dass das plötzliche Auftauchen des Entnazifizierungsbescheids für Nellius aus dem Jahre 1948 bei der BIN für willkommene Entlastung sorgen könnte. In einer Mitteilung an die Lokalpresse sahen die Sprecher der BIN und ihr Unterstützer Klaus Baulmann eine fundamental geänderte Lage in Sachen Nellius. Unter der Überschrift „Alliierte sahen Nellius als Mitläufer" (WP/WR, 20.11.2013) berichtete die Presse über dieses Schreiben: nun sei erwiesen, dass der Stadtrat auf P. Bürgers „agitatorische Absichten" hereingefallen sei, statt Nellius' damalige Aktivitäten in den Kontext des NS-Terrorregimes „fair einzuordnen". Baulmann empfahl die Lektüre des Entlastungsbescheids im Arnsberger Stadtarchiv und einiger Nellius entlastender Literatur (SK, 27.11.2013; vgl. auch WA, 30.11.2013).

Gleichzeitig wiederholte er die nach 1945 bei vielen Deutschen beliebte Interpretation des „Dritten Reiches", dass das deutsche Volk nach 1933 in erster Linie durch den allgegenwärtigen Terror des totalitären Gewaltstaates zum Mitwirken gezwungen worden sei: „Die Nationalsozialisten hatten viele Repressalien auf Lager wie z.B. Aufführungsverbot, Maßnahmen der Gestapo, Schutzhaft. Konzentrationslager oder gar erzwungenen Selbstmord." (WP/WR, 20.11.2013)[6]

---

[6] Diese heute von der Forschung als veraltet angesehene Interpretation, die bis in die 1970er Jahre weitgehend akzeptiert war, unterschlägt die heute vorherrschende Sichtweise, dass sich Hitler und die NS-Führung von der Machtübertragung am 30. Januar 1933 bis weit in die Kriegszeit hinein nicht durch Terror, sondern durch wirtschafts- und außenpolitische sowie militärische Erfolge bis zum ‚Blitzsieg' über Frankreich im Jahre 1940 ungeheurer Beliebtheit bei der Mehrheit der Bevölkerung erfreuten: Vgl. z.B. Robert GELLATELY, *Hingeschaut und weggesehen. Hitler und sein Volk*, Stuttgart u. München 2002; Hans-Ulrich WEHLER, *Deutsche Gesellschaftsgeschichte. Vierter*

Als P. Bürger dieser Argumentation das Niveau von „Märchenerzählereien" attestierte, unterstellte ihm W. Klein „Gräuelmärchen" und Realitätsverlust, da er die Ergebnisse des Entnazifizierungsausschusses in Frage stelle (WP/WR, 5.12.2013).

Neben dieser an Schärfe zunehmenden ,Leserbriefschlacht', die von zahlreichen anderen Leserbriefen, Artikeln und Kommentaren in der Lokalpresse begleitet wurde, fanden um die Jahreswende 2013/14 von der Öffentlichkeit eher unbemerkte Hintergrundgespräche statt. Zunächst hatte die OV' von Hachen den Verfasser dazu eingeladen, zunächst den CDU-Vorstand von Hachen und danach die BIN über seinen damaligen fachwissenschaftlichen Kenntnisstand zu informieren, was in einem längeren Gespräch in Hachen im Dezember 2013 geschah.

Im Januar 2014 fand dann in Sundern eine Sitzung der FDP-Fraktion und des FDP-Vorstandes statt, auf welcher die BIN nebst ihren Unterstützern K. Baulmann und W. Klein sowie der Verf. anwesend waren und ihre jeweiligen Standpunkte vortragen konnten. Dabei wurde für das Monatsende die Veröffentlichung einer Studie durch P. Bürger, M. Gosmann und den Verfasser angekündigt, in welcher der damalige Kenntnisstand erläutert und dokumentiert werden würde. Die FDP war als einzige im Rat vertretene Partei in der Sache Nellius gespalten, denn während der Fraktionsvorsitzende für die Beibehaltung des Straßennamens und Aufstellung einer Informationstafel plädierte, waren anderen Ratsmitglieder – u.a. wegen der bereits vorliegenden und konkret angekündigten Belege für die antisemitischen und den NS verherrlichenden Aktivitäten des Komponisten Zweifel an ihrer ursprünglichen Meinung gekommen.

Weder die BIN noch ihre Unterstützer ließen sich beeindrucken, denn am 07. Januar 2014 konnten sie BM Lins 2677 Unterschriften gegen die Umbenennung ihrer Straße überreichen (WP/WR, 08.01. 2014). Auch nach Abzug einiger ungültiger Stimmen war damit die Zahl der benötigten Stimmen deutlich

---

Band: Vom Beginn des Ersten Weltkriegs bis zur Gründung der beiden deutschen Staaten 1914-1949, München 2003, S. 675-690.

überschritten, und der Rat musste sich Anfang Februar 2014 erneut mit der Angelegenheit befassen.

Eine Woche vor dieser entscheidenden Ratssitzung wurde dann am 29.01.2014 BM Lins die angekündigte ca. 120 Seiten starke Untersuchung von P. Bürger, M. Gosmann und dem Verf. überreicht, in welcher die in den Archiven in Hagen, Düsseldorf und Münster gefundenen Quellen zusammengefasst, interpretiert und dokumentiert wurden.[7] Exemplare dieser Dokumentation wurden gleichzeitig der BIN und der Presse zur Verfügung gestellt.

Das Presseecho war einhellig: Martin Schwarz kommentierte bereits am 30. Januar 2014 unter dem Titel „Endlich Klarheit geschaffen", dass eine Umbenennung nun unumgänglich sei (WP/WR, 30.01.2014; vgl. auch Thorsten Koch, WP/WR, 31. Januar 2014), und mehrere Historiker, Theologen, Musik- und Sozialwissenschaftler schlossen sich dieser Meinung gleichzeitig an und ließen sich mit entsprechenden Statements in der Presse zitieren.

Dagegen beharrte die BIN auf ihrer Meinung, die Stadt sei für die nun herrschende Situation verantwortlich; wenn der Stadtrat das Ergebnis des Bürgerbegehrens nicht akzeptiere, müsse der Bürgerentscheid durchgeführt werden (WP/WR, 31.01.2014). Wenige Tage später erklärte man sich bereit, den FDP-Vorschlag der Aufstellung eines Informationsschildes bei Beibehaltung des Straßennamens zu akzeptieren (WP/WR, 4.2.2014; vgl. auch WA, 5.2.2014). Dabei verwies man auf ein Interview, das der Historiker Martin Sabrow kurz vorher dem *Spiegel* gegeben hatte, in welchem er aus Sicht der BIN deren Standpunkt unterstütze.[8]

---

[7] *Georg Nellius (18191-1952). Völkisches und nationalsozialistisches Kulturschaffen, antisemitische Musikpolitik, Entnazifizierung.* Darstellung und Dokumentation im Rahmen der aktuellen Straßennamendebatte. Vorgelegt von Peter BÜRGER und Werner NEUHAUS in Zusammenarbeit mit Michael GOSMANN (Stadtarchiv Arnsberg), Arnsberg 2014 (vervielfältigtes Typoskript; zeitnah als Digitalisat auch auf www.sauerlandmundart.de veröffentlicht).

[8] *„Historischer Exorzismus",* in: Der Spiegel 6/2014, S. 46-48.

Allerdings sahen sich angesichts der Ergebnisse der Dokumentation kaum noch Mitglieder des Rates in der Lage, diesen
von der BIN ‚Kompromiss' genannten Vorschlag zu akzeptieren.
In einer gemeinsamen Erklärung der Fraktionsvorsitzenden von
CDU, SPD und Bündnis 90/Die Grünen wurde für die bevorste-
hende Ratssitzung die Unterstützung der Position von BM Lins
angekündigt: Eine Beibehaltung des Straßennamens sei aus politischen und moralischen Gründen inakzeptabel.

Damit waren die Fronten klar abgesteckt für die Ratssitzung
am 06.02.2014. Dort hatten W. Klein als Sprecher der BIN und der
Verf. noch einmal Gelegenheit, ihre konträren Ansichten zu begründen; danach wurde in namentlicher Abstimmung gefragt, ob
die Straße umbenannt werden solle. Bei einer Enthaltung und
einer Gegenstimme (beide von Mitgliedern der FDP-Fraktion) fiel
das Ergebnis eindeutig aus. BM Lins schlug der BIN vor, das Ab-
stimmungsergebnis intern zu diskutieren, bevor man eine Stellungnahme zum weiteren Vorgehen abgebe, aber noch im Rats-
saal kündigte die BIN an, auf der Abhaltung des Bürgerentscheids zu bestehen. Diese musste nun nach den verwaltungs-
rechtlichen Vorschriften innerhalb von drei Monaten durchgeführt werden.

Wenn man diese zweite Phase Revue passieren lässt, fallen einige Änderungen gegenüber der Anlaufphase ins Auge:

1. Die verbale Auseinandersetzung wurde deutlich schärfer. Die
    drei Historiker, die die Dokumentation erarbeitet hatten,
    wurden als „Hobbyhistoriker", „angebliche Historiker" oder
    „Gutmenschen" bezeichnet, die „nicht besser als die Nazies"
    [9][sic!] seien. Besonders Peter Bürger rückte ins Fadenkreuz
    der BIN und ihrer Unterstützer. Allein die Tatsache, dass er
    sich selbst als „Linkskatholik" sah (und sieht), reichte in den
    Augen seiner Gegner offensichtlich aus, ihn in ein schlechtes

---

[9] Das letzte Zitat entstammt einer Mail des Arnsbergers V. KRAUSE, in: WA,
5.2.2014.

Licht zu rücken und ihm „agitatorische Absichten", „inquisitorische Belehrungen" und „Fanatismus" zu unterstellen.

2. Auch die Lokalpolitiker mussten mit Unterstellungen leben. So wurde mehrfach behauptet, sie wollten mit der Umbenennungsaktion lediglich von tatsächlichen Problemen in Sundern und Arnsberg ablenken, und W. Klein nahm für die BIN in Anspruch, sie sei ein Beispiel für „Basisdemokratie gegen willkürliche […] Ratsentscheidungen". (WP/WR, 26.11.2013)

3. Besonders die Fraktion von Bündnis 90/Die Grünen, die im Stadtrat von Sundern den Umbenennungsantrag eingebracht hatte, sah sich heftiger Kritik ausgesetzt. So formulierte W. Klein am 26.11.2013 in einem in der WP/WR abgedruckten Leserbrief: „Dem einseitig-blindwütigen Umbenennungsfanatismus der Grünen […] muss Einhalt geboten werden."

4. Auch nach Erscheinen der Dokumentation behaupteten die Unterstützer der BIN tatsachenwidrig, es gäbe keine neuen Erkenntnisse über Nellius' Tätigkeit und politische Einstellungen und beharrten auf seiner Leistung als Musiker. Vor der Ratsabstimmung formulierte W. Klein, er „verneige sich vor dem Genie des großen Komponisten", der durch eine „posthume Schmutzkampagne" verunglimpft werde. (WP/WR, 7.2.2014)

5. In einigen Punkten änderte die BIN ihre Argumentation: Hatte man zunächst kritisiert, die Umbenennung der Straße (Personalausweis; Fahrzeugpapiere, etc.) würde für die Anwohner Kosten verursachen, änderte man, als BM Lins ankündigte, Stadt und Kreis würden diese Kosten übernehmen, dieses Argument dahingehend, dass der Bürgerentscheid Kosten für die Stadt und somit alle Bürger verursachen und zur weiteren Verschuldung der Kommune beitragen würde (WP/WR, 11.1.2014; WA, 5.2.2014). Natürlich sollte damit insinuiert werden, die Beibehaltung des Namens sei im Sinne *aller* Bürgerinnen und Bürger der Stadt. Auf den viel näherliegenden Gedanken, dass die Nichtdurchführung des Entscheids der

Stadt ebenfalls diese Ausgaben ersparen würden, kam man offensichtlich nicht.

6. Dass die BIN nicht einlenkte, lag offensichtlich auch an der unzureichenden fachwissenschaftlichen Beratung. Schon die mit großem Medienecho angekündigte ‚Entnazifizierung von Nellius aus dem Jahre 1948' zeigt, dass man nicht auf dem Stand der Forschung war. Jedem Zeithistoriker ist bekannt, dass ein Beamter, der erst 1948 entnazifiziert worden ist, gehörig braunen Dreck am Stecken haben musste, denn spätestens seit den 1990er Jahren ist durch eine Reihe von Untersuchungen belegt, dass und wie die *alliierten* Spruchkammern in den Jahren 1946 und 1947 zahlreiche Betroffene in die Kategorie III einordneten, die dann 1948 von *deutschen* Spruchkammern – der sogenannten Mitläuferfabrik – mit Hilfe der berühmt-berüchtigten ‚Persilscheine' reingewaschen wurden. Kein ernstzunehmender Historiker würde heute behaupten, bei diesen nachträglichen Freisprüchen seien „alle Begleitumstände berücksichtigt" worden, wie W. Klein in einem Leserbrief am 5.12.2013 in der WP/WR behauptete.[10]

Auch K. Baulmanns Behauptung, die Beurteilung von Nellius´ systemkonformem Verhalten setze „Toleranz und genaue Kenntnis des damaligen totalitären Hitlersystems" voraus, da sonst „Maßnahmen der Gestapo, Schutzhaft, Konzentrationslager oder gar erzwungener Selbstmord" gedroht hätten (SK, 27.11 2013; vgl. auch WA, 30.11.2013), ist im vorliegenden Fall nicht von Belang: Diese Maßnahmen wären gegen Nellius sicher nicht ergriffen worden, wenn er sozialistische und jüdische Komponisten nicht unaufgefordert denunziert hätte, und es ist absolut unmöglich, Nellius´ schon für die Zeit der Weimarer Republik dokumentierten Rassismus und seine damalige Hitlerverehrung mit Angst vor dem Terror des späteren SS-Staat zu entschuldigen. Aber ganz offensichtlich haben

---

[10] Vgl. die Darstellung der Entnazifizierungsverfahren vor dem Hintergrund der damaligen Situation und der neueren Forschung in der Dokumentation, S. 33-41 (Internetfassung auf www.sauerlandmundart.de: daunlots nr. 69).

sich die Berater und Unterstützer der BIN hartnäckig geweigert, die in der Dokumentation zusammengetragenen neuen Ergebnisse zur Kenntnis zu nehmen. Es spricht Bände, dass sie keinen einzigen Experten für ihre Position zitieren konnten, während nach der Lektüre der Dokumentation die Umbenennung von anerkannten Wissenschaftlern unterstützt wurde.[11] Die BIN und ihre Unterstützer weigerten sich schlicht und einfach, die in der Dokumentation ausgewerteten, bisher weitgehend unbekannten Quellen und Informationen zur Kenntnis zu nehmen, während Bürgermeister und die Fraktionen im Rat der Stadt[12] nach Vorlage dieser Erkenntnisse die Namensänderung der Nelliusstraße als zwingend notwendig erachteten.

Bei diesen verhärteten Fronten ging es nun in die letzte Phase der Auseinandersetzung, die mit dem Bürgerentscheid vom 22.04 bis 06.05.2014 enden würde.

---

[11] Die von den Unterstützern ins Feld geführte Literatur (WALLIES; BAULMANN; SAURE) ist zum Verhältnis Nellius - NS entweder nichtssagend oder von der Forschung überholt. Auch das Spiegel-Interview Professor Sabrows, das von der BIN als Beleg für ihre Position ins Feld geführt wurde, betont ausdrücklich, dass neue Erkenntnisse durchaus Änderungen von Straßennamen zur Folge haben könnten: *Der Spiegel*, Nr. 6/2014, S. 46-48, hier S. 48.
[12] Vgl. die Statements von G. MARTIN (CDU), J. TER BRAAK (SPD) J. BECKER (Grüne) und R. LAUFMÖLLER (FDP) in: WA, 8.2.2014.

4. Die dritte Phase:
Vorgeschichte, Verlauf und Ergebnis des Bürgerentscheids,
Anfang Februar bis Anfang Mai 2014.

Bis zur Ratssitzung vom 6. Februar 2014 gab es hauptsächlich fünf an der Auseinandersetzung beteiligte Gruppen:

1. Der Bürgermeister und die im Rat vertretenen Parteien;
2. Die BIN und ihre Unterstützer;
3. Die Verfasser der Dokumentation;
4. Die Lokalpresse, die insgesamt ausgewogen über die Ereignisse berichtete, aber diese natürlich auch kommentierte;
5. Die interessierte Öffentlichkeit, die sich insbesondere durch Leserbriefe zu Wort meldete.

Während die vier erstgenannten Gruppen im Prinzip bei ihren Meinungen und Methoden blieben und die ersten drei Gruppen dabei die bekannten und erprobten Methoden zur Beeinflussung der Wählerinnen und Wähler in ihrem Sinne benutzten, traten im Bereich der Öffentlichkeit schon in der Woche nach der Ratssitzung vom 6.2.2014 und der dort abgegebenen Erklärung der BIN, auf der Durchführung des Entscheids zu beharren, wichtige Änderungen ein.

Am 12.02.2014 bildete sich in Sundern eine überparteiliche Bürgerinitiative unter der Führung des Leiters der VHS Arnsberg-Sundern, K.-R. Willeke und der Politikwissenschaftlerin Dr. B. Vielhaber. Konkretes Ziel dieses Bürgernetzwerks (BNW) sollte sein, die Öffentlichkeit über Nellius' politische Einstellungen und Handlungen zu informieren, um die Bürgerinnen und Bürger dazu zu bewegen, bei dem Entscheid für die Umbenennung der Straße zu stimmen. Darüber hinaus sei allgemein wichtig, ein Zeichen gegen Rassismus und Intoleranz zu setzen, indem man sich kritisch mit der Geschichte auseinandersetze. Zu diesem Zweck wurde ein Ausschuss gewählt, der kurzfristig Ideen für die weitere politische Arbeit sammeln sollte. (WP/WR, 14.2.2014; WA, 15.02.2014; SK, 16.02.2014)

Von diesem BNW, das sich kurz darauf den Namen „Nein zu Nellius – Wo stehst Du?" gab und ankündigte, mit Info-Ständen, Aufklebern, Flyern, Plakaten, Buttons, Karikaturen, Informationsmaterial mit Nellius-Zitaten aus der Dokumentation sowie per Mails und Internetauftritte für die Umbenennung zu kämpfen, gingen bis zum Ende des Bürgerentscheids die meisten Impulse aus.

Aber dies war nicht die einzige Gruppe, die im Vorfeld der Abstimmungsperiode aktiv wurde. Auch an fortführenden Schulen Sunderns engagierten sich Schüler und Lehrer. Als das Thema im Religionsunterricht einer Klasse 9 der Realschule thematisiert wurde und die Schüler die Öffentlichkeit in einem Leserbrief dazu aufforderten, „sich an der Abstimmung zu beteiligen und für die Umbenennung zu stimmen" (WP/WR, 22.02.2014), reagierte der Unterstützer der BIN W. Klein mit einer Dienstaufsichtsbeschwerde beim RP Arnsberg. Dies hielt die Schulleiterin jedoch nicht davon ab, nach vorherigen Unterricht mit 16-jährigen Schülerinnen und Schülern zum Rathaus zu gehen, wo diese ihre Stimme geheim abgeben konnten (WA, 3.5.2014).

Am Gymnasium lud die Lehrerin eines Oberstufenkurses im Fach Geschichte K. Baulmann und den Verf., die beide jahrzehntelang am Städtischen Gymnasium Sundern unterrichtet hatten, zu einer gemeinsamen Podiumsdiskussion ein, um zunächst ihre konträren Positionen darzustellen und zu erläutern und sich dann den Fragen der Schüler zu stellen; doch es lehnte der Unterstützer der BIN dieses Format ab, so dass der Verf. seine Position ohne einen Vertreter der BIN vertrat (WP/WR, 6.5.2014).[13]

Weitere Gruppen, die sich bisher zurückgehalten hatten, ergriffen öffentlich Partei für die Umbenennung der Straße, wie z.B, das Jugendparlament Sundern, das sich in einem offenen Brief

---

[13] Später wies die BIN darauf hin, dass der Geschichtskurs nur bei K. Baulmann, nicht aber bei der BIN angefragt habe, die bereit gewesen wäre, mit den Schülern zu diskutieren (WP/WR, 7.5.2014).

mit dem BNW solidarisierte und wahlberechtigte Jugendliche und junge Erwachsene zur Abstimmung für die Umbenennung aufrief (SK, 27.4.2014).

Ebenso wandte sich die überwältigende Mehrheit der Sunderner Ortsvorsteher, die bisher nicht als Vertreter des „multi-optionalen Zeitgeists der kirchenfeindlichen, christenfeindlichen Moderne" (Leserbrief von H. Pasternak, WP/WR, 22.2.2014) hervorgetreten waren, an die Bürgerinnen und Bürger und riefen dazu auf, zur Abstimmung zu gehen und mit „Nein" zu stimmen (SK, 16.4.2014; WA, 16.4.2014). Auch der Sunderner Heimatbund rief zur Umbenennung der Nelliusstraße auf (WP/WR, 5.3.2014).

Gegen diese Phalanx der Befürworter einer Änderung des Straßennamens gerieten die BIN und ihre Unterstützer immer stärker in die Defensive, aber außer einer Wiederholung der bekannten Behauptungen gingen der BIN offensichtlich die Argumente aus. So wurde erneut – und fälschlicherweise – behauptet, die Dokumentation bringe keine „neuen Erkenntnisse durch wissenschaftliche Forschungen" (K. Baulmann, Leserbrief in SK, 16.4.2014; vgl. dazu den Leserbrief des Verfassers: SK, 27.4.2014). Außerdem erhob die BIN erneut den Vorwurf gegen „die Politik", die vor den „echten Problemen" Sunderns ablenken wolle. Daher müsse man ihr einen „Denkzettel" für ihre „Ablenkungsmanöver" verpassen und ihr zeigen, dass man nicht an „politischer Demenz" leide (WP/WR, 9.4.2014; SK, 13.4.2014; WA, 16.4.2014).

Weiterhin wurde das Schreckgespenst einer scheinbar drohenden Flut von Straßennamensänderungen als Folge der geplanten Umbenennung der Nelliusstraße an die Wand gemalt: „Wer garantiert uns, dass nicht demnächst die Namen Willi Weyer, Heinrich Lübke oder auch Christine Koch zur Debatte stehen?" (WP/WR, 04.02.2014; WA, 05.02.2014; vgl. auch WP/WR, 09.04.2014; SK, 13.04.2014)

Neben Berichten und Leserbriefen in der Lokalpresse nutzen beide Seiten auch das Angebot des Sauerländer Heimatbundes, ihre Sicht der Dinge in der SHB-Zeitschrift *Sauerland* darzulegen, was Willi Klein und der Verfasser im ersten Heft des Jahres 2014 taten.[14]

Vor diesem Hintergrund ging am 6. Mai 2014 die Frist für die Stimmabgabe zu Ende. Schon vor diesem Zeitpunkt war klar, dass die BIN ihr Ziel, 4.720 Stimmen für die Beibehaltung des Straßennamens zu erhalten, deutlich verfehlen würde, da die Wahlbeteiligung zu gering war. Nach Auszählung der gültigen Stimmen stand das amtliche Ergebnis fest: 1.776 Ja-Stimmen standen 1.722 Nein-Stimmen gegenüber. Damit war der Bürgerentscheid deutlich gescheitert, denn es fehlten fast 3.000 Stimmen zu seinem Erfolg.

Wie nach Wahlen üblich, betonten beide Seiten jeweils für sie positive Aspekte im Wahlausgang. Barbara Vielhaber und Klaus-Rainer Willeke vom BNW verwiesen darauf, dass der Entscheid krachend gescheitert sei und schrieben den Bemühungen des Netzwerks den Rückgang von fast 1.000 Stimmen gegenüber dem Bürgerbegehren zugute. Vor allen Dingen sei aber wichtig, „in Sundern keinen glühenden Verehrer des Nationalsozialismus auf einem Straßenschild" zu haben. Völlig anders beurteilten die Sprecher der BIN Ulrich Lübke und Horst Kohlmann das Ergebnis: „Eine Niederlage für die Gegner" (WP/WR, 7.5.2014) und feierten sich im Internet als „Sieger der Herzen". Ähnlich kontrovers äußerten sich am folgenden Tag Vertreter beider Seiten in der Lokalpresse, während die interviewten Politiker die Entscheidung einhellig begrüßten (WP/WR, 8.5.2014).

In einem abwägenden Kommentar vom gleichen Tage versuchte Achim Giesecke eine erste Bilanz: Nur die Tatsache, dass „der Name einer NS-belasteten Person nicht weiter als Bezeichnung einer offiziellen Straße diene" könne, sei positiv. Ansonsten sah er „nur Verlierer": Die BIN; die bequemen, nicht zur Wahl gehenden Bürger; die Stadt Sundern, in welcher eine „Mehrheit

---

[14] Willi KLEIN, Gedanken zur geplanten Straßenumbenennung, in: Sauerland, H. 1/2014, S.29; Werner NEUHAUS, Zur Einschätzung von Georg Nellius vor dem Hintergrund der aktuellen Straßennamendebatte, ebd., S. 28.

für den Erhalt eines NS-belastete Straßennamens" war (WP/WR, 8.5.2014; vgl. auch Christian Webers Kommentar in SK,11.5.2014).

Wie nicht anders zu erwarten, sah BIN-Unterstützer W. Klein die Dinge völlig anders: „Moralischer und zahlenmäßiger Gewinner [sei] die BI Nellius", die gegen den „von der Stadt initiierten Propagandaapparat" und die „Unterstützung durch die Medien" gekämpft habe. Verlierer sei „damit auch eine kommunale Demokratie, die diesen Namen nicht mehr verdient" (WP/WR, 12.5.2014).

So ist das wohl bei der Beurteilung von Ergebnissen, aber nicht nur Fußballfans wissen, dass selbsternannte „moralische Sieger" und „Sieger der Herzen" zunächst einmal eins sind: Verlierer.

Es ist nach wie vor umstritten, ob – und wenn ja, wie – man aus der Geschichte lernen kann. Dennoch soll hier der Versuch gemacht werden, ein Fazit aus der langen Geschichte der Auseinandersetzung um die Umbenennung der Nellius-Straße in Hachen zu ziehen.

1. In einem solchen Konflikt müssen von Anfang an *von Seiten der Politik*, die eine Änderung eines Straßennamens anstrebt, *die Bewohner frühzeitig informiert* und die Gründe umfassend dargelegt werden. Danach sind beiden Seiten Zeit und Raum für Nachfragen, Erläuterungen, Erklärungen, zusätzliche Begründungen etc. einzuräumen. Wenn hier gravierende Fehler gemacht werden, sind später die verhärteten Fronten nur noch schwer aufzubrechen.

2. Beide Seiten sollten ihre Ansichten *fachwissenschaftlich begründen*, d.h. ihren Kenntnisstand nebst Belegen offenlegen. Dabei kann es immer zu Veränderungen der ursprünglichen Meinung kommen, wenn neue Informationen bekannt werden. Eine solche faktenbasierte Anpassung an den neuen Kenntnisstand ist in der Wissenschaft ein alltäglicher Vorgang und zeugt nicht von Schwäche,

sondern ist Voraussetzung für wissenschaftlichen Fortschritt.

3. Jeder einzelne Fall und jede einzelne Person, nach der eine Straße benannt wurde, sollte dabei *individuell untersucht und beurteilt* werden, wobei natürlich die Begleitumstände von Zeit und Ort zu berücksichtigen sind. Eine flächendeckende pauschale Verurteilung nur wegen der Zugehörigkeit einer Person zu einer Partei oder Organisation ist unangemessen.

4. Auch wenn beide Seiten sich nicht in allen Punkten einig sind, können nach wie vor strittige Probleme in einem *Mediationsverfahren* thematisiert und eventuell abgeklärt werden.

5. Dennoch bleibt, wenn alle Versuche zu einer friedlichen Lösung zu gelangen, scheitern, nach gültiger Rechtslage *das letzte Wort beim Rat der Stadt.* Es ist völlig undenkbar, dass die Bewohner einer Straße über die Namensgebung in letzter Instanz entscheiden. Selbstverständlich haben sie auch hier ein Recht darauf, dass ihre Argumente angehört werden, aber die endgültige Entscheidung kann nicht bei ihnen liegen. Dies als Bankrotterklärung für die kommunale Demokratie zu bezeichnen, geht von einem anderen Demokratieverständnis aus, als es Verfassung, Kommunal – und Verwaltungsrecht festlegen.

6. Daher haben die geltenden Rechts- und Verwaltungsvorschriften völlig zu Recht etliche *Hürden für ein Bürgerbegehren und einen Bürgerentscheid* aufgebaut. Nicht nur in Sundern hat die Umbenennung einer Straße für hohe Kosten und tiefe Verbitterung gesorgt. Aber angesichts des manifesten Desinteresses der überwältigenden Mehrheit der Wahlberechtigten einer Stadt- das hat auch das Bürgernetzwerk gegen Nellius erfahren - tut jede Bürgerinitiative gut daran genau zu überlegen, ob sie das notwendige Quorum an Wählerstimmen erreichen kann. Dabei spielt auch eine Rolle, ob sie bereit und fähig ist,

die *finanziellen, zeitlichen, organisatorischen, personellen und wissenschaftlichen Ressourcen,* die zur Vorbereitung und Durchführung eines solchen Verfahrens notwendig sind, abzurufen. Die Bürger der Nellius-Straße in Arnsberg hatten offensichtlich eine realistischere Einschätzung ihrer Möglichkeiten: Dort wurde, nach anfänglichen Protesten und genauer Beobachtung der Vorgänge in Sundern, die Straße ohne weitere Probleme umbenannt.

B.
DOKUMENTATIONSTEIL

Georg Nellius (1891-1952) – Völkisches und
nationalsozialistisches Kulturschaffen,
antisemitische Musikpolitik, Entnazifizierung

Der Kreisleiter
des Kreises Herne-Castrop-Rauxel

Herne, den 20.Januar 1941
Bahnhofstr. 7 c

Herrn

Musikdirektor Georg Nellius,

H e r n e .

Lieber Parteigenosse Nellius!

Nachdem nun die wunderbaren Akkorde des Wagner-
Konzertes verklungen sind, drängte es mich, Ihnen
lieber Parteigenosse Nellius, noch einmal von
ganzem Herzen zu danken.

Was für Herne unmöglich erschien, haben Sie in
siebenjähriger Tätigkeit fertiggebracht: den
deutschen Arbeiter der deutschen Musik näher zu
bringen. Wenn auch bei Beginn Ihrer Arbeit im
Jahre 1933 die Zuhörerschaft noch oft klein war,
so haben Sie doch aber durch Ihre intensive
Arbeit für die Musik in Verbindung mit Ihren
Mitarbeitern das Eis gebrochen und haben Zugang
zu den Herzen der Herner Bevölkerung gefunden.
Heute ist jedes von Ihnen gegebene Konzert ein
Festtag für alle Herner Musikfreunde und hinter-
läßt in immer stärkerem Maße einen nachhaltigen
Eindruck. Dass Sie durch Ihre Arbeit ein treuer
Mitstreiter des Führers sind, brauche ich wohl
nicht weiter auszuführen.

Ich hoffe und wünsche, dass Sie uns noch recht
lange erhalten bleiben und dass über Ihrem weiteren Wirken ein gütiges Geschick walten möge.

Herzliche Grüße und ein kräftiges

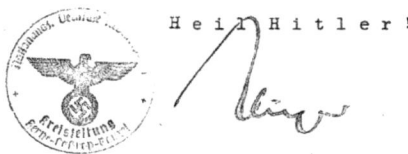

H e i l H i t l e r !

3

(Aus: VAD 1941)

B.I.
Übersicht zu militaristischen, völkischen und nationalsozialistischen Kompositionen im Werk von Georg Nellius mit zahlreichen Textbeispielen

Das Westfälische Musikarchiv (WMA) Hagen wurde 1962 auf Initiative des Stadtarchivars Walter K.B. Holz gegründet. Zu dieser Sammlung gehört ein vollständiger Nachlass mit den Werken von Georg Nellius. Untergebracht ist das Archiv heute im Historischen Centrum Hagen (www.historisches-centrum.de).

Ein mutmaßlich vollständiges musikalisches Werkverzeichnis zu Georg Nellius ist nach Auswertung des Nachlasses (Westfälisches Musikarchiv Hagen) verzeichnet in:

- WALLIES, Esther: Georg Nellius (1891-1952). Nationalkonservative Strömungen in der Musik der ersten Hälfte des 20. Jahrhunderts am Beispiel eines Komponisten. = Beiträge zur westfälischen Musikgeschichte, hg. vom Westfälischen Musikarchiv Hagen Heft 22. Münster/New York: Waxmann 1991, Seite 183-219.

Äußerst bedeutsame, in der Nellius-Dissertation von Esther Wallies merkwürdigerweise nicht dargestellte Hintergründe zur

Nellius-Werkgeschichte enthält folgende – von Wallies gleichwohl eingesehene – Dokumentation (zugleich bislang einzige Quelle zur leidenschaftlich antisemitischen Musikpolitik von Georg Nellius):

- VAD, Hugo: Georg Nellius, ein deutscher Musiker. Darstellung nach amtlichen Urkunden und Dokumenten, an ihn gerichteten und von ihm geschriebenen Briefen, eigenen Aufsätzen, Gutachten der Reichsmusikkammer, Urteilen namhafter Tonkünstler, Konzertprogrammen von ihm geleiteter Aufführungen. Rezensionen in Fach- und Tagespresse. Sammlung und Ordnung des Materials [1941] durch Rechtsanwalt Hugo Vad, Neheim a. Ruhr (Sauerland), Adolf-Hitler-Strasse 52. [Westfälisches Musikarchiv Hagen; Kopiensatz zugänglich im Stadtarchiv Arnsberg]

Nachfolgend sind – E. Wallies nach Ziffern folgend – jene Werktitel aufgeführt, die in besonderer Weise das weit zurückreichende völkisch-nationalistische, später nationalsozialistische Kulturschaffen von Georg Nellius belegen. Um die Bedeutung und Einordnung der Befunde für jeden nachvollziehbar zu machen, werden hierbei in größerem Umfang auch Lied- bzw. Chortexte zu den Kompositionen dokumentiert (z.T. sind „heimatbewegte Texte" im jeweiligen Kontext absichtlich mit erfasst worden).

Im Hauptteil unserer Veröffentlichung (→A) erfolgt der Nachweis zu folgenden Sachverhalten:
1. Die Wahl militaristischer und rechtsextremistischer Liedautoren bzw. Texte seit Bestehen der Weimarer Republik ist konstitutiv für das Schaffen von Nellius.
2. Insbesondere auch die nationalsozialistischen Kompositionen, die über den einschlägigen Nellius-Zyklus „Volk und Führer" (1934/35) weit hinausgehen, sind alles andere als zeitbedingte oder opportunistische Zufallsprodukte und

können in keiner Weise als „erpresste Notenlieferungen" bewertet werden.

3. Die (hier dokumentierten) Quellenbefunde machen außerdem das Fazit der beiden frühesten Beschlüsse im Rahmen der „Entnazifizierung" (nazistisches Kultur-Engagement, Berufsverbot der Alliierten für G. Nellius) nachvollziehbar und stehen in krassem Gegensatz zu Aussagen in späteren „Entlastungszeugnissen".

Peter Bürger

1. [Nellius: opus 7]

OPUS 7: FÜNF MÄNNERCHÖRE

1. Juchhei, wir wolln nach England ziehn „Nach Englands Gestaden, wohl über das Meer" (Heinrich Krückemeyer)
2. Deutsches Flottenlied „Schaut, wie die Wimpeln flattern im Winde" (Otto Weddigen = Capitän von „W.G."), 1915
3. Wir sind die grauen Jungen (Heinrich Krückemeyer), 1915
4. Saartrutz „Donnernd wie Glockenklang dröhne dein Trutzgesang" (Georg Nellius), 1920

[Notenhandschriften; nur op. 7,1 gedruckt]

2. [Nellius: opus 12]

OPUS 12: TOTENKLAGE

Oratorium. „Eine Threnodie auf den Tod deutscher Helden" (Hermann Maria Heine), 1918

[gedruckt liegt evtl. nur der Schlusschor vor]

3. [Nellius: opus 22]

OPUS 22: VATERLAND
Ein Liedkreis für deutsche Chöre nach Gedichten
von Maria Kahle [1923]
1.   Vaterland „Über eignes Leid und eignes Lieben"
2.   Vaterländisches Gebet „Deutscher Gott! Du Gott der
     Freien"
3.   Vaterland „Wir hatten es ja nie erkannt"
4.   Mutterklage „Sie haben ihn begraben"
5.   Vor meinem Haus, du grünes Gras
6.   Trost „Was klagt ihr der Toten"
gewidmet Dr. Emil Scherer

[Ein vollständiger Druck ist angegeben: Sauerländer Musik- und
Kunst-Verlag König & Co, Neheim 1923; op. 22, 4 und 22,6 auch
1933 bei Hochstein, Heidelberg]

VATERLAND [OPUS 22,1]
(Maria Kahle)
Über eignes Leid und eignes Lieben
haben wir ein einzig Wort geschrieben:
Vaterland!

Über Werktagsarbeit und Bemühen,
Über Geistesforschen muß es glühen:
Vaterland!

Alles, was ein eigen Sein geschienen,
Ist nur da, dem Ganzen froh zu dienen:
Vaterland!

Flackern hoch auch der Parteien Brände.
Dieses Wort eint aller, aller Hände:
Vaterland!

Über eignen Sinn und eignes Lieben
Haben wir ein stolzes Wort geschrieben:
Vaterland!

[Text hier nach: *Kahle*, Maria: Liebe und Heimat [Erstausgabe 1922]. 6. Auflage. Bigge/Ruhr: Verlag der Josefs-Druckerei 1928, S. 161.]

VATERLÄNDISCHES GEBET [OPUS 22,2]
(Maria Kahle)
Deutscher Gott, Du Gott der Freien,
Straffe deines Volkes Rücken,
Laß die Bürde seines Leidens
Ihm den graden Sinn nicht bücken!
Eh wir denn zu Knechten werden,
Die beim Feind in Demut flehen,
Laß uns, stolzer Gott der Freien,
Laß uns lieber untergehen!

[Text hier nach: *Kahle*, Maria: Liebe und Heimat [Erstausgabe 1922]. 6. Auflage. Bigge/Ruhr: Verlag der Josefs-Druckerei 1928, S. 143.] – Text auch in: *Kahle*, Maria: Volk, Freiheit, Vaterland. Gedichte. Hagen: Hagener Verlagshandlung 1923, S. 78 (ebd., S. 77 z.B. ebenfalls die Zeile: „Wir geben uns eher dem Tode hin, / Als daß wir zu Sklaven werden.)

MUTTERKLAGE [OPUS 22,4]
(Maria Kahle)

Sie haben ihn begraben,
Meinen blonden Knaben,
Im fernen Polenland [...]

Wie froh hat er gesungen,
Wie stolz hat er geschwungen
Beim Scheidegang sein Schwert!
Da wollte ich nicht weinen,
Ich gab ihn hin, den Einen,
Und hab mich nicht gewehrt.
[...]

Doch wenn zurück er käme
Und dann wie damals nähme
So stolz das Schwert zur Hand:
In schmerzlichem Umfassen
Würd ich ihn wieder lassen
Fürs heil'ge Vaterland!

[Text hier nach: *Kahle*, Maria: Liebe und Heimat [Erstausgabe 1922]. 6. Auflage. Bigge/Ruhr: Verlag der Josefs-Druckerei 1928, S. 141.]

4. [Nellius: opus 44]

OPUS 44: VON DEUTSCHER NOT.
Volkstümliche dramatische Kantate in drei Teilen.
Dichtung von Maria Kahle. 1930 [komponiert Sept. 1928 bis Mai 1929]

Eingesehene Druckausgaben:
Georg Nellius: Opus 44. Von deutscher Not. Volkstümliche dramatische Kantate in drei Teilen für Soli (Sopran, Alt, Tenor, Bariton), Männerchöre, Frauen- und Kinderchor (Mädchen und Knaben), Orgel und großes Orchester. Dichtung von Maria Kahle. = Klavier-Auszug. Heidelberg: Karl Hochstein 1930. [202 Seiten] [Gemeinsames Vorwort vom Juli 1930: „Dem Deutschen Volke: Maria Kahle, Georg Nellius".]

Georg Nellius: Opus 44. Von deutscher Not. Volkstümliche dramatische Kantate in drei Teilen für vier Soli, Männerchöre, Frauen- und Kinderchor (Mädchen und Knaben), Orgel und großes Orchester. Dichtung von Maria Kahle. = Textbuch mit einer Einführung von Dr. Karl Laux. Heidelberg: Karl Hochstein 1930. [24 Seiten]

Zu diesem opus 48 vermerkt Hugo Vad 1941 in seinem Nellius-Werkverzeichnis:
„opus 44 *Von deutscher Not*: Volkstümliche dramatische Kantate in drei Teilen für 4 Soli, 4 getrennte Männerchöre (d.i. vier-chörig!!!), Frauen- und Kinderchor (= Mädchen und Knaben!), Orgel und grosses Orchester; Dichtung von Maria Kahle.
Angeregt durch das Preisausschreiben 1930 des Verlags Hug. Komposition Sept. 1928 bis Mai 1929. Orchester-Skizze Juli bis Oktober 1929. Partitur-Reinschrift incl. 1. Szene Akt II [84]

Ab 1. November bis 30. Dez. 1929. Einreichung an den Verlag Hug am 30.12.29 von Bonn aus, III. Akt der Partitur nur in Bleistift-Skizze. Rückkehr des opus von Leipzig Juni 1930 *ohne Preis*! Wie die Jury von dem Werk beeindruckt worden ist, beweist Musikdirektor Binders (Nürnberg) späteres Gutachten an den westf. Landeshauptmann. Im Juli 30 Beendigung der Partitur-Reinschrift des Akts III. Kampf um die Schöpfung: Aussprache mit Wilms vom Verlag Schotts Söhne in Mainz. Vorspiel in Saarbrücken (Dr. Bongard, Schrimpf), Neuenahr (Kapellmeister Peter Schmitz-Trier), Köln (Dr. Gerh. Tischer), Kassel (Dr. Laugs). Beeindruckung des Staatskapellmeisters Dr. Laugs: Nach 20 Minuten stark interessiert, nach dem Akt II enthusiasmiert, nach Akt III *Sieg*!

Hinweis auf das Staatspreisausschreiben, zu dem die Kantate mit noch anderen Partituren (!) unbedingt einzureichen sei. – Zunächst fast aussichtsloser Kampf um den unumgänglich notwendigen Druck-Zuschuss. VDA versagt (:Vorspiel in Dortmund, viele schöne Worte, keine Taten!!!). Sehr stark werbender Brief Dr. Laugs' an Dr. Tischer-Köln. Wenig später Hinweis auf Franz Mäding im Verlag Hochstein. Vertragsabschluss Ende 1930. Dezember 1930 Antrag des Landrats von Arnsberg, Haslinde, an den Landeshauptmann wegen Zuschuss-Bewilligung. Januar 1931 Vorspiel des Werks in Kassel vor 35-40 Dirigenten und Vereinsführern. Hellste Begeisterung. Im Frühjahr Zuschussbewilligung seitens der Provinz. Drucklegung. Einreichen zum Staatspreisausschreiben ohne jegliche Autorenangabe. Anfang 1932 Entscheidung des Ausschreibens: Die Kantate „Von deutscher Not" erhält in der Abteilung I (= orchester-Chorwerke) unter ca. 220 bewerbenden anderen Werken von 2 zugebilligten Preisen den 1. Preis. Dem Werk „Der jüngste Tag" von Otto Jochum wird zwar der gleiche Preis (RM. 2500.-) zuerkannt, Nellius' Werk jedoch wird als erstes genannt, obwohl ja alphabetisch J. (Jochum) vor N.

(Nellius) kommt. Durch das Nennen an erster Stelle wird zweifellos eine Rangordnung angedeutet ...
Ur-Auffg der Kantate beim Sängerfest 1932 in Frankfurt. Zuvor Generalprobe und 2 Vorkonzerte in Kassel; dort im Okt. 32 eine 3. Auffg – Presse glänzend! --; weitere Aufführungen in Dortmund (Juli 33), Münster (34), Gelsenkirchen, drei Aufführungen in Witten. Für Berlin hat sich Prof. Havemann das Aufführungsrecht gesichert und 4-6 Wiederholungen geplant; leider wird hieraus ebensowenig etwas, als aus den von Prof. Ludwig – Leipzig wiederholt angekündigten und gar bereits plakatierten Aufführungen .....
Wie sich auch trotz wärmster Befürwortung der Fachschaft Komponisten eine Auffg bei Reichs-Parteitag in Nürnberg 1936 zerschlägt ... Auch der Bremer Lehrergesangverein unter Liesche hat sein Aufführungsvorhaben nicht durchgeführt." (VAD, Hugo: Georg Nellius, ein deutscher Musiker. Darstellung nach amtlichen Urkunden und Dokumenten, an ihn gerichteten und von ihm geschriebenen Briefen, eigenen Aufsätzen, Gutachten der Reichsmusikkammer, Urteilen namhafter Tonkünstler, Konzertprogrammen von ihm geleiteter Aufführungen. Rezensionen in Fach- und Tagespresse. Sammlung und Ordnung des Materials [1941] durch Rechtsanwalt Hugo Vad, Neheim a. Ruhr (Sauerland), Adolf-Hitler-Strasse 52 [Westfälisches Musikarchiv Hagen], S. 85.)

TEXTBEISPIELE
[Erläuternde Zwischenüberschriften nachträglich, P.B.]

[Textbuch, Seite 13: Entsühnung durch „blonde Kinderköpfe"]
[...]
Heimat, liebe Heimat, stilles Friedensland!
Hinter uns der Hölle Donnerkämpfe,
Schmutz und Blutessumpf und giftige Dämpfe, -
Heimatbild, dein Scheinen blüht so rein.

Heimat, liebe Heimat, stilles Friedensland!
Unsre Hände wollen wir zum Segen
Auf die blonden Kinderköpfe legen,
Ach, entsühnt ist dann die blutige Hand!
Heimatbild, dein Scheinen blüht so rein!

*[Textbuch, Seite 15: Thesen der Antimilitaristen und Internationalisten,
jeweils mit Widerspruch der „Guten"]*
II. Führer:
Verflucht sei der Krieg!
Verflucht seine Fahnen, Musik, Kommandos, die Sklaven zum
Tode jagen!
Verflucht, die wie Schlachtvieh der Mächtigen Willen getragen!
I. Führer:
Wir trugen den Willen Gottes, die eigene Erde zu hüten
Und die Güter des Volks, die aus dieser Erde erblühten,
Wir schirmten mit unserm Leben, was hilflos und unbewehrt,
Auch eure Frauen und Kinder beschützte das deutsche Schwert.
[...]
II. Chor:
Wir wollen nicht länger dem Vaterland frohnen,
Wir stürzen die Reiche, zerbrechen die Kronen,
Laßt brennen den Aufruhr, das Alte zerspellt!
I. Führer:
Freunde, zu Hauf! – Wir schützen das Erbe der Väter!

*[Textbuch, Seite 16-17: Positionen der „Mammonisten" bzw. Kriegs-
gewinnler und Lustanbeter]*
V. Chor:
Laßt sie um Kronen und Fahnen sich streiten,
Hahaha!
Gold ist doch Herrscher zu allen Zeiten,
Hahaha!
Gold für Kanonen, Granaten, Gewehre und Minen,
Gold für Getreide, Milch, Kohlen, Maschinen,
Hahaha!

Gold für Blut, deutsches Blut, rotes Blut, – Gold glänzt und lacht
Hahaha! Gold schweigt und lockt, Gold ist Genuß und Macht!
VI. Chor:
Hebt die Becher, wir wollen trinken,
Trinken den süßen Saft des Lebens!
Kränzt Eure Stirnen mit blühenden Rosen,
Sie blühten und glühten so lange vergebens!

Löscht Euren Durst aus den elenden Jahren,
Da Ihr das jauchzende Menschsein vergessen,
Laßt uns die Wonnen des Lebens erfahren,
Eh wir vermodern unter Cypressen.
[...]
I. Führer:
Hinweg, Du Dirne, du Fratze einer deutschen Frau!

*[Textbuch, Seite 17: Strophe für „neuen Lebensraum"; nationaler „So-
zialismus"?]*
Neue Heimat wollen wir erstreiten,
Länger nicht soll Blut von Blut sich trennen;
Enge Grenzen werden jäh sich weiten,
Wenn wir Deutsche uns als Volk bekennen!
Schwestern, Brüder, helft, daß Heimat werde
Auch dem Ärmsten unsre deutsche Erde!

*[Textbuch, Seite 18-19: Heilige Erde, Urblut der deutschen Volkheit,
Verlorenes Land, „entweihte Scholle"]*
IV. Chor:
Gesegnet sei die Erde, die unser Mühen trank!
Gesegnet Ackerkrume, die unsre Saaten trägt,
Doch weh dem Hassessturme, der unser Heim zerschlägt!
Kein Drohen soll uns rauben, was wir so treu bewahrt,
Die Sprache unsrer Ahnen und deutsches Blutes Art!
Deutsche Mutter:
Verloren, ach verloren, so schönes deutsches Land
An Straßburgs stolzen Toren, an grüner Nordmark Strand!

Die Südmark liegt im Leide, das heilige Land Tirol,
Ostmark und Schlesien klagen in Ketten jammervoll.
Des Rheines helle Augen trat harter Feinde Fuß, – –
O weh der deutschen Heimat, die solches dulden muß!
I. Führer:
Es rinnt ein Strom geheimnisvoll in der Welt,
Blut deutscher Volkheit, quillend aus Urzeit her;
Fremde Form verbirgt ihn nicht,
Denn das alte Urblut gestaltet,
Gestaltet nach eignen Gesetzen das Lebensbild einer Volkschaft.
Stein und strebend Gefüg
ward dies Blut im Dom Meister Erwins,
Straßburger Münster, du ragend Gebet deutscher Seele!
Elsaß, Elsaß, wir halten dir die Treue!
Deutsche Mutter:
Verloren, ach verloren so schönes deutsches Land!
Deutsche Mutter und IV. Chor:
Verloren, ach verloren so schönes deutsches Land!
Nun klagen wir verbannt
Vor unsrer Heimat Toren.

Unser Haus ist zerstürzt, unsre Scholle entweiht,
Doch in Heimwehnot und in Knechtschaftsleid
Seit tausend Jahren singt Ostseewind,
Sudetenwind, Karpathenwind
Von Ostlands deutscher Herrlichkeit.

Und wenn ihr uns heute auch schweigen heißt,
Dann reden die Steine. Aus Stein ward Geist
In Burg und Rathaus, in Turm und Dom
Am Baltenmeere, am Weichselstrom,
Aus Steinen blüht der deutsche Geist.

IV. Chor
Und macht ihr den Mund unsrer Kinder stumm,
Es geht ein Raunen im Lande um,
Ein Beten, das tief aus der Seele bricht,
Denn die deutsche Seele bezwingt ihr nicht,
Und Treue ist unser Heiligtum!
I. Führer:
[...] Viel hundert Flüsse streben aus Erdenweiten her,
Blut will zu Blut, will strömen in eines Volkes Meer!
I. Chor:
Und Treue ist unser Heiligtum!
IV. Chor:
Deutsches Südland, Sonnenland, Freiheitsland!
Klagend gedenken wir dein!

[Textbuch, Seite 21: Völkische „Befreiungstheologie"]
Aus dem Dunkel des Jammers hallt unser Ruf zu Dir,
Gewaltiger Gott!
Hingeschmettert hast du das Volk, das deiner vergaß,
Gewaltiger Gott!
Aus Dornenhecken der Zwietracht heben wir Hände zu Dir,
Löse, löse vom Fluch uns, von der Geschlechter Schuld,
Befreie Dein Volk!
Blut der Gefallenen rinnt noch durch Nacht und Tag
Für unser Land.
Ewiges Opfer aus Herzen von Müttern und Frau'n,
Sühne der Schuld!
Aus dem Dunkel des Jammers hallt unser Ruf zu Dir:
Löse, löse vom Fluch uns, sende durch Wolken Licht,
Befreie Dein Volk!

[Textbuch, Seite 22: Heimatland in Feindeshand;
Anruf von „Mutter Deutschland": Revanche?]
Chor der Mädchen:
Wo der Wind um zerfallene Friedhöfe weint
Im fremden Land

Sind unsre Väter begraben.
Im Argonnerwald, im Karpathenschnee,
In Ostlands weiten Steppen.
Sie starben für dich, du deutsches Volk,
sie ließen uns nicht als Waisen allein,
Wir sollen des Volkes Kinder sein.
Chor der Knaben:
Unser Heimatland ist in Feindeshand,
Unsre Erde ging uns verloren.
Grenzvolk, wehrlos!
Aus des Vaterhauses Toren
Sind wir vertrieben.
Grenzvolk, heimatlos!
Deutschland, für dich war Kampf und Leid,
Deutschland, weil wir dich lieben!
Vergaßest du deine Kinder?
Chor der Mädchen und Knaben:
Aus grauen Städten wir streben nach Licht,
Unsern Tagen leuchtet die Sonne nicht.
Und wir wollen doch leben und blühen!
Deutschland, dein Blut, das im Dunkel verdirbt,
Dein Zukunftserbe in uns erstirbt!
Wir heben in Sehnen die Hände:
O Mutter Deutschland, wende
Dein Herz uns zu!

*[Textbuch, Seite 23: Liebe der deutschen Mutter; völkische „Befreiungs-
theologie"]*
II. Führer [...]
Leuchte, Weib, Mutter,
Leuchte dem irrenden Volke!
Lehre uns glauben an Liebe,
Deutsche Frau!
Deutsche Mutter:
Kehrt ihr uns wieder, o Söhne und Töchter der Heimat?
Seht, wie die Landschaft sich weitet,

euch bergend im Tal zu umfangen,
Erde erzittert vom Blute begrabner Geschlechter,
Väterblut, Mutterblut bricht aus dem Staub der Verwesung,
Blüht in zartstäubenden Halmen der Felder brotgolden,
Tropft schwer in Trauben, schwillt süßeste Säfte im Fruchtbaum.
Heimatbrot, Heimatfrucht, duftend vom Ruch unsrer Erde,
Süßer in Kargheit, als üppige Fülle der Fremde!
I., II. und III. Chor:
Deutschland, dein Morgen bricht an!
Die um dich bitter geklagt, als du in Knechtschaft und Banden,
Die mit begeisterter Glut von deiner Größe geträumt,
Die für dich sanken dahin, sterbend auf blutiger Walstatt,
Die in der Fremde, verfolgt, sehnend dein Banner gegrüßt:
Kämpfende, betende Schar, Herzen in lodernden Flammen
Flehen um Segen für dich: Deutschland, dein Morgen bricht an!
Deutsche Mutter, I. Führer, II. Führer, ein Mädchen:
Seht ein Ring von hundert Millionen
Eint die Deutschen, die auf Erden wohnen!
[...]
Ein Mädchen:
Weit über alle Grenzen schlingt sich der Liebe Band,
Aus unsres Volkes Herzen blüht neu das Vaterland!
II. Führer:
Liebe*, größer als Hassen, baue dein Reich auf Erden.
Aus Glauben und Liebe sollen die neuen Menschen werden!
[*Beachte die Definitionen von „Liebe" in den vorangegangenen
Textanteilen.]

[Textbuch, Seite 24: Ein „deutsches Ostern"]
I. Führer:
Es leuchten die fernsten Gräber! Tod, wo ist dein Sieg?
Junges Leben stieg
Aus heiligem Opfer!
Chor der Knaben:
Kann zwischen deutschem Blute
Wohl eine Grenze sein?

Wir wollen unsre Herzen
Dem größern Deutschland weihn!
Chor der Mädchen:
Es soll auf Erden klagen
Verlassen kein deutsches Kind,
Weil wir in Stolz und Jammer
Brüder und Schwestern sind.
[...]

Deutsche Mutter, ein Mädchen, I. Führer, II. Führer:
Nun laßt uns die Stimme erheben im Schalle
Und singen unserm Gott!
Wir fanden uns wieder im Licht seiner Liebe,
Tod, wo ist dein Sieg?
Wir alle, von Gottes Verheißung umspannt,
Wir alle,
Wir alle sind das Vaterland!
Chor der Mädchen, Knaben und Männer:
Erlöst aus dem Dunkel, wir jauchzen im Schalle
Und singen unserm Gott!
Er weihte das Opfer, er segnet das Leben,
Neues Volk erstand!
Wir alle in Sehnen und Liebe verwandt,
Wir alle,
Wir alle sind das Vaterland!

5. [Nellius: opus 48]

OPUS 48: DEUTSCHLAND.
Ein Liedkreis.
Für 3stimmigen Chor a cappella (3st. Männerchor oder Frauen-
chor oder S, A, B, oder A, T1, T2) [komponiert Ende April/ Anfang Mai 1931]

1. Gesang der Deutschen „O heilig Herz der Völker" (Friedrich Hölderlin)
2. An die Volksvertreter „Schaffet fort am guten Werke"
   (Ludwig Uhland)
3. Danklied für die Verkündigung des Friedens „Gott Lob,
   nun ist erschollen" (Paul Gerhardt, 2. Str. von Christine
   Koch)
4. Bekenntnis „Immer schon haben wir eine Liebe" (Karl
   Bröger)
5. Soldatenabschied „Laß mich gehen, Mutter" (Heinrich
   Lersch)
6. Heimat „Kein schöner Land als Heimat" (Hoffmann v.
   Fallersleben)
7. Heimkehr „Deutsche Worte hör ich wieder" (Hoffmann
   v. Fallersleben)
8. Lass aber du, o Vaterland, dich mahnen (Friedrich Hebbel)
9. Requiem „Seele vergiß sie nicht" (Friedrich Hebbel)
10. Volk „Mein Volk, blüh ewig" (Kurt Heynicke)

Druck: Verlag Hochstein, Heidelberg 1932

MEIN VOLK, BLÜH EWIG [OPUS 48,10]
(Kurt Heynicke)
Mein Volk,
blüh ewig, Volk.

Strom, ausgespannt von Mitternacht zu Mitternacht,
Strom, groß und tief von Meer zu Meer,
aus deiner Tiefe stürzen Quellen,
urewig speisend dich,
das Volk.

[Text hier nach: *Wessels*, Wolfram: Kurt Heynicke (1891-1985). In:
Studienkreis Rundfunk und Geschichte (StRuG) – Mitteilungen.
11 Jahrgang Nr. 3, Juli 1985, S. 211-215.
http://rundfunkundgeschichte.de/assets/RuG_1985_3.pdf]

Zu diesem opus 48 vermerkt Hugo Vad 1941 in seinem Nelli-us-Werkverzeichnis: „Komposition Ende April/Anfang Mai
1931 = 14 Tage! Ein Zuschuss für die Katate op. 44 war durch
Vermittelung eines Abgeordneten (H. Schamer, eine zufällige
Eisenbahn-Bekanntschaft!!) vom Kultur-Ministerium erbeten
und mit RM. 500.- bewilligt worden. Der ›sachverständige‹
Opern-Jude [Franz] Schreker [1878-1934] soll die Partitur op.
44 als ›... veritable <u>Meister</u>-Arbeit‹ bezeichnet haben. Folge:
Aufforderung der Pr.[eußischen] Akademie der Künste, neue
Chöre, zu vaterländischen Feiern geeignet, zu schreiben. Die
empfohlene Literatur (z.B. ›Republikanisches Liederbuch‹ v.
Rollet, 1848) löst bei G. N.[ellius] förmliche Wutausbrüche,
statt Begeisterung, aus! Entschluss, auf die Ehre eines ›Hof-Kompositeurs‹ zu verzichten. Trotzdem erster Versuch mit
Uhlands ›Volksvertretern‹. Auf Fahrt nach Dortmund (Chor-probe) stellt sich der glückliche Einfall zu Hölderlins herrli-chem ›Gesang des Deutschen‹ ein. Durch Vermittlung von
Freunden werden Gedichte aufgestöbert, die in ihrer pracht-vollen Deutschheit zu komponieren eine Lust wird. Beendi-gung u. Einreichen des Manuskripts an die Akademie termin-gerecht am 30.5.1931. Anfang September 31 Eingang eines sehr
anerkennenden u. wohltuenden Briefs Prof. Hans Joachim
Mosers. Am 28. Okt. 1931 persönliches Treffen Mosers in
Dortmund. Moser redet (zu masslosem Erstaunen N.s.) von
einem ›Preis‹ ... – von dessen Aussetzen dem Komponisten

nichts bekannt war!!! ... – den er gar haben solle! RM 2500.-
Preisträger sind: Prof. Waldemar von Baussnern, Hans Ebert,
Kurt von Wolfurt, Georg Nellius – zu gleichen Teilen. [Druck:]
Verlag Hochstein." (VAD, Hugo: Georg Nellius, ein deutscher
Musiker. Darstellung nach amtlichen Urkunden und Dokumenten, an ihn gerichteten und von ihm geschriebenen Brie-
fen, eigenen Aufsätzen, Gutachten der Reichsmusikkammer,
Urteilen namhafter Tonkünstler, Konzertprogrammen von
ihm geleiteter Aufführungen. Rezensionen in Fach- und Tagespresse. Sammlung und Ordnung des Materials [1941]
durch Rechtsanwalt Hugo Vad, Neheim a. Ruhr (Sauerland),
Adolf-Hitler-Strasse 52 [Westfälisches Musikarchiv Hagen], S.
86.)
Konzessionen hat Nellius bei dieser „Auftragsarbeit" aber offenbar doch gemacht. Textautor zu opus 48,4 (Bekenntnis:
„Herrlich zeigte es aber deine größte Gefahr, / daß dein ärms-
ter Sohn auch dein getreuester war. / Denk es, o Deutschland.") ist z.B. der sehr patriotische Sozialdemokrat Karl Bröger (www.karl-broeger-zentrum.de): „Etliche seiner Gedichte
und Lieder wurden von der Hitlerjugend vereinnahmt, und
einige wurden auch – gegen seinen Willen – im *Völkischen Be-
obachter* gedruckt." (Wikipedia.org)

6. [Nellius: opus 50]

OPUS 50: DEUTSCH VOLK
10 dreistimmige Männerchöre a capella
1. Deutsche Schicksalsstunde „Nun schlägt der Haß" (W. Feez [richtig: Walter Flex!])
2. Die deutsche Eiche „Sie hämmern an der Eiche" (E.R. v. Dombrowski)
3. Deutschland „Ich wollt, ich wäre ein gewaltiger Sturm" (Gerda Toriani-Seele)
4. Das Vaterland „Und dennoch, würd in Staub zermalmt" (H.H. Ehrler)
5. Heimat „O Heimat, wir sind alle dein" (H.H. Ehrler)
6. Scholle „Es stehet auf dem Feld ein Baum" (H.H. Ehrler)
7. Bauerngebet „Bau ich auf schilligen Acker in Müh" (H.H. Ehrler)
8. Gelöbnis „Wenn wir nicht dich in unserer Seele trügen" (Maria Kahle)
9. Hoffnung „Nur das Niedre gleitet feig" (M. Kahle)
10. Deutsches Volksgebet „Machtvoller Gott, der in den Stürmen fährt" (M. Kahle)
gewidmet MD Fritz Binder

[Notenhandschrift, komponiert Dezember 1931 bis April 1932]

Zu diesem opus 50 „Deutsch Volk" vermerkt Hugo Vad 1941 in seinem Nellius-Werkverzeichnis: „Ursprünglicher Titel: ›Dem dritten Reiche!‹ [Nellius'] Tagebuchnotiz vom 6. Dezember 1931: ›Dem 3. Reiche und seinem bewunderten Schmied Adolf Hitler sollen diese Chöre gewidmet sein! 6 weitere sollen ehestens dazu kommen! Was die ›Berliner Akademiker‹ nicht verdauen konnten (NB. Nr. 1 u. 2 waren [ursprünglich] in op. 48 enthalten und v. der [Preußischen] Akademie als zu stark gepfeffert empfunden bzw. richtig als ›nazisch[‹] gewittert worden!), das werden einst wohl die deutschen Chorvereine einer besseren Zukunft mit heissem Herzen umfassen!!‹ ›...Geschrieben unter dem Eindruck der Lekture [*sic*!] von Hitlers ‚Mein Kampf‘, I. Teil.[‹] – Am 13.3.32 wählten G. Nellius <u>und</u> Frau A. Hitler. Nach dem Stimmzettel-Bekenntnis nachmittags Entschluss, den Cyclus op. 50 zu vollenden. Noch am 13.3.32 entstehen Nr. 3 u. 4; am 14.3.32 Nr. 5, 6, 7; am 15.3.32 Nr. 8, 9; d.h. innerhalb von 3 Tagen 7 Chöre! Ostermorgen 1932 Durchkomponieren der 2 Str. von Nr. 3, nachmittags Nr. 10! Tagebuch-Notiz: ›Die Widmung an Hitler soll fallen, schmeckt zu sehr nach Konjunktur-Politik!‹ Durch Brief von Kassel aus (13.4.1932) werden die 10 Stücke dem Musikdirektor Fritz Binder in Nürnberg dediziert; der Brief an Binder (leider keine Kopie!) enthält ein glühendes Bekennen des Komponisten zum Nationalsozialismus und dessen Verkünder Hitler. [Quellenlage zu opus 50:] Manuskript." (VAD, Hugo: Georg Nellius, ein deutscher Musiker. Darstellung nach amtlichen Urkunden und Dokumenten, an ihn gerichteten und von ihm geschriebenen Briefen, eigenen Aufsätzen, Gutachten der Reichsmusikkammer, Urteilen namhafter Tonkünstler, Konzertprogrammen von ihm geleiteter Aufführungen. Rezensionen in Fach- und Tagespresse. Sammlung und Ordnung des Materials [1941] durch Rechtsanwalt Hugo Vad, Neheim a. Ruhr (Sauerland), Adolf-Hitler-Strasse 52 [Westfälisches Musikarchiv Hagen], S. 87.)

DEUTSCHE SCHICKSALSSTUNDE [OPUS 50,1]
(Walter Flex)
Nun schlägt der Hass wie Wetter
in alles deutsche Land.
Vernichter oder Retter,
erschein' im Weltenbrand!

Wir sind der Hass der Erde,
ob Mann, ob Weib, ob Kind.

Doch was auch daraus werde,
wir bleiben, was wir sind!

Die Welt will keine Liebe
von uns. Wir wissen das
und kühl'n im Kampfgetriebe
die Stirn am fremden Haß.

Der Stolz nur kann uns taugen
zum Labetrunk der Kraft.
Narr, wer auf fremde Augen
und fremde Mäuler gafft!

Will euch nach Liebe dürsten,
so liebt, was deutsch und echt!
Wir woll'n mit Liebe fürsten
den ärmsten deutschen Knecht.

Wir steh'n vor Gott im Bunde
und teilen Recht und Schuld
und werfen vor die Hunde
des Fremden Hass und Huld.

So lasst uns schwör'n und singen
in Nacht und Sturm hinein,
deutsch bis zum Todesringen
und nichts als deutsch zu sein!
[Text hier nach dem Nellius-Nachlass]

DIE DEUTSCHE EICHE [OPUS 50,2]
(Ernst Ritter von Dombrowski)
Sie hämmern an der Eiche,
Doch steht sie treu und stark;
Nicht einer ihrer Streiche
Versehrt das edle Mark.

Mag auch die Borke splittern
Nach zähem Widerstand,
Der Stamm kennt kein Erzittern
Vor feiler Söldnerhand.

Durchtobt auch seine Krone
Der Stürme wilder Tanz,
Sie wahrt doch jedem Sohne
Den grünen Siegerkranz.

Und ragt zur Himmelsbläue
Mit ungebeugtem Schaft
Als Sinnbild deutscher Treue
Und deutscher Heldenkraft
[Text nach dem Nellius-Nachlass]

DEUTSCHLAND! [OPUS 50,3]
(Hertha Torriani-Seele)
Ich wollt', ich wär' ein gewaltiger Sturm!
Ein Sturm, der der Wolken Grau zerpflückt
Und dem Weckruf gleich durch die Lande braust, -
Ein Sturm, der das Schwert mit Jauchzen zückt
Im Kampf mit der Nebel-Riesen Heer, -
Ein Sturm wohl weit über Land und Meer,
Ueber Dorf und Stadt, über Wald und Flur, -
Und all mein Brausen wär' „Deutschland!" nur!

Ich wollt' ich wär' eine Feuersglut
Auf ragender Höhe im Dunkel der Nacht,
Ein Feuer, das brennend sich selbst verzehrt,
Gen Himmel zu lohen mit Flammenmacht, -
Ein Feuer, das siegreich die Nacht bezwingt
Und dem neuen Morgen den Heil-Gruss bringt, -
Vom ewigen Licht eine Flammenspur, -
Und all mein Glühen wär' „Deutschland!" nur!

Ich wollt', ich wär' eine Glocke im Turm!
Eine Glocke, die ruft zur Stunde der Not,
Wenn der Himmel droht mit Wettersnacht,
Wenn die Schwerte singen ihr Lied vom Tod, -
Eine Glocke, die jauchzend den Sieg noch klingt
Und an ihres Jubels Macht zerspringt, -
Eine Glocke wie Schlacht-Gebet und Schwur, -
Und all mein Dröhnen wär' „Deutschland!" nur!
[Text nach dem Nellius-Nachlass]

DAS VATERLAND [OPUS 40,4]
(Hans Heinrich Ehrler)
Und dennoch, würd in Staub zermalmt von dem Gerichte
Was wir geliebt, es wüchse frisch empor.
Wenn gleich mit tief zerschluchtetem Gesichte -:
Ein heimgesuchtes Volk kommt wieder vor.

Die für uns fielen, steigen dort als Sterne,
der Sendung Lichter unserem armen Bund,
Und Gott ist nah und tut wie ehdem gerne
dem neuen Deutschland alte Liebe kund.
[Text nach dem Nellius-Nachlass]

HEIMAT [OPUS 50,5]
(Hans Heinrich Ehrler)
O Heimat, wir sind alle dein,
Wie weit und fremd wir gehen!
Du hast uns schon im Kinderschlaf
Ins Blut hineingesehen.

Kein Weg ist, den wir heimlich nicht
Nach einem Heimweg fragen.
Wer ganz verlaufen,
Wird im Traum zu dir zurückgetragen.
[Text nach dem Nellius-Nachlass]

SCHOLLE [OPUS 50,6]
(Hans Heinrich Ehrler)
Es stehet auf dem Feld ein Baum,
Der Himmel zieht ihn in den blauen Raum.
Und seine Wünsche regen sich voll Wind,
Hin wo die vielen fremden Dinge sind.

Aber das Blut muss er und das Mark sich trinken
Stumm aus dem Grund, wo zum Felsen sinken
Wurzeln, die drunten im Finstren ihn fassen,
Und ihn den Wünschen nicht noch den Winden lassen.

Musst du mich halten mit schweren Loten,
Führe die Seele tiefer zu ihren Toten ...
[Text nach dem Nellius-Nachlass]

BAUERNGEBET [OPUS 50,7]
(Hans Heinrich Ehrler)
Bau ich den scholligen Acker
In Müh und Schweiss.
Aber aus jeglichem Tropfen
Wachse dein Ehr und Preis.

Und meine Hand wie die Erde
Ist braun und hart.
Aber mein Weib wiegt im Korbe
Ein Milchblut zart.

Schenkt es der heiligen Jungfrau
Zum geistlichen Herrn,
Dass in dem Himmel aufgehe
Mein Korn und Kern.
[Text nach dem Nellius-Nachlass]

GELÖBNIS [OPUS 50,8]
(Maria Kahle)
Wenn wir dich nicht in unsrer Seele trügen,
Du Deutschland, immer neu aus Liebeskraft geboren,
Wenn wir dich nicht in unsrer Seele trügen,
Dann wäre Glaube an dich frommes Lügen
Und unsern Tagen bliebest du verloren.

So aber leben wir nur, um zu werden
Und fühlen schmerzlich Zwang von abgestorbnen Dingen,
Daraus wir wachsen müssen, um zu werden;
Wir fürchten Wiederholung von Geberden [*sic*!],
Die nicht als Kraft aus eignem Blut entspringen.

Ach, Vielgestalt des Wortes, das wir rufen,
Wie wandelt sich dein Sinn im Seelenbild der andern!
O Deutschland, wenn wir deinen Namen rufen,
Stehn wir voll Demut; wissen: wir sind Stufen,
Darauf die Kommenden dich erst erwandern.
[Text hier nach dem Nellius-Nachlass]

HOFFNUNG [OPUS 50,9]
(Maria Kahle)
Nur das Niedre gleitet feig, bereit,
Wehrlos sterbend in den Untergang.
Aber hohe Kraft will Ewigkeit.

Was aus deutscher Seele gross entsprang,
Durch die Zeiten trägt es seine Sendung,
Sehnsuchtsdrang und Liebesüberschwang.

Blut, gesät in leuchtender Verschwendung,
Soll es, unkund seines Werts, vergehn,
Eh' ein Erntetag ihm gab Vollendung?

Wille soll aus deutschem Blut erstehn,
Wille, eigener Wesenheit geweiht,
Werdens-Sehnsucht blüht in Ewigkeit.
[Text hier nach dem Nellius-Nachlass]

DEUTSCHES VOLKSGEBET [OPUS 50,10]
(Maria Kahle)
Machtvoller Gott, der in den Stürmen fährt,
Die schwer auf unserm Volke niedergehen,
Du willst, dass aufrecht wir den Kampf bestehen,
Du segnest nur die Kraft, die sich bewehrt.
Du hast in dieses Erdreich uns gesenkt,
Art, Sprache, Heimat, du hast sie geschenkt,
Und lässt du auch die Wetter um uns fahren,
Du willst, dass wir das Eigne treu bewahren.

Du bist es, der des Blutes Rhytmus [sic!] treibt,
dass er in Lauten Klang und Lösung findet
Und Herzbewegung dann im Wort entbindet
Und festgeformt in unserer Sprache bleibt.
Der Atem unsres Wesens, Blut und Geist,
Wird Opferrauch im Worte, das dich preist,
Wir können nur als Deutsche vor dich treten
Und in des eignen Wesens Sprache beten.

Und wenn ich nun mit aller Liebesglut
Mein eigen' Volk in Schmerz und Glück umschlinge,
Ach, find' ich dich im weiten Völkerringe
Am nächsten nicht im engverwandten Blut?
das Bild, in dem mein Sehnen dich erkannt,
Ist in des Bruders Augen eingebrannt,
In meines Volkes Tugend, Traum und Streben
Seh' ich den Abglanz dieses Bildes leben!

Du neigst dich allen Völkern milde zu
Und Seelen sind wie Spiegel, die dich halten
Und wandeln dich in vielerlei Gestalten,-
Doch unerfasst ob allen leuchtest du.
Leid brennt uns rein, dein Spiegelrund zu sein;
Lass immer strahlender den Widerschein
Aus uns, aus deutschem Wesen sich gebären
Und Traum und Tat mit seinem Licht verklären!
[Text hier nach dem Nellius-Nachlass]

Bundesarchiv, Bild 183-2008-0628-501
Foto: o.Ang | Januar 1940

7. [Nellius: opus 63]

OPUS 63,15-20:
„HEIL DEM DRITTEN REICH!
LIEDER AUS DEUTSCHLANDS GROßER ZEIT"

- Der Ruf des Führers [opus 63,15]
- Treuschwur [opus 63,16]
- Die letzte Stunde [opus 63,17]
- Volk und Führer [opus 63,18]
- Das Lied vom Führer [opus 63,19]
- Westfalen-Marschlied [opus 63,20]

Druck: Georg Nellius: Westfälisches Liederbuch (Stimmheft). Heidelberg: Verlag Karl Hochstein 1935. [Vorwort von 1934]

Nellius sagt „den Dichtern Dr. W. Filbry-Lünen und Dr. Heinrich Ossenberg-Hamm" in seinem Silvester 1934 geschriebenen Vorwort seinen „besonderen Dank", da sie „zum überwiegenden Teile die dichterische Unterlage" der betreffenden Abteilung *„eigens für dies Liederbuch geschaffen"* haben!

DER RUF DES FÜHRERS [OPUS 63,15]
Text: Walther Filbry
Komponist: Georg Nellius (Opus 63 Nr. 15 und Opus 64 Nr. 3)
Anweisung des Komponisten zur Aufführung der Musikweise:
„Markig"

1) Der Führer hat gerufen! Wir haben ihn gehört.
Und war'n wir erst auch wenig: Das hat uns nicht gestört.

2) Der Führer hat gerufen! Wir wurden ihrer mehr,
die kämpften und marschierten für Deutschlands neue Ehr!

3) Der Führer hat gerufen! Und hunderttausend Mann
die folgten seinen Fahnen und traten mit uns an.

4) Der Führer hat gerufen! Ganz Deutschland hat's gehört.
Millionen Männer schwören, als ob nur einer schwört.

Refrain:
Blick gradaus und Tritt gefaßt!
Die Faust in den Nacken, wem das nicht paßt!
Blick gradaus und Tritt gefaßt!
Die Faust in den Nacken, wem das nicht paßt!

TREUSCHWUR [OPUS 63,16]
Text: Walther Filbry
Komponist: Georg Nellius (Opus 63 Nr. 16 und Opus 64 Nr. 5)
Anweisung des Komponisten zur Aufführung der Musikweise: „Ernst"

1) Heil! Unserm Führer Hitler
Heil! Wir woll'n für ihn kämpfen und siegen.
Hakenkreuzbanner, die recken sich steil empor,
in die Sonne zu fliegen.

Schwarz ist das Kreuz und schwarz ist die Not.
Weiß ist der Schild, der uns entgegenloht
und rot – das Blut sein Gebot.
Treu bis zum Tod, treu bis zum Tod!

2) Wir sind der Stoßtrupp! Wir brechen die Bahn
der deutschen Arbeit und Ehre.
Hakenkreutbanner, die flattern voran.
Kam'raden jetzt an die Gewehre!

Schwarz ist das Kreuz und schwarz ist die Not.
Weiß ist der Schild, der uns entgegenloht

und rot – das Blut sein Gebot.
Treu bis zum Tod, treu bis zum Tod!

3) Hei! Wie Straße widerhallt!
Die braunen Kolonen marschieren.
Sturmriemen fest unters Kinn nun geschnallt;
Und Hakenkreuzbanner uns führen!

Schwarz ist das Kreuz und schwarz ist die Not.
Weiß ist der Schild, der uns entgegenloht
und rot – das Blut sein Gebot.
Treu bis zum Tod, treu bis zum Tod!

4) Treue dem Führer! Herz und Hand
Die haben wir ihm nun verschworen!
Laut hallt der Ruf durch das ganze Land,
nach Deutschland, das frei uns geboren.

Hoch soll in Ehren Deutschlands Banner weh'n.
Wir werden allzeit treu zum Führer steh'n!
Im Siegessturm, in Kampf und Not:
Treu bis zum Tod, treu bis zum Tod!

DIE LETZTE STUNDE [OPUS 63,17]
Text: Walther Filbry
Komponist: Georg Nellius (Opus 63 Nr. 17 und Opus 64 Nr. 4)
Anweisung des Komponisten zur Aufführung der Musikweise:
„Schmerzvoll verhalten"

1) Liegt einer in Rußland todeswund,
und die Mutter weiß es nicht.
Blutrot wird der Schnee in der weiten Rund,
schneeweiß sein Angesicht,
schneeweiß sein Angesicht.

2) Liegt einer in Rußland todeswund,
und sein Herzlieb weiß es nicht.
Und bleich und kalt wird der rote Mund
und zuckt, als ob leise er spricht;
und zuckt, als ob leise er spricht.

3) Liegt einer in Rußland todeswund,
und sein Herzfreund weiß es nicht.
Die Rechte krampft sich im Eise wund
und sucht und findet nicht,
und sucht und findet nicht.

4) Liegt einer in Rußland todeswund,
und sein Herrgott weiß es allein.
Der wird in seiner letzten Stund
gewiß auch bei ihm sein,
gewiß auch bei ihm sein.

VOLK UND FÜHRER [OPUS 63,18]
Text: Heinrich Ossenberg
Komponist: Georg Nellius (Opus 63 Nr. 18 und Opus 64 Nr. 1)
Anweisung des Komponisten zur Aufführung der Musikweise: „Wuch-
tig"

1) Dein Wort hieb Funken aus dem Stein,
wir sollten nicht mehr Schlacke sein,
verstreut im Brachgefilde.
Was vor dir lag in Ungestalt,
hast du mit harter Faust geballt,
Du formtest uns zum Bilde.

2) Du hast uns aus dem Schlaf geweckt,
du hast uns mächtig aufgeschreckt,
du schufst uns Haupt und Glieder,

du schenktest uns den großen Sinn,
du gabst uns neuen Anbeginn:
Wir glauben, leben wieder.

3) Die Fahne heben wir empor,
ihr Zeichen stammt von Turm und Tor,
und uns're Tritte hallen.
So schreiten wir den ew'gen Gang,
es führt uns deiner Stimme Klang
und läßt uns nicht mehr fallen.

[Vgl. zu Heinrich Ossenberg:
http://lwl.org/literaturkommission/alex/index und
http://www.hamm.de/kultur/kultureinrichtungen/gustav-
luebcke-museum/dauerausstellung/kunst-der-moderne.html]

DAS LIED VOM FÜHRER [OPUS 63,19]
Text: Heinrich Ossenberg
Komponist: Georg Nellius (Opus 63 Nr. 19 und Opus 64 Nr. 2)
Anweisung des Komponisten zur Aufführung der Musikweise:
„In gemessenem und doch leidenschaftlich bewegtem Gang"

1) Und als wir ganz geschlagen, wer sollte unser Retter sein?
Gott schickte hundert Plagen, wir ächzten tausend Fragen
wohl in die bange Nacht hinein;
Gott schickte hundert Plagen, wir ächzten tausend Fragen
wohl in die bange Nacht hinein, wohl in die bange Nacht hinein.

2) Bis aus dem tiefsten Nachten wie Leuchten eine Stimme scholl,
und die im Dunkel wachten, die letzten Gluten fachten,
von neuem Glück ihr Herze schwoll;
und die im Dunkel wachten, die letzten Gluten fachten,
von neuem Glück ihr Herze schwoll, von neuem Glück ihr Herze
schwoll.

3) Und als sie Antwort riefen, wie loderte empor der Brand!
Ob auch in Elends Tiefen noch tausend Blinde schliefen,
in Flammen steht das ganze Land;
ob auch in Elends Tiefen noch tausend Blinde schliefen,
in Flammen steht das ganze Land, in Flammen steht das ganze
Land!

4) Wer brach an allen Enden mit Feuerruf des Dunkels Macht?
Wer konnte Flammen spenden? Wer segnete mit Bränden?
Du Hitler, wandtest uns're Nacht;
wer konnte Flammen spenden? Wer segnete mit Bränden?
Du Hitler, wandtest uns're Nacht, du, Hitler, wandtest uns're
Nacht!

WESTFALEN-MARSCHLIED [OPUS 63,20]
Text: Wilhelm Diestermann
Komponist: Georg Nellius (Opus 63 Nr. 20)
Anweisung des Komponisten zur Aufführung der Musikweise: „Markig"

1) Kennst du das nordische Adelsgeschlecht,
so stolz im Kampfe für Freiheit, Ehr' und Recht?

2) Berge und Heide und Wiese und Feld
sind unsre Heimat, uns're schlichte Welt.

3) Suchst du die Treue, die Redlichkeit?
Nimm uns're Hand, unser Herze ist bereit.

4) Wer hielt für Deutschland, für Freiheit die Wacht?
Der Recke Hermann zerbrach die röm'sche Macht.

5) Männer, an Wuchse den Eichen gleich,
sie stürmen jauchzend voran dem dritten Reich.

Refrain:

Wir sind Westfalens mächtiger Troß
und unser Wappen, das steigende Roß,
wir sind Westfalens mächtiger Troß
und unser Wappen, das steigende Roß,

[Vgl. zu diesem Liedtext den Brief von Wilhelm Diestmann an
Georg Nellius, 3.1.1947. – Brieftext in Abteilung B.V. dieser Do-
kumentation]

8. [Nellius: opus 64]

OPUS 64: VOLK UND FÜHRER

1. Volk und Führer „Dein Wort hieb Funken aus dem Stein" (H. Ossenberg)
2. Das Lied vom Führer „Und als wir ganz geschlagen" (H. Ossenberg)
3. Der Ruf des Führers „Der Führer hat gerufen" (W. Filbry)
4. Die letzte Stunde „Liegt einer in Rußland todeswund" (W. Filbry)
5. Treu-Schwur „Heil! Unserm Führer Hitler Heil!" (W. Filbry)

gewidmet dem OB Albert Meister, Herne, M.d.R.

[Druck: Volk und Führer. Für Männerchor a capella, von Georg Nellius. Werk 64. Heidelberg: Karl Hochstein 1935. – Zwei Editionen: a) Partitur aller fünf Lieder in einem Heft RM 2.00; b) Stimme jedes Liedes RM 0.20.]

Als Dokumentation dieser Liedtexte vgl. das vorangehende Opus 63.

Das Titelblatt des Druckes zu Opus 64 *„Volk und Führer"* ist mit einem großen Hakenkreuz versehen. Die ganzseitig gestaltete Widmung dazu lautet: „Dem Bundesführer des Deutschen Sängerbundes / Herrn Oberbürgermeister A[lbert] Meister M.d.R. / in herzlicher Verbundenheit gewidmet."

9. [Nellius: opus 77]

OPUS 77: VORWÄRTS, KAMERAD! EMPOR!
Neun leichte vaterländische Männerchöre ohne Begleitung, 1941
1. Vorwärts „Kameraden" (Alfred Hein)
2. Sieg Heil „Ein Volk, ein Reich, ein Führer"
3. Deutschland „Was ich bin, ward ich durch dich" (Oskar Bergien)
4. Aber erst Gräber (Ernst Bertram)
5. Langemarck „Sie schreiten ahnend aus" (W.G. Oschilewski)
6. Gläubiges Lied „Gott, weilend unter deinen Fernen" (Hans-Jürgen Nierentz)
7. Westfale „Vergiss dies nie: auf roter Erde (E. Clemen)
8. Junge Faust und heilige Fahne (Herybert Menzel)
9. Wir sind die grauen Jungen (Heinrich Krückemeyer)

[Als Notenhandschrift im Nachlass, 1941!]

VORWÄRTS [OPUS 77,1]
(Alfred Hein)
Kameraden,
die Granaten
sind die Glocken neuer Zeit.
Todeshiebe
schaffen Liebe,
Und wir fühlen uns geweiht.

Auf den Höhen
auferstehen
mit den wilden Batterien
aller Seelen,
die schon fehlen
aus den tausend Kompagnien.

Und wir folgen
hinter Wolken
Gott auch durch dies Höllentor.
Unsere Herzen
nicht mehr schmerzen.
Vorwärts, Kamerad! Empor!
[Text nach dem Nellius-Nachlass]

SIEG – HEIL [OPUS 77,2]
(Volksgut des dritten Reichs)
Ein Volk, ein Reich, ein Führer!
Unserm Führer: Sieg – Heil!
Adolf Hitler: Sieg-Heil, Sieg-Heil, Sieg-Heil!
[Text nach dem Nellius-Nachlass]

VORWÄRTS [OPUS 77,3]
(Oskar Bergien)
Was ich bin, ward ich durch dich!
Dir zu dienen, lebe ich!
Deine Not ist meine Not,
dein Gebot ist mein Gebot,
heute und in alle Zeit,
Deutschland, du in Ewigkeit!

Deutschland, ewiges Deutschland mein,
dir gehört mein ganzes Sein!
Deine Kräfte nähren mich,
deinen Segen spüre ich,
heute und in alle Zeit,
Deutschland, du in Ewigkeit!
[Text nach dem Nellius-Nachlass]
[Anmerkung P.B.: Oskar Bergien hat u.a. 1935 einen Lyrikband „Wir wollen dem Leben vertrauen" veröffentlicht.]

ABER ERST GRÄBER [OPUS 77,4]
(Ernst Bertram)
Aber erst Gräber
schaffen Heimat,
erst unsre Toten
geben uns Licht.

Erst wo auf Hügeln
Klagende knien,
erst über Särgen
werdet ihr Volk.

Erst wo auf Trümmern
herrlichen Erbes
ihr in euch einkehrt,
werdet ihr Licht.

[Text nach dem Nellius-Nachlass]
[Anmerkung P.B.: Verfasser ist wohl kaum, wie auf einer Internetseite vermerkt, der Kommunist Ernst Bertram (1909-1938, Tod im Zuchthaus Münster), Widerstandskämpfer gegen den Nationalsozialismus; vermutlich hingegen: Ernst August Bertram (* 27. Juli 1884 in Elberfeld, Wuppertal; † am 3. Mai 1957 in Köln), Schriftsteller.]

LANGEMARK.
SIE SCHREITEN AHNEND AUS [OPUS 77,5]
(Walter G. Oschilewski)
Sie schreiten ahnend aus, Wind bewegt das Land.
Um ihre Mäntel knallt's: sie panzern sich
und werfen in den Abschied gelben Sand.

Die Flamme, die der Mond ausbricht,
streift Haupthaar und die heldisch' Brust.
Und um die Speere tanzt ein brünstig Licht.

So fällt von ihren Knabenlippen bang
das Mütterliche. Sie werden Krieger,
und zwischen Volk und Tod-: Gesang!
[Text nach dem Nellius-Nachlass]
*[Anmerkung P.B.: Verfasser ist vermutlich der sozialdemokratische
Publizist und Lyriker Walther Georg Oschilewski (1904-1987).]*

GLÄUBIGES LIED [OPUS 77,6]
(Hans-Jürgen Nierentz)

Gott, weilend unter deinen Fernen,
bewacht von deinem Firmament,
erheben wir zu deinen Sternen,
was gläubig nach der Gnade brennt.

Gott, was wir in Chorälen preisen,
die zu dir steigen in der Nacht,
das haben wir in Not und Eisen
zu heller Flamme angefacht.

Gott, glühend unter deinen Sonnen,
entbrannt in der Gestirne Lauf
stehn wir, gewappnete Kolonnen,
in himmlischen Fanfaren auf.
[Text nach dem Nellius-Nachlass]

WESTFALE [OPUS 77,7]
(Eberhard Clemen)

Vergiss dies nie: auf roter Erde
bist du geboren, heilig ist das Land
der Eichenwälder und der Sachsenpferde,
und ehrlich ist der Druck von jeder Hand.

Vergiss dies nie: du bist zum Dienst bestellt
an dieser Scholle und an diesen Wäldern,
schwarz ist das Brot von deinen Roggenfeldern,
schwarz-weiss dein Haus, bescheiden deine Welt.

Vergiss dies nie: wenn auch das Feld verraucht.
und wenn die Wälder in die Schächte schwanden,
die unten schaffen, die die Grube braucht,
sie waren es, die hinterm Pfluge standen.

Vergiss dies nie: fällt weiss dein Haar hernieder,
so wandre, eh die Tage sich vollenden
fort aus der Fremde in die Heimat wieder.
Auf roter Erde soll dein Leben enden!
[Text nach dem Nellius-Nachlass]

JUNGE FAUST UM HEILIGE FAHNE [OPUS 77,8]
(Herybert Menzel)
Junge Faust um heilige Fahne
Schritt und Tritt! Es drängt voran.
Ernst und Trutz und Stolz: Germane!
Und sie folgen, Mann bei Mann.

Edles Blut und auserkoren,
Zier im Siege und im Tod,
hält die Fahne, dass sie loht
allen, die ihr zugeschworen!
[Text nach dem Nellius-Nachlass]

WIR SIND DIE GRAUEN JUNGEN [OPUS 77,9]
(Heinrich Krückemeyer)
Wir sind die grauen Jungen,
Des Reiches stolzes Heer,

Des Führers Rock wir tragen
Und führen sein Gewehr.
Domm domm domm domm – so geht die Trommel voran,
Tromm tromm tromm tromm – wir folgen ihr Mann für Mann.

Wenn wir ins Feld marschieren
Zum Städtchen froh hinaus,
An Tür und Tor und Fenster
Schaun Mägdleins nach uns aus.
Domm domm domm domm – so geht die Trommel voran,
Tromm tromm tromm tromm – wir folgen ihr Mann für Mann.

Mit Lachen und mit Singen
So eilen wir zur Schlacht.
Wir bauen Wall und Graben
Und halten treue Wacht.
Domm domm domm domm – so geht die Trommel voran,
Tromm tromm tromm tromm – wir folgen ihr Mann für Mann.

Wir schießen scharf und führen
Zum Sturm das Bajonett,
Wir hungern und wir frieren,
Wir lassen Schlaf und Bett.
Domm domm domm domm – so geht die Trommel voran,
Tromm tromm tromm tromm – wir folgen ihr Mann für Mann.

Schrapnells, Granaten, Bomben,
Die machen uns nichts aus,
Wir bluten und wir sterben
Für Führer, Volk und Haus.
Domm domm domm domm – so geht die Trommel voran,
Tromm tromm tromm tromm – wir folgen ihr Mann für Mann.
[Text nach dem Nellius-Nachlass]

10. [Nellius: opus 79]

OPUS 79: HELDENFEIER
Eine Trauer-Trost-Kantate für Männerchor, Frauen- oder Kinderchor (durch Männerstimmen ersetzbar!), 4 Soli, Orgel (ad lib.)
und großes Orchester, 1937 [= Umarbeitung von opus 12 „Totenklage"] [erneute Umarbeitung 1942 = opus 83].

Text noch nicht gesichtet; mit Blick auf das Jahr 1942 (letzte Fassung) mit Sicherheit relevant für die Fragestellung „Nellius-
Engagement im Nationalsozialismus". – Vgl. hierzu die klaren
Hinweise in der Literatur: Wallies 1991, S. 126-129 (Nationalsozialismus und Todesmotiv).

11. [Nellius: opus 80]

OPUS 80: MÄNNERCHORSÄTZE ZU SOLDATENLIEDERN
Zwanzig neue Weisen zu Gedichten von Kampf und Liebe für
drei- und vierstimmigen Männerchor a capella nach Melodien
von Hans Heeren im Satz von Georg Nellius, 1942
1. Reiterlied „Ihr Brüder auf" (J. O. Bringezu)
2. Soldat, du bist mein Kamerad
3. Soldatenliebe
4. Drei Rosen „Die Rosen hab ich gepflücket" (W. Seemann)
5. Trommellied „Wo immer wir marschieren" (M. Rothfuss)
6. Ich war Soldat in Polen (Hugo Fischer)
7. Herbststurm 1939 „Der Herbststurm singt sein brausend
    Lied" (A. Elpey)
8. Und haben wir im Ranzen (Herybert Menzel)
9. Der Landesschütze „Es steht des stolzen Monds Gesicht"
    (Otto Bangert)
10. So oder so „Frei bin ich" (H. Löns)
11. Husarenlied „Heiß ist die Liebe" (H. Löns)
12. Morgen marschieren wir

13. Das bittersüsse Lied „In den Grünebusch singt die Nachtigall" (H. Löns)
14. Abschiedslied „Fahr wohl" (Antwerpener Liederbuch 1544)
15. Die Funken „Und wenn das Feuer brennt" (H. Löns)
16. Winter „Über die Heide geht mein Gedanken" (K.[H.?] Löns)
17. Wiegenlied „Schlaf, mein Kind" (Edgar Schacht)
18. Maientanz „Heißa, heißa, klinget ihr Geigen" (Hermann Ziegler)
19. Reigen „Ich suche dich" (H. Ziegler)
20. Des Soldaten Abschied „Wenn Blätter erst fallen" (Christian Fleines)

[Notenhandschrift; gedruckt evtl. nur opus 80,1]
[Texte zu diesen Kompositionen von 1942 nur im Ausschnitt gesichtet.] [Zu Hans Heeren, dem Urheber der Vorlagen/Weisen: „Der Flieger muss auch in den Zweiten Weltkrieg und überlebt ihn. [...] Nach dem Tode seiner Frau lebt Hanns Heeren [...] mit einer neuen Lebensgefährtin in Winterberg im Sauerland und verstirbt 1964. Ein Jahr vor seinem Tode hat er seinen Nachlass dem Wandervogelmuseum in der Jugendburg Ludwigstein bei Witzenhausen in Hessen übergeben." (Haller Kreisblatt, 28. Februar 2013)]

REITERLIED [OPUS 80,1]
(J. O. Bringezu)
(Weise Hanns Heeren, Chorsatz Georg Nellius)
1. Ihr Brüder auf! Im dürren Wald will es bald heimlich tagen,
Die Feuer liegen grau und kalt, die Eule schreit:
wie bald, wie bald
Die fernen Trommeln schlagen.
Trumtrum-di-trum,trumm-trumm-di-trum,
Der Tod geht um!
Den Pallasch hoch, die Zügel tief.

Wir reiten, weil die Heimat rief,
ob uns der Tod auch führet.
[...]
2. Der Führer hat uns auserwählt,
Wir sind die Jungen Reiter.
Nun eure Seelen Gott befehlt,
Ein Tor, der seine Tage zählt,
Das Glück hilft uns schon weiter.
[provisorische Transkription nach der Notenhandschrift vom
2.4.1942]

TROMMELLIED [OPUS 80,5]
(Max Rothfuss)
(Weise Hanns Heeren, Chorsatz Georg Nellius)
1. Wo immer wir marschieren,
die Trommel ist dabei,
sie macht mit ihrem Lärmen
das junge Herz so frei. //:
2. Die Trommel, ja die Trommel,
wer liebt die Trommel nicht,
sie hat uns stets geleitet,
zu Spiel und harter Pflicht. //:
3. Und wo sie dröhnt zum Sterben,
da ist ein Volk auf Wacht,
zum Leben und zum Sterben
hat eine Trommel Macht. //:
Ref.: Rum-trum-trum, rum-trum-trum [usw.]
[provisorische Transkription nach der Notenhandschrift vom
3.4.1942]

ICH WAR SOLDAT IN POLEN [OPUS 80,6]
(Hugo Fischer)
(Weise Hanns Heeren, Chorsatz Georg Nellius)
1. Ich war Soldat in Polen,
mein Deern, ich war dabei,

die Brüder heimzuholen,
sie sind jetzt wieder frei.
Der Führer hat befohlen,
mein Deern, ich sage dir,
da zogen gegen Polen
viel tausend Musketier.
Holdrio, Holdrio, Holdrio, Holdrio
[...], sie ziehen mit.

2. Ich war Soldat in Polen,
die Bomben schlugen ein:
Die Flieger und die Panzer
die ersten wollten sein.
Im Sturmschritt vorwärts drangen
als Kameraden wir,
die Polen nahm gefangen
der deutsche Musketier.
Holdrio, Holdrio, Holdrio, Holdrio
[...], sie kämpfen mit.

3. Ich war Soldat in Polen,
in Wochen war's vorbei,
und vor uns steht der Führer,
da wird das Herze frei.
Der Pole soll nun sehen
Berlin – und, glaube mir,
es lehrt ihn deutsch verstehen
der deutsche Musketier.
Holdrio, Holdrio, Holdrio, Holdrio
[...], sie jubeln mit.

4. Ich war Soldat in Polen.
Die Heimat liegt so weit.
Ich komm zu meinem Mädel
wohl noch zur rechten Zeit.
Wir streiten ohne Wanken,

halt da die Treue mir,
dann wird dir richtig danken
ein treuer Musketier. [...]
[provisorische Transkription nach der
Notenhandschrift vom 3.4.1942]

UND HABEN WIR IM RANZEN [OPUS 80,8]
(Herybert Menzel)
(Weise Hanns Heeren, Chorsatz Georg Nellius)
1. Und haben wir im Ranzen
nichts als ein'n Kanten Brot,
wir werden leichter tanzen,
wir tanzen in den Tod.
Turidei, turida, turidei, turida,
Wir tanzen in den Tod.
2. Es baut die Sonne Brücken
uns über Fluß und See,
das Herz uns zu beglücken,
das Scheiden tut nicht weh.
Turidei, turida, turidei, turida,
Wir tanzen in den Tod.
3. Wir kommen jung an Jahren
wohl vor das Himmelstor,
wir woll'n die Helden grüßen,
ein Landsknecht läßt uns vor.
Turidei, turida, turidei, turida,
Wir tanzen in den Tod.
[provisorische Transkription nach der
Notenhandschrift vom 3.4.1942]

DER LANDSCHÜTZE [OPUS 80,9]
(Otto Bangert)
(Weise Hanns Heeren, Chorsatz Georg Nellius)
1. Es steht des vollen Monds Geheiß
in totenstiller Nacht.
Rings ruft das Land so weit und weiß

begraben unter Schnee und Eis,
und nur der Posten wacht.
2. Verzaubert grüßt der Winterwald,
von Schnee und Schweigen schwer,
das Licht des Mondes funkelt kalt
der einsam wandelnden Gestalt
auf Stahlhelm und Gewehr.
2. Es kracht im Schnee der harte Schritt,
der Posten träumt und sinnt –
von fernen Schlachten, die er stritt,
von alten Wunden, die er litt,
vom Blut, das warm verrinnt.
4. Ergraut ist schon des Mannes Haar,
und lange, lange ruft
im Grab der Kameraden Schar,
die einst in Flandern um ihn war,
das viele teure Blut.
5. Mit hartem Schrei die Schneegans zieht,
wie lange ist das her!
Nun steht er abermals im Wind
und summt ein altes Landsknechtlied
und schultert das Gewehr.
[provisorische Transkription nach der
Notenhandschrift vom 4.4.1942]

MORGEN MARSCHIEREN WIR [OPUS 80,12]
(Aus der Liller Kriegszeitung, etwas geändert)
(Weise Hanns Heeren, Chorsatz Georg Nellius)
1. Morgen marschieren wir in Feindesland.
Heiß in den Herzen glüht der Freiheit Brand.
Kehr ich nicht mehr zurück, was ist dabei?
Wenn nur mein Vaterland, wenn Deutschland frei.
2. Drüben am Waldesrand lockt roter Schein,
ruft uns zu Wehr und Pflicht wohl übern Rhein.

Seh ich dein Aug' nicht mehr, was ist dabei?
Wenn nur mein Vaterland, wenn Deutschland frei.
3. Sterb ich im Norden dann und du im Süd,
auf unsern Gräbern bald die Lilie blüht.
Blüten [Blühen?] und Sterben, wohlan es sei.
Wenn nur mein Vaterland, wenn Deutschland frei.
[provisorische Transkription nach der
Notenhandschrift vom 5.4.1942]

12. [Nellius: opus 83]

OPUS 83: HELDENFEIER II (1942)
[Ergänzung zu opus 79. Im Manuskript als op. 79 Nr. 2 bezeichnet] [Notenhandschrift; Manuskript nach Mitteilung des Historischen Centrum Hagen in „nahezu unleserlichem Zustand"]

13. [Nellius: opus 88]

OPUS 88 [Doppelnummerierung]:
LIED DER WESTFÄLISCHEN BOMBENKÄMPFER
„ROT IST DIE FLAMME AUF HÜTTEN UND WERKEN", 1944
    a) 1st. Volksgesang mit großem Blasorchester
    b) 1st. Volksgesang mit Blasorchester
[Notenhandschrift]

LIED DER WESTFÄLISCHEN BOMBENKÄMPFER [OPUS 88]
(Gedicht K. Kränzlein)
Rot ist die Flamme auf Hütten und Werken,
Feuer weht über die Schächte.
Rot ist die Fahne, der wir gehören,
rot sind die Bombennächte.
Wenn die Bunker zittern, die Strasse brennt,

wenn die Feindflieger lauern am Himmelszelt,
dann steigt der Ruf ingrimmig empor aus der Erde Rot:
Vorwärts ihr Bombenkämpfer, wir siegen trotz Terror und Tod!
Vorwärts ihr Bombenkämpfer, wir siegen trotz Terror und Tod!

Hart ist die Arbeit vor Öfen und Rosten
unter den Angriffssignalen.
Hart ist der Kampf der Soldaten im Osten,
hart ist das Herz der Westfalen.
Wenn die Nächte gellen: Alarm, Alarm,
wenn die Mütter reissen ihr Kind in den Arm,
dann steigt der Ruf ingrimmig empor aus der Erde Rot:
Vorwärts ihr Bombenkämpfer, wir siegen trotz Terror und Tod!
Vorwärts ihr Bombenkämpfer, wir siegen trotz Terror und Tod!

Heiß sind die Stunden in Stollen und Wänden,
glühend die Phosphor-Lache.
Heiss ist der Sturm in den Flächenbränden,
heiss der Schrei nach der Rache.
Wenn die Teufel toben, die Hölle ist los,
wenn die Häuser fallen im Sprengbombenstoss:
dann steigt der Ruf ingrimmig empor aus der Erde Rot:
Vorwärts ihr Bombenkämpfer, wir siegen trotz Terror und Tod!
Vorwärts ihr Bombenkämpfer, wir siegen trotz Terror und Tod!

Treu ist das Land und hell seine Saaten,
niemand von uns ist allein. –
Treu klingt das Lied von Opfern und Taten,
dies Land wird bleiben und sein.
Wenn die erste Fanfare jubelt und schreit,
wenn die Völker geeint und Grossdeutschland befreit,
dann steigt der Ruf hell lodernd empor aus der Erde Rot:
Vorwärts ihr Bombenkämpfer, wir siegen trotz Terror und Tod!
Vorwärts ihr Bombenkämpfer, wir siegen trotz Terror und Tod!
[Text nach dem Nellius-Nachlass]

14. Nachtrag: Quellenbeispiele zu Maria Kahle,
der wichtigsten hochdeutschen Textlieferantin
für Kompositionen von Georg Nellius seit 1923

Maria Kahle:
ADOLF HITLER
(1923)

Du bist wie Schill mit heiß entrücktem Mute,
Du lodernd Herz, dem Ziele zugeflogen,
Zu früh dem schweren kalten deutschen Blute,
Das deine Flammen noch nicht aufgesogen.

Was ausgereift und groß in dir schon ruhte,
Das trieb im Volk noch gärend-trübe Wogen;
Du aber maßest nach dem eignen Gute, – –
So hat dein Siegfriedsglaube dich betrogen!

Doch wie einst Schill uns Ketten zu zerreißen
Und Freiheit mit dem Tod zu zahlen lehrte,
Ob kühle Weisheit auch sein Tun verdammte,

So schweißt das Feuer, das dein Werk entflammte,
Jetzt unser Wollen zum Befreiungsschwerte!
Einst sollst du stolz und deine Jünger heißen ...

Aus: *Kahle*, Maria: Gekreuzigt Volk. Gedichte. Kassel: Jungdeutscher Verlag 1924, S. 59. – Erstveröffentlichung 1923 anlässlich des gescheiterten nationalsozialistischen Putschversuches in München.

Maria Kahle:
VATERLÄNDISCHES GEBET
(1922)

Deutscher Gott, Du Gott der Freien,
Straffe deines Volkes Rücken,
Laß die Bürde seines Leidens
Ihm den graden Sinn nicht bücken!
Eh wir denn zu Knechten werden,
Die beim Feind in Demut flehen,
Laß uns, stolzer Gott der Freien,
Laß uns lieber untergehen!

Text hier nach: *Kahle*, Maria: Liebe und Heimat [Erstausgabe 1922]. 6. Auflage. Bigge/Ruhr: Verlag der Josefs-Druckerei 1928, S. 143. [vertont 1923 durch Georg Nellius als opus 22,2] – Text auch in: *Kahle*, Maria: Volk, Freiheit, Vaterland. Gedichte. Hagen: Hagener Verlagshandlung 1923, S. 78 (ebd., S. 77 z.B. ebenfalls die Zeile: „Wir geben uns eher dem Tode hin, / Als daß wir zu Sklaven werden).

Maria Kahle
ÜBER DIE NATIONALE REVOLUTION ADOLF HITLERS (1934)

„Unfaßbar Großes geschah in unseren Tagen. […]
Wir erfuhren die schöpferische Macht nationalen Willens,
den ein Liebender, ein aus überflammender Liebe
zu Deutschland starker Führer erweckte."

Quelle dieses MARIA KAHLE-Zitates ist der Band „Die deutsche Frau und ihr Volk" (1934, 4. Auflage 1943).

Maria Kahle:
DEUTSCHER RUF
(12.3.1938)

„... Jetzt wird er Wahrheit werden, der alte deutsche Traum.
Verschwunden sind die Grenzen, die uns voreinst getrennt,
Ein Volk, in dem die Liebe zum Führer jubelnd brennt!
In Blut und Art und Seele, im Zukunftsglauben gleich,
Heil Österreich und Deutschland! Ein Führer und ein Reich!"

Zugang zum vollständigen Text: *Kahle*, Maria: „Deutscher Ruf"
[12.3.1938]. In: Heimatkalender „Der Sauerländer" für das Jahr
1939, S. 30. [Internetzugang: www.sauerlaender-heimatbund.de/
html/zeitschrift_archiv]

Maria Kahle
ÜBER „MEIN KAMPF" UND „DIE JUDEN ALS SCHMAROTZER"

Zur Zeit des Nationalsozialismus erschien zwischen 1940 und
1944 in mehreren Auflagen Maria Kahles romanhaftes, z.T. auto-
biographisch inspiriertes Buch *„Umweg über Brasilien"*, auf dessen
Propagandagehalt Friedrich Schroeder nachdrücklich hinweist:
Eine junge Deutsche verschlägt es nach Brasilien, wo sie in der
Fremde erst richtig den Wert ihres „deutschen Blutes" schätzen
lernt und durch die Lektüre von Hitlers Buch „Mein Kampf" die
wahren Fragen des „Deutschtums" erkennt. Als Lehrerin gibt sie
dieses neue Wissen an Schüler einer brasilianischen Deutschen-
siedlung weiter, was diese vielleicht „heim ins Reich" weisen
könnte. Die mit dem NS-Massenmord verbundene Judenhass-
Propaganda wird in diesem Werk Kahles ebenfalls verbreitet. Im
Originalton: „Wie die Schmarotzergewächse im Urwald" in den
Wipfeln vormals unversehrter Bäume „prall und feist vom Blut
und Lebensmark des Baumes, ihre grellen, geilen Blüten treiben,
– so war Deutschland überfallen, verstümmelt von seinen Fein-

den und überwuchert und ausgesogen von dem tödlichsten Gegner im eigenen Lande, von dem schmarotzerischen Judentum".

(Mehr Textauszüge: BÜRGER 2014*. Das ungekürzte Referat zu diesem Buch ist im Internet nachlesbar: SCHROEDER, Friedrich: Liebe und Heimat. Maria Kahles Erstlingsbuch heute gelesen und kritisch betrachtet. In: Sauerland Nr. 1/1993, S. 4-7, hier S. 5f. [Internetzugang: www.sauerlaender-heimatbund.de/html/zeit schrift_archiv])

Literatur zu Maria Kahle

BÜRGER, P. (Red.): Maria Kahle (1891-1975), Propagandistin im Dienst der Nationalsozialisten. – Beiträge von Hans-Günther Bracht, Peter Bürger, Karl Ditt, Walter Gödden, Wolf-Dieter Grün, Roswitha Kirsch-Stracke, Werner Neuhaus, Iris Nölle-Hornkamp und Friedrich Schroeder. = daulots. internetbeiträge des christine-koch-mundartarchivs am museum eslohe. nr. 71. Eslohe 2014. www.sauerlandmundart.de

BÜRGER, P. (Bearb.): Josef Rüther (1881-1972) aus Olsberg-Assinghausen. Linkskatholik, Heimatbund-Aktivist, Mundartautor und NS-Verfolgter. = daunlots. internetbeiträge des christine-koch-mundartarchivs am museum eslohe. nr. 61. Eslohe 2013. http://www.sauerlandmundart.de/pdfs/daunlots%2061.pdf

Zur Beleuchtung der Kreise, in denen sich Maria Kahle (wie auch Dr. Lorenz Pieper) bewegte:
VOGEL, Wieland: Katholische Kirche und nationale Kampfverbände in der Weimarer Republik. Mainz: Matthias Grünewald-Verlag 1989. [bes. auch S. 9-22, 55-77.]

B.II.
Archivalien aus dem „Vad-Konvolut" (1941) zu Georg Nellius: Zuschriften, Ehrungen und Selbstzeugnisse aus der NS-Zeit

Im Historischen Centrum Hagen liegt der echte Nachlass von Georg Nellius (früher Westfälisches Musik Archiv WMA Hagen). Dort befindet sich folgendes Konvolut:

„GEORG NELLIUS, EIN DEUTSCHER MUSIKER." (NL 0176/ 5) „Darstellung nach amtlichen Urkunden und Dokumenten, an ihn gerichteten und von ihm geschriebenen Briefen, eigenen Aufsätzen, Gutachten der Reichsmusikkammer, Urteilen namhafter Tonkünstler, Konzertprogrammen von ihm geleiteter Aufführungen, Rezensionen in Fach- und Tagespresse. Sammlung und Ordnung des Materials durch Rechtsanwalt Hugo Vad, Neheim a.d. Ruhr (Sauerland), Adolf-Hitler-Strasse 52." [Kurztitel: Vad 1941]

Die Unterlagen wurden 1940/41 zusammengestellt, insgesamt 94 Blatt, einige Dokumente fehlen! Nachfolgend daraus die Texte der Seiten 3-29 [Texterfassung Stadtarchiv Arnsberg]:

1. [Vad 1941, S. 3:
NSDAP-Kreisleiter an Nellius, 20.1.1941]

Der Kreisleiter [NSDAP]
des Kreises Herne-Castrop-Rauxel Herne, den 20. Januar 1941
Bahnhofstr. 7 c

Herrn
Musikdirektor Georg Nellius,
Herne.

Lieber Parteigenosse Nellius!

Nachdem nun die wunderbaren Akkorde des Wagner-Konzertes verklungen sind, drängt es mich, Ihnen lieber Parteigenosse Nellius, noch einmal von ganzem Herzen zu danken.

Was für Herne unmöglich erschien, haben Sie in siebenjähriger Tätigkeit fertiggebracht: den deutschen Arbeiter der deutschen Musik näher zu bringen. Wenn auch bei Beginn Ihrer Arbeit im Jahre 1933 die Zuhörerschaft oft klein war, so haben Sie doch aber durch Ihre intensive Arbeit für die Musik in Verbindung mit Ihren Mitarbeitern das Eis gebrochen und haben Zugang zu den Herzen der Herner Bevölkerung gefunden. Heute ist jedes von Ihnen gegebene Konzert ein Festtag für alle Herner Musikfreunde und hinterlässt in immer stärkerem Maße einen nachhaltigen Eindruck. Dass Sie durch Ihre Arbeit ein treuer Mitstreiter des Führers sind, brauche ich wohl nicht weiter auszuführen.

Ich hoffe und wünsche, dass Sie uns noch recht lange erhalten bleiben und dass über Ihrem weiteren Wirken ein gütiges Geschick walten möge.

Herzliche Grüße und ein kräftiges
Heil Hitler!"

2. [Vad 1941, S. 4:
NSDAP-Kreisleiter an Nellius, 12.2.1940]

(Abschrift)

Brief des Kreisleiters Karl *Nieper* (Kreisleitung Herne-Castrop-Rauxel der NSDAP) an Georg Nellius

„Herne, den 12. Februar 1940

Sehr geehrter Herr Musikdirektor Nellius!

Leider hatte ich gestern Nachmittag nach Schluss der Aufführung des grossen Werkes von Wolfram Brockmann „Deutschland" nicht die Gelegenheit, Ihnen persönlich für das wundervolle und nachhaltige Gelingen der Aufführung dieses Oratoriums zu gratulieren und meinen Dank auszusprechen. Ich möchte dieses daher heute hiermit schriftlich nachholen.

Ich glaube, dass diese festlichen Stunden am vergangenen Sonntag für alle Teilnehmer mit dem überaus hohen künstlerischen Wert noch recht lange und nachhaltig in Erinnerung bleiben werden.

Für Ihr weiteres Schaffen in der städtischen Kulturpflege wünsche ich Ihnen von Herzen recht guten Erfolg!

Heil Hitler!
(gez.) Ihr Karl Nieper

Stempel: Nationalsoz. Deutsche Arbeiter-P.
          Kreisleitung Herne-Castrop-Rauxel"

3. [Vad 1941, S. 5:
Nellius an NSDAP-Kreisleiter, 17.2.1940]

(Abschrift)

Georg Nellius an Herrn Kreisleiter Karl *Nieper*, Kreisleitung Herne-Castrop-Rauxel der NSDAP

„Herne, Vinckestrasse 91, den 17.2.1940

Sehr geehrter Herr Kreisleiter,

ich möchte Ihnen recht herzlich danken für Ihre freundlichen Zeilen vom 12. Februar dieses Jahres, die mir und den Mitgliedern des städtischen Chores eine ganz ausserordentlich schöne Freude bereitet haben. Wir dürfen Ihren Worten wohl entnehmen, dass die Partei unsere nun schon sieben Jahre lang selbstlos geleisteten Kulturdienste zu schätzen und zu würdigen weiss. Gerne wollen wir gerade jetzt in schwerer Kriegszeit an unserer Stelle zur Erringung des Sieges dadurch beitragen, dass wir unseren Volksgenossen die Herrlichkeiten der deutschen Kunst vermitteln; dass wir letzten Endes auch den unseren Konzerten beiwohnenden Angehörigen der Wehrmacht die für sie gewiss nicht wertlose geistige und seelische Entspannung bieten, sie erheben und begeistern, ihre Ueberzeugung stärken, dass es sich für ein Land und Volk mit derartig stolzem Kultur-Besitz wahrlich zu kämpfen verlohnt.

Mit *Heil Hitler*
sehr ergeben Ihr
(gez.) Georg Nellius

4. [Vad 1941, S. 6:
NSKK an Nellius, 21.1.1941]

N.S.K.K.   *Herne,* den 21. Januar 1941.
Motorsturm 23/M. 69   Hermann-Löns-Straße 35
                                                    Fernruf 52336

Briefb. Nr.:………………   Herrn
Betr.:……………………….   Musikdirektor Georg *Nellius*
Bezug:…………………….   *Herne*
Beilagen:…………………   Vinckestr. 91.

Sehr geehrter Herr Studienrat!

Zunächst bitte ich um Entschuldigung, wenn mir die Dienstge-
schäfte erst jetzt die Zeit lassen, Ihnen für Ihre Mitwirkung bei
dem vom Sturm veranstalteten Wunschkonzert zugunsten des
Kriegswinterhilfswerks zu danken. Durch Ihre unentgeltliche
und wertvolle musikalische Beratung und die Übernahme der
Begleitung zu den Gesangs- und Solovorträgen haben Sie sehr
wesentlich dazu beigetragen, dass die Veranstaltung zu einem
großen künstlerischen Erfolg wurde. Gestatten Sie mir, Ihnen
hierfür nochmals im Namen des Sturmes meinen herzlichsten
Dank auszusprechen.

Heil Hitler!
N.S.K.K.-Motorsturm 23/ M 69
i.V. [Zimmermann]
Obertruppführer.

5. [Vad 1941, S. 7:
Ehrenkreuz für Frontkämpfer Nellius, 12.2.1935]

(Abschrift)

Verleihung des Ehrenkreuzes für Frontkämpfer an Georg Nellius

Im Namen des Führers und Reichskanzlers

Dem Studienrat und Musikdirektor Georg Nellius
in Herne

ist aufgrund der Verordnung vom 13. Juli 1934 zur Erinnerung an den Weltkrieg 1914/1918 das von dem Reichspräsidenten Generalfeldmarschall von Hindenburg gestiftete

Ehrenkreuz für Frontkämpfer

verliehen worden.

Bochum, den 12. Februar 1935
Der Polizeipräsident
Im Auftrage:
(gez.) Kubiak

Stempel: Polizeipräsident
          In Bochum
Nr. 21011 / 35

6. [Vad 1941, S. 8:
Verleihung der Stadtplakette Dortmund, 15.7.1933]

(Abschrift)
Verleihung der Stadtplakette der Stadt Dortmund an Georg
Nellius
(In Samt gebundene Mappe mit Seidenschnur, Pergament-Bögen,
Miniatur-Künstler- Handschrift!)

„Herrn Studienrat Georg Nellius,
Herne.

Sehr geehrter Herr Nellius!
Es ist für die Stadt Dortmund eine besondere Ehre, dass Ihre
staatspreisgekrönte dramatische Kantate „Von deutscher Not"
aus Anlass des 6. Westfälischen Sängerbundesfestes und der sil-
bernen Jubelfeier des Bundes heute in der Dortmunder Westfa-
lenhalle zur Aufführung gelangt. Aus der Fülle Ihrer musikalischen Schöpfungen, die Sie dem deutschen Volke geschenkt haben, ragt besonders diese Kantate als eine wahrhaft deutsche und
edle Kunstleistung hervor. Ihr Streben und Werben um die deutsche Seele und Ihre genialen künstlerischen Leistungen werden
auch von uns dankbar gewürdigt.
Als äusseres Zeichen unserer Anerkennung verleihen wir Ihnen,
dem hervorragenden deutschen Tonkünstler, die

Stadtplakette

Mit den besten Wünschen für ein weiteres künstlerisches Schaf-
fen und Wirken.
Dortmund, den 15. Juli 1933.
Der Magistrat.
(Unterschrift unleserlich)

Siegel der Stadt
Dortmund"

7. [Vad 1941, S. 9-10:
Lebenslauf Nellius, 4.6.1938]

(Abschrift)

„Lebenslauf

des Studienrats Georg *Nellius,*
Herne, Vinckestrasse 91

Am 4. Juni 1938

Ich bin am 29. März 1891 in Rumbeck, Kreis Arnsberg/ Westfalen, geboren, katholischer Konfession; verheiratete mich am 16. November 1915 mit Elisabeth Nellius geb. Schweitzer, evangelischer Konfession; bin kinderlos.

Ausbildungsgang: Volksschule, Gymnasium, sechs Semester Philosophie / Theologie; einundzwanzigjährig wandte ich mich der Musik als Lebensberuf zu. Fachausbildung am Konservatorium in Köln, 4 Semester Musikwissenschaft (-auch Kunstgeschichte und abermals Philosophie-) an der Universität Münster / Westfalen. Staatsexamen als Musiklehrer an höheren Lehranstalten. – Ich bin Mitglied der NSDAP.

Berufliche Tätigkeit: War 1913-1914 Direktor einer Privat-Musikschule in Saarbrücken, ebendort vom Juli 1914 bis zu meiner Einberufung zum Heeresdienst als freier Künstler tätig. 20. Juni 1916 bis 9.11.1918 Heeresdienst, ab 5.12.1917 bis Ende Oktober 1918 im Felde. Ende Oktober 1918 Einlieferung in ein Feldlazarett, im Lazarettzug Fahrt zum Heimatgarnisonslazarett Königsberg. Am 9.11.1918 entlassen. Wurde März 1919 als Musiklehrer an Lehrer-Seminar, Präparandie und städtische Knaben-Mittelschule in Saarbrücken berufen. Infolge meiner bewusst deutschen Haltung und der Leitung betont deutscher Musikwerke in öffentlichen Konzerten (-- das Verbot der Uraufführung meines Hymne „Saartrutz" beantwortete ich im Mai 1920 mit der Intonation des Deutschlandliedes im vollbesetzten städtischen

Saalbau – vor nahezu 2000 Hörern! --) wurde ich im August 1920 durch die französische Militärbehörde aus dem Saarland ausgewiesen. Vom September 1920 bis April 1933 war ich als Lyceal-Musiklehrer und Musikdirektor (Chor- und Orchester-Dirigent!) in Neheim/ Ruhr tätig; war Leiter des gesamten dortigen Musikwesens, gleichzeitig auch Dirigent grosser Oratorien-Vereine in Hagen, Dortmund, Menden, Fröndenberg, mit denen ich die ganze klassische und neuzeitliche Oratorien-Literatur – auch [//9//] Sinfonische Musik – erarbeitete und in von der Presse stark beachteten Aufführungen darbot. Im April 1933 folgte ich einer Berufung als Studienrat nach Herne. Ich bin hier seitdem schulisch –hauptamtlich am Gymnasium und Oberlyceum, ehrenamtlich als Leiter der städtischen Konzerte (Städtischer Chor!), städtischer Musikbeauftragter, als Gaufachberater für das Musikwesen im Gau Westfalen-Süd der NSDAP, stellvertretender staatlicher Musikberater für den Regierungsbezirk Arnsberg, Gauchorleiter (in Westfalen-Süd, -Nord und Lippe!) des Deutschen Sängerbundes, Kreischorleiter des Emscher-Sängerkreises u.s.w. tätig.

Künstlerische Tätigkeit: Ich habe seit zwanzig Jahren eine ausgedehnte Tätigkeit als Komponist entfaltet. Zahlreiche meiner werke (Klaviermusik, Klavier-Lieder, Chorstücke, Orchester-Chorwerke, auch vier Hefte Schulmusik!) sind im Druck erschienen. Man zählt mich heute zu den am meisten aufgeführten bzw. gesungenen Vokal-Komponisten des Reiches. Seit 15 Jahren gelte ich infolge meines ausgeprägt vaterländisch-deutschen Chor-Schaffens als ausgesprochener Gegenpol der bis zum Umbruch tonangebenden jüdischen oder angejüdelten Komponisten internationaler bzw. SPD-Haltung wie Lendvai u.a. Meine sechssätzige Chorsuite „Vaterland" nach leidenschaftlich deutschen Dichtungen der jüngst für ihre Deutschheits-Kämpfe mit dem westfälischen Literaturpreis 1937 ausgezeichneten Dichterin Maria Kahle ist im Jahre 1923 (!) im Druck erschienen. Die letzte Hymne dieses Werkes „Deutscher Gott, Du Gott der Freien…" für Männerchor, grosses Orchester und Orgel, beschloss die unter meiner von 5500 Sängern durchgeführte westfälische Feierstunde „Schaffend Volk" beim als reichswichtig erklärten Deutschen Sängerbundes-Fest in Breslau im Juli vorigen Jahres.

Für meine vier Werke „Ruhr", „Deutschland", „Deutsche Messe" (in westfälischer Mundart!) und „Von deutscher Not" („… M. Kahle, f. 6 M. Che, Kinder- u. FrauenCh, Soli, Org., Orch., sein bisheriges Hauptwerk, das bisher weitaus bedeutendste des dt. Aufbruchs …": aus H.J. Moser, Musiklexikon, Max Hesses Verlag, Berlin-Schöneberg, 1935) wurde mir im Jahre 1931/32 je ein Staatspreis zuerkannt.

Georg Nellius."

8. [Vad 1941, S. 11-13: Musiker an der deutschen Saar, 29.1.1935]

(Abschrift)

„Herne/ Westfalen, 29. Januar 1935

Sieben Jahre Musiker an der deutschen Saar
von Georg Nellius

Mein Tonschaffen allgemein gründet bewusst im Polyphonen auf gemässigt moderner harmonischer Basis. In diesen Tagen vollendete ich mein opus 63. Ich schrieb Kammermusik, Klavierlieder, gemischte und Männer-Chöre, von denen an die zweihundert gedruckt wurden; (NB: Bis 1940 erschienen 310 Einzelstücke von G. N. im Druck! Der Kopist--) auch grössere sinfonische Stücke und abendfüllende Chorwerke mit Orchester. Beim Staatspreisausschreiben 1931 für Chorwerke errang ich unter 1800 Bewerbungen die drei ersten der elf ausgesetzten Preise. Ein weiterer Staatspreis wurde mir von der Preussischen Akademie der Künste zuerkannt.

Westfale bin ich, das Sauerland ist meine Heimat; aber sieben Jahre lang (1913-1920) war mir das Saarland (Saarbrücken) liebe Wahl-Heimat. Dort verheiratete ich mich (--meine Frau ist zwar in der bayrischen Pfalz geboren, war jedoch von frühester Jugend an ein echtes Saarlandskind!--), dort wohnen mir die liebsten Freunde, dort schuf ich meine ersten grösseren Werke und erlebte deren Uraufführung. Wie glut- und blutvoll ich ins prächtig deutsche Saarvolk hineingewachsen war, dess wurde ich inne und von Herzen froh zur Zeit seiner tiefsten Not der Jahre 1919 und 1920. als Chorleiter von drei Gesangvereinen (--Männer der Faust: Bergleute, Eisenbahner, Hüttenwerkler!) und eines gemischten Chores, als Musiklehrer an Mittelschule, Präparandie und Seminar durfte ich beglückend reiches Tun entfalten. Frau und Mann, jung und alt der Saar-Leute: eine einzige Glutwelle leidenschaftlichster Deutschheit durchwogte alle! In dieser Zeit freudigen Kampfs für deutsche Art schrieb ich Verse und Musik meiner Hymne „Saartrutz" (sechsstimmiger gemischter Chor und Orchester). Die Uraufführung dieser Hymne durch meinen fünfhundertköpfigen Chor wurde in letzter Minute vonseiten der sogenannten Regierungskommission verboten. Ich beantwortete das Verbot mit der Intonation des [//11//] Deutschlandliedes, das dann von den zweitausend Hörern (Städt. Saalbau!) als wirklicher Saar-*Schwur* gesungen wurde. – An der herrlichen Prims im Hochwald schuf ich im August 1919 die Partitur meines im Felde (1918, in Frankreich!) entworfenen Oratoriums „Totenklage" (Männer- und gemischter Chor, 4 Soli, Orgel und Orchester). Uraufführung November 1919 im Apollo-Theater. (Der städt. Saalbau war für eine Ausstellung Pariser Moden „requiriert"!)

Mit dem Dichter des „Saarliedes", Hanns Maria Lux [*NSDAP-Mitglied ab 1937*], verband mich herzlichste Freundschaft. Wir zwei unternahmen damals mit Knaben-Klassen der Mittelschule unvergessliche Dreitage-Wanderungen in die Berge der Mosel, Nahe, des Hunsrücks. Am Abend der Heimkehr von unserer letzten „Wallfahrt ins Reich", August 1920, schrieb ich in seltsam bewegter Stimmung meinen Kinderchor-Liederkreis „Die schöne

Welt" nach sieben Gedichten von Hanns Maria Lux (Verlag Böhm & Sohn, Augsburg). Letzter Abend in der Saar-Heimat! Anderntags Konzertfahrt mit meinem Eisenbahner-Chor nach Heidelberg. Schloss-Konzert in märchenhafter Nacht! Tausende lauschten den deutschen Gesängen urdeutscher Saarländer. Ich fuhr von Heidelberg nach Westfalen zurück. Die Sänger bis an die Saar-Grenze mit der Bahn, von dort aber – als Eisenbahner! – mit Pferd und Wagen nach Saarbrücken --: es wurde gestreikt! – Heimatlos kam ich selber in meine sauerländische Heimat: aus Saarbrücken war ich durch die französische Militärbehörde ausgewiesen worden!

Am 13. Januar 1935 haben ich und meine liebe Frau mit dem Stimmzettel für die Saar-Heimat gekämpft. Schwer leidend war meine Frau. Nur in Etappen konnte sie die Reise bewältigen. An die Wahlurne habe ich sie fast tragen müssen. Aber unsere Stimmzettel halfen den Sieg erkämpfen; herrlich, wie ich ihn vor 16 Jahren in meinem „Saartrutz" erträumt hatte:

Donnernd wie Wogendrang
Dröhne dein Trutzgesang, [//12//]
Du Volk der Saar!
Zäh jeden Nerv gestrafft,
Stähl' deiner Arme Kraft!
Du darfst nicht untergehn,
Musst *doch* bestehn!

Schmält dich der Neider Neid,
Quält dich der Fronde Leid:
Harr aus, mein Volk!
Stähl deiner Arme Kraft,
Zeige dich reckenhaft,
Zeig kühnlich deutscher Ehr
Deutsche Gewähr!

Einst kommt der Freiheit Tag,
Endet all Ungemach

Dir, Volk der Saar.
Da die Fanale glühn,
Freiheit und Recht erblühn,
Reicht dir die treue Hand
Dein Vaterland!

(Gedicht <u>und</u> Musik von Georg Nellius,)
(Frühling 1920!)"

9. [Vad 1941, S. 14: Prof. Unger an Nellius, 5.12.1934]

(Abschrift)
Brief des Prof. Dr. Unger, Köln, an Georg Nellius

„Berufsstand der Deutschen Komponisten
                    Berlin-Charlottenburg 9
                    Adolf-Hitler-Platz 7/9/11
                    Fernruf …. etc.
Gauobmann West   Professor Dr. Hermann Unger, Köln,
5.12.34   Staatl. Hochschule f. Musik, Wolfs-Str. 3-5

Sehr geehrter Herr Berufsgenosse!
Es ist geplant, unserm Führer und Reichskanzler durch mich eine
Mappe mit Dokumenten überreichen zu lassen, welche die be-
sondere Bedeutung des deutschen Westens und seiner Kompo-
nisten für die deutsche Musik und ihren Abwehrkampf gegen-
über dem andringenden Westen darlegen soll. Falls Sie diesem
Plane Ihre Mitarbeit leihen wollen, so erbitte ich von Ihnen eine
kurze schriftliche Treuekundgebung zum Führer und seinem
Reiche wie möglichst auch eine kleine handschriftliche Notenbei-
gabe zur gemeinsamen Uebermittlung an unsern Führer und
Kanzler.
Heil Hitler!
Ihr (gez.) Dr. Unger"

188

10. [Vad 1941, S. 14:
Nellius an Prof. Unger, 9.12.1934]

„Georg Nellius an Herrn Professor Dr. Hermann
Unger, Köln/ Rhein, Staatliche Hochschule
für Musik, Wolfstrasse 3-5

Herne, 9.12.34

Sehr geehrter Herr Professor,
anliegend überreiche ich Ihrer Anregung gemäss meinen Beitrag
für die dem Führer zugedachte Mappe. Ich habe liebend gerne
nach einer total schlaflos durchwachten Nacht den ganzen heutigen Sonntag dazu benutzt, um die Abschriften herzustellen und
mein Bekenntnis zum Führer niederzuschreiben. Leider ist mög-
licherweise beides zu lang geraten. Ich glaubte aber die besondere Eigenrichtung meines Dialektschaffens, das immerhin einen
gewissen Umfang aufweist, klar herausstellen zu sollen. Daher
habe ich auch, statt gelehrter Partituren-Proben, die derbwüchsi-
gen Westfalen-Lieder angefügt. Die vier Stücke meines Notenbei-
trags lassen sich nicht voneinander trennen. Sollten sie Ihnen zu
umfangreich erscheinen, dann bitte ich, auf jegliche Notenbeiga-
be meinerseits zu verzichten und nur mein Wortbekenntnis ein-
zureihen. Die Handschrift senden Sie mir in diesem Fall wohl
wieder zu. Dankbar wäre ich für ein paar informierende Zeilen –
Postkarte--, ob Sie meine Beisteuer haben verwenden können.
Heil Hitler! Ihr (gez.) Georg Nellius

<u>Notabene</u> [*H. Vad*]: Die von Prof. erbetene Benachrichtigung über
die Verwendung der Beiträge von G. Nellius ist postwendend
eingetroffen. Sowohl die 4 handgeschriebenen Kompositionen als
auch das auf dem folgenden Blatt abschriftliche wiedergegebene
Treuebekenntnis von G.N. sind der dem Führer zu behändigen-
den Mappe eingefügt worden.“

11. [Vad 1941, S. 15-17:
Nellius-Bekenntnis zu Volk und Führer, 9.12.1934]

(Abschrift)

„Georg Nellius: Herne, 9. Dezember 1934

Mein Bekenntnis zu Führer und Volk

Seit zweiundzwanzig Jahren ist mein Arbeiten als ausübender und schaffender Musiker einzig und allein auf den Kern-Akkord glühendster Deutschheit gegründet. Westfale von Geburt, lebte ich sieben Jahre – unterbrochen durch zweieinhalbjährigen Kriegs-Heeresdienst (Westfront) – in der äussersten Westmark des Reiches, in Saarbrücken. Im August 1920 wurde ich durch die französische Militärbehörde als „ultrachauvinistischer nationaler Heiss-Sporn" (-- so ward ich in zwei Stunden während dem Verhör von dem damaligen ersten Sekretär des Herrn Rault, Dr. Delfaut, bezeichnet--) aus dem Saargebiet vertrieben. Letzter Anlass dessen war das seitens der Regierungskommission ausgesprochene Aufführungsverbot der von mir verfassten und für gemischten Chor mit Orchester vertonten Hymne „Saar-Trutz". Ich respektierte dies Verbot. Die Aufführung meiner Hymne durch den Chor unterblieb. Statt ihrer jedoch spielte ich am Flügel das „Deutschlandlied", das nun nicht nur die fünfhundert Chormitglieder, sondern auch die Tausende der Zuhörer (Städtischer Saalbau Saarbrücken) stehend als erschütternden *Saar-Schwur* sich vom Herzen sangen. – Saar-Flüchtlinge waren im Jahre 1920 den Berliner Behörden anscheinend nicht besonders herzlich willkommen. Eine Schadloshaltung für die erlittenen materiellen Verluste war nicht zu erreichen. Ich habe dann in der Stille des westfälischen Kleinstädtchens Neheim/ Ruhr zwölf Jahre als freier Musiker gewerkt und geschaffen. Seit 1933 bin ich als beamteter Schulmusiker in Herne tätig.

Meine Kompositionen haben in diesen Tagen die Werkzahl 63 erreicht.

(NB. Heute, 1940, op. 76; diese 76 Werke zählen ca 500 Einzel-Stücke, von denen 310 im Druck erschienen sind!. Der Kopist.) Um mein Wollen zu kennzeichnen, seien wenige dieser Werke hier genannt:

Werk 16 „Liebe und Heimat", 10 gemischte Chöre a cappella, komponiert 1922, im Druck erschienen 1923;

Werk 12 „Totenklage", eine Trauer- und Trost-Kantate für Soli, Män-[15]nerchor, Frauenchor, Orgel und Orchester, Dauer 1 Stunde, komponiert 1918/19, Uraufführung 1919 in Saarbrücken;

Werk 22 „Vaterland", 6 Männerchöre a cappella, komponiert 1922, im Druck erschienen 1923;

Werk 31 „Lieder der Stille", 5 sinfonische Duette für Sopran, Bariton und Orchester, Dauer 40 Minuten, komponiert 1927, Uraufführung 1928 in Neheim;

Werk 43 „Deutsche Messe", 9 Sätze für Männerchor a cappella in westfälischer Mundart, komponiert 1928, gedruckt 1932;

Werk 44 „Von deutscher Not", abendfüllende volkstümliche dramatische Kantate für 4 Soli, 6 getrennte Männerchöre, Kinder-, Frauen-Chor, Orgel und grosses Orchester, Dauer 2 ½ Stunden, komponiert 1928/29, gedruckt 1932, Uraufführung 1932 in Kassel und Frankfurt a. Main;

Werk 45 „Ruhr", viersätzige Suite für Männerchor a cappella, komponiert 1930, gedruckt 1932;

Werk 48 „Deutschland", 10 Männerchöre a cappella, komponiert 1931, gedruckt 1932;

Werk 50 „Deutsch-Volk", 10 Männerchöre a cappella, komponiert 1931;

Werk 52 „Ruhrgold", 20 Männerchöre a cappella, komp. 1929, gedr. 1933;

Werk 58 „Requiem", für 3 Soli und Männerchor mit konzertanter Orgel; - „den in Krieg und Kampf für die deutsche Erhebung gefallenen Helden gewidmet";

Werk 59 „Lieder von der deutschen Saar", 4 Männerchöre a cappella, komponiert 1933, gedruckt 1933.

Schon die Titel dieser 12 Werke tun wohl ein ernstes Streben dar, der Zersetzungsarbeit zumal des deutschen Chorwesens durch volks- und rassefremde Elemente entgegenzuwirken. In klar erkanntem Gegensatz zu den männiglich bekannten destruktiven Chor-Komponisten jüdisch-marxistischer Haltung habe ich seit dem Jahre 1922 gerade als Tonsetzer neue Werke gesucht zu den Urgrunds-Kräften des Volklichen und Heimatlichen. Ganz bewusst wandte ich mich damals der Pflege des bodenständigen westfälischen *Mundart*-Liedes zu. Mehr als 100 (ausser [16] den grösseren Werken und Cyclen) Dialekt – Gesänge habe ich als Klavierlieder, Männer- und gemischte Chöre grösstenteils neu geschaffen, teils als gegebenes altes Volkslied-Melodiegut bearbeitet. Diese Dialekt-Lieder sind zum überwiegenden Teil im Druck erschienen und beginnen sich auszuwirken. Als ganz schlichte Gabe für die Mappe des Führers wähle ich denn auch ausser einem fugierten Klavierstückchen („An meine Heimat") drei ausgesprochen westfälische Lieder; westfälisch derb, vielleicht gar westfälisch grob, --- aber auch westfälisch ehrlich.

„Wo Isen liggt un Eeken wasst
Da wasst ok Lü, de dohi passt". (Karl Wagenfeld)

Und diese eisen-eichenen Westfalenleute wollen stählerner Wall sein gegen alles, was vom Westen andringen und einstürmen mag, sind es wohl auch!
Ich bin nicht Mitglied der NSDAP. (NB: G. Nellius ist seit 1937 Parteigenosse! Der Kopist.) Aber den Führer erkannte und anerkannte ich öffentlich seit zwölf Jahren als die einzige deutsche Hoffnung, ich bewundere und verehre in ihm den Schmied der deutschen Gegenwart und Zukunft. Dies unumwunden auszusprechen ist mir Bedürfnis. Die hunderte schöpferischer Deutscher müssen es offen bekennen, ihr eigenes deutsches Sehnen

habe durch die Persönlichkeit des Führers wieder Richtung und Leuchte gewonnen. Und diese Hunderte der Still-Schöpferischen im Lande wiegen in der Gradheit, mit der sie das Programm des Führers gelebt haben und unbeirrbar weiter vorleben, denn doch wohl die wenigen auf, die untreu werden oder niemals treu waren. Und mögen diese von der lauten „Welt"-Oeffentlichkeit noch so sehr vergottet werden! Ich selber bekenne mich so zu Adolf Hitler, wie all meine künstlerischen Arbeiten in ihrer Stoffnahme und Zielsetzung den heiligen Glauben an Deutschland stets bekundeten und immer wieder erweisen werden.

Am 13. Januar 1935 werden meine Frau und ich mit dem Stimmzettel für unsere einstige Saar-Heimat, für Reich, Volk und Führer einstehen.

Heil Hitler!
(gez.) G. Nellius"

12. [Vad 1941, S. 18-20:
Nellius-Ehrung in „Rote Erde", 4.4.1933]

(Abschrift)

Nr. 80 Jahrgang 3   Dienstag, 4. April 1933
ROTE ERDE
Herausgeber: Josef Wagner, MdR

<u>*Georg Nellius zum Abschied*</u>

Wer ist *Georg Nellius?* – Ein deutscher Mensch, der mit jeder Faser seines starken Herzens an der Heimat hängt, mit ihr fest verwurzelt ist und , wie eine Baum , aus ihr alles empfängt, was ihn bewegt, ihn treibt, ihn erschüttert, ihm Nahrung ist.

Wer ist Georg Nellius? – Ein von Gott begnadeter Künstler, ein Komponist und Dirigent von kraftvoller Eigenart, urwüchsig, ein Kämpfer für vaterländische Besinnung, kurz – ein ganzer Kerl! Ob er an der Saar während der Franzosenzeit für Deutschland focht und deswegen ausgewiesen wurde, ob er im Sauerlande für deutsches Wesen mannhaft die Klinge band, unbekümmert um seine wirtschaftlichen Verhältnisse und um das, was daraus werden mochte, stets war und blieb er eins: treudeutsch! Als Vertreter der Gesangsvereine dagegen aufbegehrten, dass am Totengedenktag Nationalsozialisten in Uniform an der Feier teilnähmen; sie, die Sänger, würden unter Umständen die Konsequenzen daraus ziehen und nicht singen, - da gab Musikdirektor Nellius die ihn kennzeichnende Antwort:

„Dann singe ich eben allein!
Gesungen wird auf jeden Fall!"
(Fettdruck im Original!)

Er hätte sein Wort gehalten und, wenn die anderen sich nicht besannen, den Choral von Leuthen ohne „Begleitung" in Gottes freie Natur hinausgeschmettert. Nichts vermag ihn niederzuhalten. Konzentrierte Tatkraft spricht aus allem, was er tun will. Er will, und sein Wollen ist Wille zugleich. Ein Fanatiker seiner Sendung! Ein Mensch, der das als gut erkannte Ziel mit unbeugsamer Energie anstrebt!

Dass sich sein nationales Fühlen und Wirken stets mit tiefem sozialen Verständnis paarte, hat die vaterländische Bewegung hier im Sauerlande, auch wenn er kein eingeschriebenes Mitglied irgendeiner politischen Organisation war, ausserordentlich gefördert: In Gemein-[18]schaft mit *Dr. Pieper* und Maria *Kahle* wirkte und schaffte er wie einer für das, was heute stark dasteht. Diese drei Menschen schwammen stets gegen den Strom der Korruption, der vaterlandslosen Gesinnung, der Lumperei an. Dr. Pieper, der unentwegte Schürer, Maria Kahle, die grosse Dichterin und Patriotin, Nellius, der unverzagte, rastlose und tatkräftige Komponist. Sprang er auch nicht in die Arena der Parteipolitik, so waren ihm so mehr deutsches Fühlen und Denken der ursprünglichste Quell seiner musikalisch so schöpferischen Intuitionen. Er hat nichts komponiert, in dem nicht irgendwie das Vaterländische, das Deutsche durchklingt. Nellius ist ohne sein Deutschtum undenkbar, als Künstler sowohl wie als Mensch! –

Es ist schon lange her, da hatte ich bei strömendem Regen und der Himmel über uns eine lange Unterredung mit ihm über das, was uns beide bewegte. Deutschland, national und sozial hiessen die Begriffe der Debatte, und ich fand, dass Nellius damals schon Nationalsozialist durch und durch war, kurz nach dem Zeitpunkte, als er, von den Franzosen ausgewiesen, mit leeren Taschen, aber freudigem und tatbereitem Herzen, in Neheim landete. Viele Jahre sind seit dem ins Land gegangen, und ich muss sagen, dass wenige ihr Glaubensbekenntnis so wahr gemacht haben wie dieser Künstler. Es ist dies um so mehr anzuerkennen, als die Göttinnen Protektion und Fortuna bestimmt nicht an seiner Wiege gehuldigt haben. Was er ist, formte er ganz und gar aus sich selbst!

Mir steht es nicht zu über den künstlerischen Wert seiner Kompositionen Urteile zu fällen, das mag Berufeneren vorbehalten bleiben, doch schaue ich das eine klar und deutlich, dass alles, was er komponierte, im wahrsten Sinne des Wortes deutsch ist. Eben darum fielen ja auch alle Juden-Gazetten anlässlich des Deutschen Sängerfestes in Frankfurt am Main so über ihn her: genau so wie jetzt über Deutschland! Aber als er *„Von deutscher Not"* zu singen und zu sagen anhub, bellte alles Internationale wider ihn. Ein Sturm [19] der Begeisterung aber entstand bei denen, die noch deutsch zu fühlen vermochten. Die *„deutsche Messe"* ist ein zweiter glänzender Lichtpunkt in seinem Schaffen. Auch dieses Werk, durchaus unkompliziert, ist bei aller Helligkeit des Stoffes ganz und gar deutsch empfunden. Wie könnte es anders sein? Deutsch verwurzelte Menschen sind in allem deutsch! So Bach, so Brahms, so Wagner, so Nellius! Sein prachtvoller „Rhein- und Ruhrzyklus" stellt diese Grundstimmung, ebenso wie seine vielen Gedichtvertonungen, immer wieder unter Beweis. Gerade unter letzteren befinden sich Perlen volkhafter

Verbundenheit. „Hilleken, stilleken", „Meyn Duarp" und viele mehr. – Als Dirigent machte er Neheim zu einem Glanzpunkt künstlerisch vollendeter Darbietungen. Erinnert sei nur an die Aufführung der „Neunten", an die „Missa solemnis", „Mathäus-Passion", „Schöpfung" und so fort.

Musikdirektor Nellius geht nun von uns, um Neheim, um die sauerländischen Berge mit dem Ruhrland zu vertauschen. Als Studienrat für Musik wird er in Herne an neuer Stätte Musse finden zu neuem schöpferischem Wirken. Wir sehen ihn ungern scheiden, weil er als Künstler und Mensch unserer engeren Heimat so ausserordentlich viel gab. Andere Stätten, andere Wege, aber eines bleibt bei Nellius ewig – Heimat! All sein Schaffen wurzelt in dieser! –

Fr. B.

(Verfasser vorstehenden Artikels ist Franz Bergmann, eines der ältesten Mitglieder der NSDAP im Sauerlande. Die Partei-Zeitung „Rote Erde" nahm kurze Zeit nach Erscheinen des Artikels den amtlichen Namen „Westfälische Landeszeitung Rote Erde" an.)

13. [Vad 1941, S. 21-23:
Vorkämpfer für die Freiheit an der Saar, Januar 1938]

(Abschrift)

Presse-Artikel aus einer Tageszeitung des Saargebietes – vermutlich der Saarbrücker Zeitung! – vom Januar 1938; im Hauptteil G. Nellius gewidmet.

Die Vorkämpfer für die Freiheit der Saar

In den eineinhalb Jahrzehnten bitteren Kampfes um deutsches Recht an deutscher Saar fand die im Saar-Sänger-Bund zusammengeschlossene Deutsche Sängerschaft wertvolle Förderung durch eine Reihe der ersten zeitgenössischen Komponisten, die ihre hohe Kunst in den Dienst der volksdeutschen Abwehr stellten. Wir nennen Armin Knab, Walter Rein, Bruno Stürmer, Hermann Erdlen und Georg Nellius.

Georg Nellius seien diese Zeilen dankbaren Gedächtnisses gewidmet, weil er im Saarland selbst als Vorkämpfer für die Freiheit der Saar mit an erster Stelle gestanden hat. Seine Wiege stand in Westfalen. Aus dem Studium der Theologie und Philosophie fand er bald den Weg in die Musik. Im Jahre 1913 kam Georg Nellius nach Saarbrücken. Von hier aus stand er von Juni 1915 bis November 1918 an der Westfront. Nach Saarbrücken zurückgekehrt, eröffnete sich dem jungen Musiker alsbald ein reiches Betätigungsfeld als Leiter mehrerer grosser *Chorvereinigungen,* so in Saarbrücken, Fischbach und anderen saarländischen Orten, wo er schlichtem Sängervolk: Bergleuten, Industriearbeitern und Eisenbahnern nicht nur ein vortrefflicher und erfolgreicher Musikerzieher, sondern zugleich ein echter Sängerkamerad wurde. Gleichzeitig führte ihn der Weg als Musiklehrer des Kriegsseminars, der Städtischen Präparandenanstalt und der Knaben-Mittelschule zur deutschen *Saarjugend,* die sich begeistert unter seine begeisternde Führung stellte. Zu unserm Freundeskreis gehörte damals auch der Dichter des bekannten Saarli(e)des Hanns Maria Lux.

In dieser Zeit tat Georg Nellius als Komponist den ersten grossen Wurf mit einem Oratorium „*Totenklage"* – den Helden des grossen Krieges geweiht – dem am 13. November 1919 im Apollo-Theater unter dem Stabe von Philipp Stilz der Liederkranz-Malstatt, der Sängerkreis Burbach, das Kriegsseminar und der Kinderchor der Knaben-Mittelschule mit dem Orchester des Apollo-Theaters und den [21] Solisten Katharina Niklas, Frau Prager-Mandreano, Robert Johanni und Hans Thome eine überaus eindrucksvolle Uraufführung sicherten. Eben teilt mir der Komponist mit, dass er bei der Arbeit ist, dieses Werk aus grösserer Reife durchzufeilen. Es wird eine dankbare Aufgabe des Sängerkreises Saarbrücken werden, das neubearbeitete Oratorium hier gelegentlich einer Heldengedenkfeier demnächst zum Klingen zu bringen.

Während seiner Amts- und Dirigententätigkeit im Saarland stand Georg Nellius allzeit im deutschen Gedanken und im betonten Abwehrkampf. Es werden nicht wenige der Volksgenossen, die diese Zeilen lesen, sich auf ein dramatisches Ereignis besinnen können, dessen Zeugen sie vielleicht gewesen sind. Mit fünfhundert Sängern und Sängerinnen stand Georg Nellius auf der Bühne des Städtischen Saalbaues, bereit zur Uraufführung seines sechsstimmigen *„Saartrutz"* für gemischten Chor „Donnernd wie Wogendrang dröhne dein Trutzgesang, Du Volk der Saar" mit dem zuversichtlichen Schluss, der ja nun Erfüllung ward:

„Einst kommt der Freiheit Tag,
Endet all' Ungemach
Dir, Volk der Saar!
Da die Fanale glühn,
Freiheit und Recht erblühn,
Reicht dir die treue Hand
Dein Vaterland!"

Eben sollte der Chor erklingen, als ein Regierungsverbot dem Vortrag Einhalt bot. Da wandte sich Georg Nellius gegen seine fast 2000 Hörer und intonierte – von seinem Chor unterstützt – das Deutschlandlied, das nun als ein gewaltiges Treuebekenntnis durch den Festsaal brauste. Dieser Tat folgte die Ausweisung auf dem Fusse. Georg Nellius musste seine geliebte Wahlheimat verlassen. In Arnsberg (= Irrtum des Artikelschreibers; muss heissen: Neheim!) entfaltete er als Musikdirektor, dann in Herne als Studienrat eine ausserordentlich fruchtbare amtliche musikpädagogische, chorerzieherische [22] und durch mehrfache Staatspreise ausgezeichnete kompositorische Tätigkeit.

Aber die Saar hat er nicht vergessen! Mit der ganzen Glut des deutschen Herzens schuf er seine *„Lieder von der deutschen Saar"* , mit denen u.a. sich der Hüttengesangsverein St. Ingbert, unter der beschwingenden Führung von Wilhelm Hans, auf einer achttägigen Konzertreise durch die Pfalz und Schwaben im April 1934 wohlverdiente Lorbeeren ersang. In kühnen, farbenreichen Impressionen malt der Komponist das *„Heimweh"* „O Deutschland, o Deutschland, du heiliges Land! Wie oft hat die Sehnsucht die Flügel gespannt!", dann eine romantische *Saarfahrt:* „Und wir heben die Becher und singen noch eins auf Deutschland und auf die Wunder des Rheins!"; ferner das *Brautlied:* „O Deutschland, o Bräutigam, wann führst du sie heim?" und zum Abschluss das scherzhafte *Trauerlied an den Wein:* „Das wäre fürwahr ein verwegener Streich, das Saarland zu trennen vom deutschen Reich und uns den Wein nicht zu lassen! Wir warten, warten, warten... bis die Stimmen ihr zählt an der deutschen Saar: dann werden wir durstiger Zecher fürwahr nur setzen auf deutsche Karten!" Am Tag der Abstimmung erschien natürlich auch Georg Nellius mit seiner Frau, um seinem „Trauerlied an den Wein" entsprechend auf die deutsche Karte zu setzen!

Die durch Erinnerung an Saarkampf und Saarsieg gegebene Begrenztheit dieses Aufsatzes gestattet nur den kurzen Hinweis auf die grösseren kompositorischen Arbeiten des Tonschöpfers: Von deutscher Not, Deutsche Messe, Ruhrgold, Zyklus „Deutschland", Requiem, Stabat mater, den Zyklus „An die deutsche Mutter", das „Westfälische Liederbuch" u.v.a. Alles aber, was wir der fleissigen Feder von Georg Nellius verdanken, ist gestimmt auf den Ton: *Deutschland, heiliger Name!*

Walther Stein.

14. [Vad 1941, S. 24:
Herman Kracht über Nellius, 26.1.1941]

(Abschrift)

Urteil des Oberstudiendirektors Hermann Kracht, Herne

Herne, den 26.1.1941

Oberschule für Jungen
Herne.
Betrifft:
Angelegenheit *Nellius.*

Der Studienrat Georg *Nellius* ist an der Herner Oberschule für Jungen seit dem 1. April 1930 tätig; auch erteilt er den Musikunterricht an der Oberschule für Mädchen. Er ist ein mit Lehrgeschick, auf allen Stufen gewissenhaft und erfolgreich arbeitender Pädagoge. Als Berater für musikalische Angelegenheiten der Partei, als Führer in der Männerchorbewegung, als Leiter des städtischen Konzertwesens hat er nicht nur für unsere Heimatstadt Herne und seine Heimat Westfalen, sondern weit darüber hinaus segensreiche Arbeit geleistet.

Nellius ist eine mit Energie geladene Persönlichkeit, die voll und ganz in ihrem gewaltigen Aufgabenkreis aufgeht und dem Körper nicht selten zuviel zumutet. Seine musikpolitische Arbeit ist gerade für unsere Arbeiterstadt Herne von unersetzlichem Wert.

(gez.) Kracht
Oberstudiendirektor

15. [Vad 1941, S. 25-26:
B. Kieslich an OB Meister, 26.9.1937]

(Abschrift)

Brief des Studienrates *B. Kieslich*, Fachberater f. d. Musikunterricht an den höheren Schulen Westfalens.

„Münster/Westf., Rudolfstr. 8, den 26.IX.37
An Herrn Oberbürgermeister *Meister, Herne.*

Sehr geehrter Herr Oberbürgermeister!

Im Auftrage des Herrn Oberpräsidenten von Westfalen habe ich gestern den Musikunterricht der Oberschule für Jungen und der Oberschule für Mädchen der Stadt Herne besucht. Hierbei habe ich die persönliche Bekanntschaft mit Herrn Studienrat *Nellius* gemacht und die Gelegenheit genommen, dessen gesamten Arbeitskreis zu überblicken.

Der zwingende Eindruck meines sechsstündigen Besuchs der beiden Anstalten ist der, dass die Stadt Herne in Herrn Nellius eine Künstlerpersönlichkeit von stärkstem Betätigungsdrange und, ich möchte sagen von berserkerhafter Kraft besitzt. Dieser Mann ist ein mit Lehrgeschick begabter, auf allen Stufen gewissenhaft und erfolgreich arbeitender Schulmusiker. Durch dessen Leistungen marschiert die Oberschule für Mädchen zu Herne an der Spitze der mir durch meine Fachberatertätigkeit bekannt gewordenen Anstalten Westfalens.

Die von ihm unterrichteten Knaben und Mädchen erleben das seltene Glück, durch einen schöpferischen Musiker und fähigen Konzertdirigenten durch die Schularbeit mit der Welt der Kunstwerke, die mehr das öffentliche Musikleben darbieten kann, vertraut zu werden. Diese Jugend wird einst die Kunstgemeinde ihrer Stadt vergrössern und selbst darin tätig sein.

Darüber hinaus ist Herr Nellius ein völkisch eingestellter Musikpolitiker. Er, der schon lange für die Kultur seiner westfälischen Heimat tätig ist, setzt sich für die von unserem Führer erstrebte kulturelle Zusammenschmiedung einer deutschen Volksgemeinschaft mit der ganzen Wucht seiner Führerpersönlichkeit ein:

als Berater für musikalische Angelegenheiten der Partei,
als Führer in der Männerchorbewegung,
als Leiter des städtischen Konzertwesens in Herne und nicht zuletzt als Komponist von Rang, der aus seiner sittlichen Haltung heraus dem deutschen Volke und seiner Jugend Werke geschenkt hat und noch zu schaffen berufen ist, die beim Aufbau einer nationalsozialistischen [//25//] Kultur Helfer sein können.

Das energiegeladene Tempo, mit dem Herr Nellius diesen gewaltigen Aufgabenkreis angeht, dürfte für einen Andern selbstmörderisch sein. Aber wie lange wird Herr Nellius, dem sein inneres Müssen nur ein volles Sicheinsetzen und keine Schonung oder Halbheit erlaubt, durchhalten?

Seine musikpolitische Arbeit ist wahrscheinlich nicht gleichwertig zu ersetzen. Auf sie darf nicht verzichtet werden. Selbst als Schulmann muss ich sagen, dass hier die Wünsche der Schule zurückzutreten haben. Aber Herr Nellius erteilt ja an zwei Anstalten den Musikunterricht, was nach meinen Erfahrungen ein Musiklehrer auf die Dauer nicht ohne Schaden leistet. Ich mache deshalb den Vorschlag, dass Herr Nellius vom Unterricht an der Oberschule für Jungen entbunden wird. Wenn an der Oberschule für Mädchen die unerwünschten Kombinationen im Klassenunterricht in Musik fortfallen und jede Klasse ab IV gemäss den Stundentafeln ihre Musikstunde wöchentlich erhält, wenn ferner, wie es bereits gehandhabt worden ist anderwärts, die Chorstunde als Doppelstunde gerechnet wird, so kann Herr Nellius mit 19 Stunden an der Mädchenschule eingesetzt werden. Für die übrigen Stunden sollte die Tätigkeit im städtischen Musikwesen als „Entlastung" angerechnet werden.

Mit dem Künstler Nellius gehen die Mädchen in ihrer Aufgeschlossenheit für Gefühlswerte willig mit; die Knaben sind nicht 100%ig bereit, sich selbst derart aufzugeben und sich das Tempo und den Schwung dieser starken Persönlichkeit zu eigen zu machen.

Heil Hitler !

(Gez.) Bernhard Kieslich,
Studienrat, Fachberater f. d. Musikunterricht an den höheren
Schulen Westfalens."

B.III.
Archivalien aus dem „Vad-Konvolut" (1941), die Georg Nellius als antisemitischen Kulturfunktionär der NS-Zeit erweisen

VAD 1941 = *Vad*, Hugo: Georg Nellius, ein deutscher Musiker. Darstellung nach amtlichen Urkunden und Dokumenten, an ihn gerichteten und von ihm geschriebenen Briefen, eigenen Aufsätzen, Gutachten der Reichsmusikkammer, Urteilen namhafter Tonkünstler, Konzertprogrammen von ihm geleiteter Aufführungen. Rezensionen in Fach- und Tagespresse. Sammlung und Ordnung des Materials [1941] durch Rechtsanwalt Hugo Vad, Neheim a. Ruhr (Sauerland), Adolf-Hitler-Strasse 52. [Historisches Cenrtum Hagen: Westfälisches Musikarchiv; Kopiensatz im Stadtarchiv Arnsberg]

[Zu diesem Konvolut teilt der Arnsberger Stadtarchivar Michael Gosmann am 8.1.2014 im Rahmen einer vernetzten Nellius-Forschung (mit Werner Neuhaus, Peter Bürger) mit: „Die Unterlagen von RA Vad umfassen nach der Pagnierung 94 Blatt + 2 Blatt (49a und 49b), Din A 4-Format. Einige Blätter fehlen jedoch (habe ich im ›Gesamt-Inhalt‹-Verzeichnis oben rechts in Bleistift notiert! [= S. 2, 55-57, 59-61, 64-66, 69-71]). Die maschinenschriftliche Zusammenstellung ›Georg Nellius, ein deutscher Musiker‹

hat RA Vad angefertigt, denn auf dem Titelblatt steht der Hinweis › Sammlung und Ordnung des Materials durch Rechtsanwalt Hugo Vad, Neheim a. Ruhr (Sauerland), Adolf-Hitler-Strasse 52‹. Es wurden Dokumente, Äußerungen und Schreiben von und über Nellius gesammelt und größtenteils abschriftlich wiedergegeben. Die Stücke wurden Anfang 1941 wohl zur Vorbereitung einer Schrift oder einer angemessenen Ehrung für Nellius' 50. Geburtstag zusammengetragen. Rechtsanwalt Vad war offensichtlich ein großer Verehrer des Komponisten. – Im Verlauf der Entnazifizierung nach 1945 hat RA Vad Georg Nellius dann jedoch entlastet und sicher absichtlich die hier vorliegenden Dokumente zurückgehalten." Nach 1945 war Hugo Vad auch als Notar tätig.]

Editionsnotiz:

G e s p e r r t e Passagen aus dieser Vorlage werden nachfolgend *kursiv* wiedergegeben; <u>Unterstreichungen</u> werden beibehalten. Sämtliche Einfügungen in eckigen [Klammern] sind nachträglich (von P.B.); alle einfachen (Klammern) entsprechen hingegen der og. Originalquelle. Dieser Quellenteil ist nicht gekürzt („..." Pünktchen entsprechen der Vorlage und stehen nicht für Auslassungen). Die Textreihenfolge wurde nicht geändert, obwohl sie keiner stringenten Chrono-Logik folgt.

Das nachfolgend dokumentierte Quellensegment:

1. belegt erneut die Bedeutsamkeit, die der Musiker Georg Nellius den *Texten bzw. Textdichtern* von Tonwerken beimisst;
2. erweist Georg Nellius als einen durchaus leidenschaftlichen Antisemiten und antisemitischen Kulturfunktionär, wobei entsprechende Belege ein Selbstbekenntnis als „Juden-Todfeind" für 1926/27 enthalten und sich bis zum

letzten Jahr (1940) des im „Vad-Konvolut" bei Dokumenten berücksichtigten Zeitraumes hinstrecken;

3. lässt keinen Zweifel daran, dass im Hintergrund ein „rassisch" verstandener Antisemitismus steht (allein das Wort *„Vollblutjude"* taucht in diesen ausgewählten Nellius-Briefen an acht Stellen auf);

4. lässt keinen Zweifel daran, dass G. Nellius (auch ohne „Not seines Amtes") auf Eigeninitiative hin in Sachen „Juden-Musik" fahndet und denunziert, sich gar mit besonders guter Kenntnis des „Juden-ABC" brüstet;

5. belegt – im Einzelfall auf sehr makabere Weise – ein trauriges, äußerst peinliches „Kulturniveau" (bis hin zu unüberbietbarer Albernheit!);

6. ist als erschreckendes Quellenzeugnis zu der tief in alle gesellschaftlichen Lebensbereiche hineinreichenden, von Hass angetriebenen Judenfeindschaft auch von überregionalem Interesse.

Peter Bürger

1. [Vad 1941, S. 30:
Übersicht zu Nellius als Musikpolitiker]

„2. GEORG NELLIUS ALS MUSIKPOLITIKER
[von Hugo Vad]

[Zum Inhalt der Abteilung:] Seine ehrenamtliche Tätigkeit als Städtischer Musikbeauftragter in Herne und als Gauchorleiter für ganz Westfalen und Lippe = Gau 8 des Deutschen Sängerbundes [DSB]. – Stichproben aus der ohne Hilfe einer Bürokraft durchgeführten, hunderte von Briefen umfassenden Korrespondenz u.a. mit den 32 Kreischorleitern Sängergaus Westfalen:

* Brief an Herrn Fritz Buschmann, Herne
* Brief an Herrn Max Tillmann, Herne
* Brief an Herrn Ferdinand Cluesmann, Telgte
* Brief des Eugen Meyknecht an die Geschäftsstelle DSB, Herne
* Brief an Herrn Oberbürgermeister, Herne
* Brief des Herrn Oberbürgermeisters von Herne [Entwurf, verfasst von G. Nellius]
* Brief an Herrn Dr. Friedrich Castelle
* Brief des Herr Dr. Friedrich Castelle, Reichssender Köln

Georg Nellius war des weiteren mehrere Jahre lang Mitglied des Musikbeirats im Deutschen Sängerbund. Er wurde seitens des Deutschen Sängerbundes im Jahre 1936 je acht Tage währender Schulungslagern für Chorleiter angesetzt (Meersburg am Bodensee, Blankenburg in Thüringen, Waldenburg in Schlesien), in denen jedesmal 60-80 Chorleiter von je einem Lagerleiter und drei Dozenten fachlich geschult wurden. Nellius vertrat das Fach Chorpraxis und Chorliteratur. Vgl. hierzu die Ausführungen in Nr. 9, Jahrgang 10 der Sängerzeitung des Gaues 19 im Deutschen Sängerbund e.V., Thüringen in der Anlage-Mappe Nr. 4.“

2. [Vad 1941, S. 31:
Nellius an Fritz Buschmann, 21.3.1937]

(Abschrift)
Der städtische Musikbeauftragte
in Herne (NB. = Georg Nellius)
an den Konzertsänger und Musikerzieher
Herr Fritz Buschmann,
Herne

Herne, Vinckestr. 91
Ruf 5 23 66
(21.3.37)

Zu der heute durch Boten überreichten Vortragsfolge Ihres
Hausmusik-Abends ist folgendes zu sagen:
1) Es fehlt Ihre genaue Anschrift. In Zukunft bitte ich, dieselbe
in einem Anschreiben zu vermerken, falls sie aus dem Programm
selber nicht ersichtlich sein sollte. Ich hoffe, dass dieser Brief Sie
ohne Verzögerung erreicht.
2) Auch die *Vornamen* der Komponisten sind genau zu bezeichnen. Bei dem Komponisten Rose handelt es sich vermutlich
um Alfred Rose. Dieser war Vollblutjude. Ich rate dringend, die
zwei vorgesehenen Stücke zu streichen. Wer ist „Wolf"? Vorname? Im Juden-ABC stehen allein 25 jüdische Musiker und Komponisten dieses Namens. Falls Sie nicht restlos davon überzeugt
sind, dass der „Karussell-Wolff" Arier ist, rate ich, auch dies
Stück abzusetzen. Andernfalls müssen Sie unter Umständen mit
dem Vorwurf rechnen, in unserer Zeit des so bitter notwendigen
Ausscheidens aller jüdischen Elemente aus unserer Musikübung
und -erziehung es an der erforderlichen Vorsicht haben fehlen zu
lassen.
Falls Sie auf Weiterreichung des Programms in seiner jetzigen
Fassung bestehen sollten, müsste ich von mir aus die Dienststelle
der RMK [Reichsmusikkammer] auf die Namen Rose und Wolff

aufmerksam machen. Wollen Sie jedoch meinen Rat befolgen, dann kann ich Ihnen die abermalige Zustellung der geänderten Vortragsfolge in vierfacher Ausfertigung nicht ersparen.

Ich bitte auch um Beifügung von drei 12-Pfennigs-Marken für entstandene und noch entstehende Portogebühren. Den 17. April habe ich in meiner Liste für Ihren Hausmusikabend vorgemerkt.

Heil Hitler!
(gez.) Nellius

3. [Vad 1941, S. 32-33: Nellius an Max Tillmann, 16.9.1937]

(Abschrift)
(Georg Nellius)
Städtischer Musikbeauftragter in Herne
an den Vereinsführer des Herner MGV 1862 Sangeslust
Herrn Max *Tillmann*,
Herne / Westfalen, Bahnhofstrasse 141

16.9.[19]37

Ich nehme Bezug auf die betreffs Ihrer für den 23. und 24. Oktober dieses Jahres geplanten Jubiläums-Veranstaltungen an mich gerichteten Schreiben vom 3. Mai, 28. August und 7. September a.er. und teile Ihnen dieserhalb Nachstehendes mit:

Eine Weiterleitung der zugestellten Vortragsfolgen-Entwürfe an die zuständige Stelle der Reichsmusikkammer ist mir nicht möglich; denn

1.) bestehen laut einem mir vorliegenden Schreiben der Sängergauleitung sängerbundesamtlich Bedenken gegen die Durchführung Ihrer Veranstaltungen.

2.) ist mir weder in meiner Eigenschaft als Städtischer Musikbeauftragter, noch in jener als Kreis- und Gau-Chorleiter eine

Genehmigung Ihrer eingereichten Vortragsfolge möglich, weil sie die Aufführung eines *Juden-Liedes*: „Das alte Mütterchen", komponiert von dem *Vollblut-Juden Max Spicker* vorsieht.

Zu 1)

Ich stelle anheim, die grundsätzlichen Bedenken gegen Ihre Veranstaltungen durch Vorsprechen bei der Sängergauleitung – – allenfalls durch Vorstelligwerden beim Herrn Bundesführer Meister – – aus dem Wege zu räumen. Als Kreis- und Gau-Chorleiter bin ich – – über die Bedenken der Gauleitung hinaus – – *nicht* in der Lage, ein Programm zu genehmigen, in das ein Kinderchor mit nicht weniger als zehn selbständigen Vorträgen eingebaut ist; besonders, wenn diesen zehn Kinderchören nur sieben ausgesprochene Männerchöre gegenüber stehen. Dieser mein Standpunkt fusst nicht im geringsten auf künstlerischen oder chorischen Erwägungen, sondern aus der rein sachlichen Anwendung des DSB-Vertragsabkommens mit der „Stagma". Der Kinderchor Ihrer Veranstaltungen ist *nicht* Mitglied des DSB. Er wird also auch von dem Stagma-Abkommen mit dem DSB nicht erfasst. Wir können uns nicht der Gefahr aussetzen, von der Stagma den Vorwurf mangelnder Vertragstreue zu erhalten. Daher werde ich auch in Zukunft als Kreischorleiter DSB-Konzerte mit derart überwiegender Heranziehung eines Kindeschores nur dann genehmigen, wenn mir ein Uebereinkommen mit der Stagma betreffs der geschützten Kinderchor-Vorträge nachgewiesen wird. Auch müsste zuvor die Frage geklärt werden, ob der DSB die Genehmigung von Veranstaltungen, die mehr Kinderchor- als Männerchor-Charakter tragen, nicht noch von anderen Voraussetzungen abhängig machen will.

Zu 2)

Da mir die Bedenken der Sängergauleitung gegen Ihre Veranstaltungen bekannt waren, hatte ich keine Veranlassung, das mir Ihrerseits zugeleitete Material mit besonderer Eile zu bearbeiten. Erst in diesen Tagen – – nach Rückkehr des Bundesführers [DSB = Albert Meister] vom Reichsparteitag – – hat sich Ihre Angelegenheit soweit geklärt, dass ich Ihnen diesen – – negativen! – –

Bescheid auf Ihren Antrag zukommen lassen kann. Pflichtgemäss habe ich die eingereichten Programm-Entwürfe einer eingehenden Durchsicht unterzogen. Die dabei gemachten Feststellungen sind erschütternd. Ausgerechnet ein Programm mit dem ostentativen Leitwort „Von deutscher Erde und vom deutschen Menschen" sieht als bezeichnende Illustrierung dieses Mottos die Wiedergabe einer Komposition des Vollblutjuden Max Spicker vor. Bei der Nennung des Liedes „Klagt nicht" von Simon fehlt der Vorname des Komponisten. Welcher ist's? In meinem Juden-Nachweis stehen allein sieben jüdische Komponisten bzw. Musiker des Namens Simon. Infolge der Ihrerseits hierdurch bewiesenen Unzuverlässigkeit sehe ich mich dazu gezwungen, in Zukunft die Bearbeitung Ihrer Konzertgenehmigungsanträge von der Beifügung aller entsprechenden Partituren abhängig zu machen.

Heil Hitler!
(gez.) Nellius

4. [Vad 1941, S. 34:
Nellius an Organist Ferdinand Cluesmann]

(Abschrift)
(Gauchorleiter Georg Nellius, Herne ...) an den
Kreischorleiter des Sängerkreis „Emsland" im DSB
Herrn Ferdinand *Cluesmann*,
Organist in *Telgte* / Westfalen

4.4.[19]38

Sehr geehrter Sangesbruder und Kollege,

zu der mit Schreiben vom 31.3.38 eingereichten Vortragsfolge Ihres Sängerfestes ist zu sagen:

1.) Die Dichtung des Chores Nr. 16 „Du sollst an Deutschlands Zukunft glauben" ist *nicht* von Fichte. Ich habe das im Laufe einer Kontroverse mit dem Bremer Musikwissenschaftler Dr. Zimmermann vor 3 Jahren klarstellen lassen. Die Dichtung ist künstlerisch derart matt, dass sie <u>unmöglich von Fichte stammen kann</u>. Als Dichter wurde denn auch damals irgendein unbekannter Literat festgestellt. Da meine riesigen Aktenstapel vor kurzem umgelagert wurden und noch nicht neu registriert wurden, konnte ich trotz stundenlangen Suchens die entsprechende Korrespondenz nicht ausfindig machen. Ich werde heute noch an Dr. Zimmermann die Bitte um Bekanntgabe des Dichters richten und Ihnen denselben zwecks Berichtigung im Programm benennen. (NB: Verfasser obengenannten Spruchs ist Albert Matthäi, München!)

2.) Nach einer Verfügung der NSDAP dürfen in Chorstücken die Hoheitslieder *nicht* zitiert werden. Da in Chor Nr. 17 („Alles f. Deutschöand" [sic!]) acht Takte lang des [sic!] Deutschland-Lied erklingt, muss ich darum bitten, statt dieses ein anderes Stück zu benennen.

Den beigefügten Brief an Herrn Eugen Meyknecht wollen Sie bitte diesem zustellen. Es berührt merkwürdig, dass Sie in Ihrem Schreiben vom 31.3. auf meine wiederholte Forderung um Bericht über den Fall Ostenfelde [betr. jüdischer Komponist Mendelssohn] mit keinem Wort eingehen und ihr nur durch Beifügen des Meyerknecht-Briefes nachkommen. Sie könne[n] es mir glauben, dass ich Ihnen und mir selber mit derartigen Dingen keinerlei Arbeit machte, wenn sie nicht so *elementar* wichtig wären. Ich habe keinerlei Lust, etwa wegen leichtfertiger Behandlung solcher Fragen mit der Staatsregierung in Konflikt zu geraten. Daher muss ich verlangen, dass alle Mitarbeiter im Gau 8 des DSB ernste Angelegenheiten ernst nehmen und so behandeln.

Mit Sangesgruss und Heil Hitler   Ihr (gez.) Georg Nellius

5. [Vad 1941, S. 35:
Eugen Meyknecht an Georg Nellius, 26.3.1938]

Brief des Chorleiters Eugen Meyknecht aus Ostenfelde (über die Geschäftsstelle des DSB in Herne) an Gauchorleiter Georg Nellius
----

Ostenfelde, 26. März 1938

An die Geschäftsstelle des D.S.B.
in Herne i.W.

Durch unseren Kreischormeister Herrn Cluesmann erfuhr ich, dass Sie das für Ahlen (NB.: wo ein Kreissängerfest stattfinden sollte! Der Kopist) angesetzte Lied ablehnen. Ich habe dieses Lied in dem Führer durch die deutsche Chorliteratur im Auftrage des Amtes für Chorwesen und Volksmusik innerhalb der Reichsmusikkammer von Gg. Schünemann verzeichnet gefunden und desshalb (sic!) geglaubt, dass sämtliche Lieder in diesem Führer auch gesungen werden dürften. Herr Cluesmann wird derselben Meinung gewesen sein, denn sonst hätte er das Lied sofort gestrichen.
    Wissen Sie den mit Bestimmtheit, dass Mendelssohn Jude war? Warum steht das Lied denn in dem Auszug, der <u>1934</u> (wo doch alles Jüdische schon bekämpft wurde) noch verzeichnet? [sic!]

Mit deutschem Sängergruss
Heil Hitler
gez. Eugen Meyknecht

6. [Vad 1941, S. 36: Nellius an Eugen Meyknecht, 1938]

(Abschrift)
(Gauchorleiter Georg Nellius, Herne ...) an den Chorleiter des
MGV „Sängerlust", Herrn Eugen Meyknecht in *Ostenfelde* / West-
falen, durch die Hand des zuständigen Kreischorleiters Ferd.
Cluesmann, Organist, *Telgte* / Westfalen.

Durch Herrn Kreischorleiter Cluesmann/Telgte wird mir Ihr
Schreiben vom 26.3.38 gehändigt. Pflicht- und auftragsgemäss
hatte ich Herrn Cluesmann darum ersucht, Sie um Bericht darüber aufzufordern, aus welchen Gründen Sie im Jahre 1938 (!) für
ein Kreissängerfest des Deutschen Sängerbundes ein von Mendelssohn, d.i. einem *Vollblutjuden* vertontes Lied gemeldet haben.
Die Ungeheuerlichkeit dieser Tatsache wird durch Ihre Ausführungen in keiner Weise entschuldigt. Ich stelle fest, dass Sie den
von Ihnen zitierten Schünemann'schen „Führer durch die deutsche Chorliteratur" recht oberflächlich gelesen haben. Beweis:
Das von Ihnen gemeldete Mendelssohn-Lied ist auf Seite 183 des
Schünemann-Werkes genannt. Ein Sternchen beim Komponis-
tennamen auf dieser Seite verweist auf die Fussnote: „Vgl. An-
mkg. auf S. 157". Diese Anmerkung auf S. 157 lautet: „Darf bei
Veranstaltungen der NSDAP nicht gesungen werden."
Es bedarf keiner weiteren Betonung, dass dies *selbstverständlich* auch für den DSB gilt; dass infolgedessen *kein* Bundesverein
Mendelssohn oder andere jüdische Komponisten weder bei öffentlichen Veranstaltungen, noch auch nur in der Vereinsprobe
singen *darf!* Das ist die eindeutige Stellungnahme und der unab-
änderliche Wille des Bundesführers [Albert Meister, MdR], dem
wir alle ohne jede Frage nach den Gründen zu folgen haben. Diesen ganz konzessionslosen Standpunkt habe ich persönlich *vor*
Erscheinen des Schünemann-Buches dem Wolfenbütteler Verlag
(dessen Inhaber Toni Heilmann jahrelang mein Schüler war!)
bekannt gegeben. Vermutlich haben Verleger und Herausgeber
es schon oft lebhaft bedauert, meinen Ratschlag nicht befolgt zu

haben. – – Über die Frage, ob Mendelssohn Jude war, orientiert das Werk „Judentum und Musik", Hans Brückner-Verlag / München. – – – Ich muss Sie dringend darum ersuchen, in Zukunft hinsichtlich der Literaturfrage der vorstehend dargetanen Einstellung des DSB Rechnung zu tragen.

Heil Hitler!   (gez.) Nellius, Gauchorleiter

7. [Vad 1941, S. 37: Nellius an OB Meister, 3.3.1940]

(Abschrift)
Persönlich
an Herrn Oberbürgermeister Albert *Meister*,
Herne / Westfalen,
Rathaus

3.3.[19]40

Sehr geehrter Herr Oberbürgermeister,
ich überreiche Ihnen anliegend auf Ihren Wunsch skizzierten Entwurf eines Schriftsatzes über die immerhin bemerkenswerte Tatsache, dass mit *jüdischen* Versen für die 5. Reichsstrassensammlung des WHW [Winterhilfswerks] geworben worden ist. Die von Ihnen erbetenen drei Durchschläge auf gutem Papier herzustellen, war mit meiner kleinen Schreibmaschine unmöglich. Obendrein wird es ja notwendig sein, sie auf Bögen mit dem Brief-Kopf der Stadt Herne schreiben zu lassen.

Es würde mich begreiflicherweise interessieren zu erfahren, welches Echo der Bericht auslösen wird. Die erwähnte Zeitung „Herner Anzeiger" vom 27.2.40 bitte ich – – falls sie dem Bericht anliegen soll – – beschaffen zu lassen. Mein Exemplar möchte ich nicht gerne aus der Hand geben.

Heil Hitler!
(gez.) Nellius
Städtischer Musikbeauftragter

8. [Vad 1941, S. 38-39: Von Nellius für OB Meister formulierter Schriftsatz, 4.3.1940]

(Abschrift) (Von Georg Nellius [für OB Albert Meister]
[vor]formulierter Schriftsatz zur Vorlage
bei entsprechend zuständigen Instanzen der Partei[)]

Herne, den 4. März 1940

Stadt Herne
Der Oberbürgermeister
an

Hiermit gebe ich Ihnen Nachstehendes bekannt:
Der Städtische Musikbeauftragte in Herne, Herr Studienrat
und Musikdirektor Nellius, – – westfälischer Gau-Chorleiter im
DSB – – setzte mich am 27. Februar 1940 davon in Kenntnis, dass
in der Zeitung „Herner Anzeiger", gleichen Datums eine die 5.
Reichsstrassensammlung am 2. und 3. März 1940 betreffende
<u>NSG-Notiz</u> erschienen sei, dass dieser Notiz ein laut der Redakti-
on genannter Zeitung von der entsprechenden Dienststelle in
Bochum geliefertes Cliché mit dem Bild einer Libelle voraufge-
druckt stehe, dass die zwei dem Cliché mit dem Bild einer Libelle
eingefügten Verse
„Froh wie die Libell am Teich,
Frohsinn macht leicht und reich"
von dem „Dichter" Dr. Rudolf *Löwenstein* stammen, dass dieser
Löwenstein *Vollblut-Jude* sei, dass also seitens bzw. auf Veranlassung einer Gaudienststelle unter Benutzung ausgesprochen *jüdi-*
schen Geistesgutes für eine *Reichsstrassensammlung des WHW* geworben werde; – – – all dies im Jahre 1940, d.i. *sieben Jahre nach der*
Machtergreifung!!!
Der Beweis für die Richtigkeit der gemachten Angaben wird
seitens des Studienrats Nellius wie folgt angetreten:
    1.) Vorlage der Zeitung „Herner Anzeiger" vom 27.2.1940
    2.) Vorlage von Liederbüchern aus der System-Zeit. – – u.a.
enthält auch das „Liederbuch für Schule und Haus" (Verlag von

Josef Stahl, Arnsberg, 1926; war im Regierungs-Bezirk Arnsberg eingeführt!) in Heft 2 auf Seite 20 ein „*Frohsinn*" betiteltes Stück. Ausdrücklich wird hier darauf verwiesen, dass der *Text* von Rudolf Löwenstein (1819-1891), die *Weise* von Ferdinand Hiller (1811-1885) stamme. Die ersten zwei Verse dieses Liedes „Frohsinn" aber sind die oben bereits genannten: „Froh wie die Libell am Teich, – – – Frohsinn macht leicht und reich".

Wer ist der „Dichter" Rudolf Löwenstein?

Wer ist der „Komponist" Ferdinand Hiller?

Die Antwort auf diese Fragen erteilt das Lexikon „*Judentum und Musik* mit dem *ABC* jüdischer und nichtarischer Musikbeflissener", Hans Brückner-Verlag, München 22, 3. Auflage, 1938:

* Seite 180: <u>Löwenstein</u> Rudolf, Dr. geb. 1819 zu Breslau, gest. 1891 zu Berlin. Musikschriftsteller und Librettist in Berlin (u.a. für Rubinstein). – S.V. (= Sigilla veri von Stauff, Bodung-Verlag, Erfurt.)

* Seite 123: <u>von Hiller</u> Ferdinand, Dr. geb. 1811 zu Frankfurt a.M., gest. 1885 zu Köln. 1877 geadelt. Musikdirektor, Musiklehrer und Komponist (u.a. Kammermusik), Pianist und Musikschriftsteller in Köln. – Nat. B. / Eich. / Kohut / SV. / Enz. / H 39. / A.

Erschütternde Folgerung aus diesen Tatsachen: Mit dem Lied-Machwerk *zweier Vollblut-Juden* ist für eine Reichsstrassensammlung des WHW Propaganda gemacht worden.

Herr Studienrat Nellius hat auf meine Veranlassung hin noch am 27.2.40 die Redaktion der Westf. Landeszeitung angerufen, um eine Wiedergabe der Juden-Verse im amtlichen Organ der Partei zu vereiteln; er hat aus eigenem Entschluss heraus auch die Herner Zeitung vor Nachdruck der Ungeheuerlichkeit gewarnt. – – –

Wie hat Derartiges möglich sein können? Wer trägt die Verantwortung?

Heil Hitler!

Oberbürgermeister, *MdR*

9. [Vad 1941, S. 40-43:
Nellius an Dr. Friedrich Castelle, 14.6.1937]

(*Abschrift*)
Georg Nellius
an Herrn Sendeleiter Dr. Friedrich Castelle,
Köln, Dagobertstrasse, Funkhaus

14.6.[19]37

Sehr verehrter Herr Dr. Castelle,

wir kennen einander. Daher darf ich Ihnen wohl, ohne miss- bzw.
miess verstanden zu werden, das heutige Tagesprogramm wohl-
löblichen Reichssenders Köln mal'n bischen glossieren ..... Nicht
das ganze Programm, *nur* die erste Nummer, denn die – – mehr
nicht! – – habe ich gehört .... Und das kam so:
     Arbeitsgeplagt wie ich bin – – – bis zum 4. August winken
ununterbrochen Sechszehnstunden-Tage! – – – habe ich heute seit
langem und für lange den Montag „blau" gemacht. Ich war gestern Abend in mein Forellenrevier im herrlich einsamen Bieber-
Tal gefahren. Dort wohne ich in meiner kargen Freizeit bei einem
biederen Sauerländischen Kötter, der wetterberichtshalber auch
Radioteilnehmer ist. Ueblicherweise wird der Apparat abgestellt,
wenn und so lange ich im Bau bin. Um den „Rotgefleckten" einmal in aller Herrgottsfrühe nachzustellen, war ich heute kurz
nach 5 aus den Federn und musste mir dann zum Kaffee das
„Morgenlied" des Reichssenders Köln (5,50 Uhr!) servieren lassen. Denken Sie nun nur ja nicht, ich wolle irgendwie die Lauge
meines Spottes über die Einrichtung als solche ausgiessen; oder
über singtechnische und ähnliche Dinge rechten. Offen gestanden
war mir morgen[d]lich festlich zu Mute bei der Ansage: „Morgenlied". In der nächsten *Sekunde* aber (– – zeitlich, nicht musiklich, in puncto „Zeit" aber buchstäblich zu verstehen! – –) vollzog

sich ein Wechsel vom höchsten Entzücken zu abgrundtiefem *Entsetzen*! Entzücken über den Klang der das Morgenlied exekutierenden Kinder, *Entsetzen* über *das, was* gesungen wurde: „Frohsinn!" Der *Komponist* des „Liedes" heisst Ferdinand Hiller und war *Vollblutjude*; der <u>Dichter</u> Rudolf *Löwenstein* ist zwar noch nicht in einschlägigen Anthologien als Jude gekennzeichnet – – – vermutlich wegen seiner absoluten Bedeutungslosigkeit! – – – aber: *Nomen est omen!* Meine Behauptung betreffs Hillers ist nicht etwa nur Mutmassung, sie entspricht den Tatsachen. Beweis: Heimgekehrt, greife ich das Volksschulliederbuch für den Regierungsbezirk Arnsberg, Ausgabe 1926 (!), aus der Bücherecke. In Heft 2, Seite 20, ausgerechnet unter der Nummer 13 steht das „corpus delicti", heute „delectandi causa" vom RS [Reichssender] Köln vermorgenliederte bzw. morgenliederte „Luder"; Titel: „Frohsinn", Text: Rudolf Löwenstein, 1809-1891; Weise: Ferdinand Hiller, 1811-1885. *Dieses* Lied *wurde* heute als „Morgenlied" gesendet! Textanfang: „Froh wie die Libell am Teich ...."; die Melodie kenne ich genau. Ich habe obendrein vor kurzem das Schauerstück aus einem mir als Musikbeauftragten vorgelegten Programm ausgemerzt bzw. seine Auffg. [Aufführung] verboten! An der Autorenschaft der oben genannten kann nicht gezweifelt werden. Wer war Hiller? das Büchlein „Judentum und Musik" von Brückner – – – und zwar die zweite, ziemlich hieb- und stichfeste Ausgabe von 1936! – – – mag die Antwort geben: „von *Hiller, Ferdinand*, Dr., geb. 1811 zu Frankfurt a. M., gest. 1885 zu Köln. 1877 geadelt. Musikdirektor, Musiklehrer und Komponist (u.a. Kammermusik), Pianist und Musikschriftsteller in Köln. Verh. m. d. Sängerin Antokka Hogeé. – – Nat.B./Eich./Kohut/SV./Enz.=/H 39 [.] Die Quellen-Abkürzungen heissen vollständig: S. Wininger, Grosse jüdische Nationalbiographie 1932. Richard Eichenauer „Musik und Rasse", Dr. Alfred Kohut „Berühmte israelitische Männer und Frauen", Herlitz-Kirschner „Jüdisches Lexikon" 1929, Handbuch der Judenfrage von Theodor Fritsch, 39. Auflage, Hammerverlag, Leipzig. – – – – Das die mich in der Tat in Entsetzen versetzenden Tatsachen. Die armen Forellen haben mein Entsetzen zu spüren bekommen: 23 waren bis 12 Uhr an den Haken gegangen. Massenmord, wie ich ihn wirklich normalerweise nicht liebe! *Wie* soll nun Kultur- bzw. Musikpolitik getrieben werden: so, wie wir Musikanten aus ehrlichem Gewissen und jehrzehntealter [sic!] Ueberzeugung heraus sie auffassen, oder so, wie der Reichssender Köln sie praktiziert??? Wenn zufällig der Dirigent, dem ich vor zwei Monaten den Juden-Song verboten habe, *auch* das heutige *Morgenlied* gehört haben sollte, dann wird er mich steinigen oder wegen Geschäftsschädigung (unter Berufung auf den „amtlichen" *Reichssender*! – –) verklagen ...

Und nun ist mir doch in meinem rasch hingehauenen Bericht ein fataler Irrtum unterlaufen betreffs meiner Ansicht, der „*Frohsinn*"-*Dichter* sei noch nicht als Jud lexiziert. *Auch er* ist im Juden-ABC als Vollblutjude genannt: „*Löwenstein Rudolf*, Dr., geb. 1819 zu Breslau, gest. 1891 zu Berlin. Musikschriftsteller und Librettist in Berlin (u.a. für *Rubinstein*) – – – – SV." (Quelle: „Sigilla veri" van Stauff, Bodung-Verlag, Erfurt).

Mein lieber Herr Castelle! Sie erinnern sich zweifellos eines ganz herrlichen Abends in Neheim, wo ich – – – nach Ihrem unvergleichlich schönen Raabe-Abend! – – – einem Kreise geistrichelnder, „auchliterarisierender" Damen ziemlich grob polternd die Stelzen behauen musste ... wann war das? 1926? Oder 27?? Ich habe mich damals als Juden- und Thomas-Mann-Todfeind bekannt .... Und *Sie* haben so prachtvoll sekundiert.

Darf ich wohl aus diesem gemeinsamen Erleben das Recht herleiten zur *Bitte*, die vorstehenden Glossen wirklich nur als meinen Gefühlen der Verehrung für Sie entsprungen betrachten zu wollen??? Meine Ausführungen sollen tatsächlich kein Meckern gegen einen – –, erst recht keine (Schaden-)Freude über einen unterlaufenen Schnitzer bedeuten ......

Dass Sie allerdings einmal beim „Morgenlied"-Unverantwortlichen nach dem Rechten sehen, allenfalls auch den Dirigenten des Kinderchores ins richtige Bild setzen – – – vermutlich war's ein Schulmeister, als solcher natürlich auch Mitglied des

NSLB [Nationalsozialistischen Lehrerbundes]! – – – darum möchte ich doch dringend bitten. Denn das ist denn doch ein zu starker Tobak, dass ein Reichssender im Jahre des Herrn 1937 als Morgenlied das Gemauschel (entsetzlich doofes, typisch jiddisches Gereimsels ....) eines Juden *und* die dazu allerdings gut passende Musik eines Rassegenossen in das gläubige Volk hineinsendet; <u>da</u>mit die weitere Verbreitung eines Juden-Machwerks durch ahnungslose Chorleiter geradezu fördert .....

Was gäbe das wohl für ein prachtvolles „Fressen" für ein Emigranten-Witzblatt, wenn ein bösartiger bzw. böswollender Zeitgenosse den Schnitzer bemerkt haben sollte!?? Hoffentlich ist das *heutige* Morgenlied ausser mir von keinem anderen „Wissenden" gehört worden!

Und nun genug des Schriebs „Um ein Morgenlied"!

Ganz kurz noch eine in etwa mich selber betreffende Frage: Am 22. Juni tagt die <u>Reichs</u>-Schwesternschaft in Soest. Vor drei Tagen erst ist die Reichsleitung der NSV [= Nationalsozialistische Volkswohlfahrt] an mich herangetreten, eine in die Tagung einzubauende musikalische Weihestunde gestalten zu helfen. Ausdrücklich hat man von mir die Bereitstellung eines noch nicht aufgeführten Orgelwerks und die Auffg. [Aufführung] meines Werkes „An die deutsche Mutter" erbeten. Gerne habe ich eingewilligt, dass der bedeutende Orgelvirtuos Gerard Bunk mein Orgelkonzert op. 69 als Einleitung der in der Wiesenkirche stattfindenden Weihestunde *uraufführt*. Die Auffg. des Orchester-Chorwerks „An die deutsche Mutter" ist nur dadurch möglich zu machen, dass mein Herner städtischer Chor, der das Werk am 28.2.37 hier zur Urauffg. brachte, es infolgedessen noch durchaus beherrscht, eingespannt wird. Nach dem Chorwerk folgt eine Bach-Fuge. Ich höre nun, dass die NSV-Gauleitung beim Reichssender beantragt hat, die Weihestunde zu senden bzw. aufnehmen zu lassen. Dazu muss ich offen sagen, dass ich die Sendung bzw. Aufnahme des <u>Orgel</u>konzertes <u>nicht</u> wünschen kann ... Ich habe mir am Sonnabend vor. Woche eigens die Orgel der Wiesenkirche angehört bzw. sie besichtigt. Sie ist derart primitiv, dass ich eine trotz aller Meisterschaft Bunks nur unvollkommene Wiedergabe des Werkes befürchten muss. Ganz anders läge der Fall, wenn dies mein Orgelstück von der herrlichen Reinoldikirchen-Orgel (Dortmund) aus aufgenommen werden könnte. Herr Bunk hat mir am 12.6. das Stück vorgespielt (24 Minuten!). *Das* war allerdings ein Erlebnis. Entweder müsste also die Aufnahme des Stückes – – – falls der Sender sich dafür interessiert – – – *vor* der Soester Feier in Dortmund auf Platte aufgenommen werden, oder allenfalls bei der Auffg. in Dortmund geplattet werden ......

Ganz anders natürlich mein Chorwerk! Dichtung lege ich bei. es hat bei der Urauffg. geradezu jubelnde Aufnahme gefunden. Die Auffg. in Soest – – zumal in dem einmaligen Bau der Wiesenkirche! – – wird ausgezeichnet werden können, da das Dortmunder städt. Orchester als Begleitkörper gewonnen ist .....

Und ich würde mich freuen, wenn dieses Werk auf Platten käme! – – –

Herzlichst Heil Hitler Ihres ergebenen (gez.) Nellius

10. [Vad 1941, S. 44: Friedrich Castelle an Nellius, 22.7.1937]

(*Abschrift*)
Sendeleiter Dr. Friedrich *Castelle* an Georg Nellius

REICHSRUNDFUNK
G.M.B.H. Berlin
Reichssender Köln
Köln. Dagobertstrasse 38
(Post u. Bank-Verbindungen ......)

Ihr Schreiben vom 14.6.
Unser Zeichen A 1/Na. Tag 22.7.[19]37

Sehr verehrter Herr Nellius,

ich kann erst heute auf Ihren Brief vom 14.6. antworten, da ich erst die Stellungnahme der Musikalischen Abteilung haben musste. Das war in der gegenwärtigen Ferienzeit natürlich nicht so einfach wie sonst. Ich bin Ihnen sehr dankbar, dass Sie auf die Entgleisung in dem Morgenlied aufmerksam gemacht haben. Wir haben sofort die entsprechenden Massnahmen getroffen.

Nachträglich auch noch eine Mitteilung über die Tagung in Soest. Wir konnten diese musikalische Weihestunde nicht mehr übertragen, da der Antrag zu spät kam. Nun sind wir ja auch ganz einig, da Sie die Uebertragung des Orgelkonzerts selber nicht wünschen. Wir wollen uns gelegentlich darüber verständigen, wie wir das Orgelwerk einmal auf Platten nehmen können.

Hoffentlich werden wir uns bald einmal sehen, um dann zu überlegen, wie wir Ihr Werk „An die deutsche Mutter" in den Sendeplan nehmen können.

Herzlichen Gruss
Heil Hitler!
(gez.) Ihr Friedrich Castelle

B.IV.
Archivalien aus dem „Vad-Konvolut" (1941) zu Georg Nellius: Ersuchen, amtlicher Schriftverkehr und Stellungnahmen bis 1941

Im Historischen Centrum Hagen liegt der echte Nachlass von Georg Nellius (früher Westfälisches Musik Archiv WMA Hagen). Dort befindet sich folgendes Konvolut:

„GEORG NELLIUS, EIN DEUTSCHER MUSIKER." (NL 0176/ 5) „Darstellung nach amtlichen Urkunden und Dokumenten, an ihn gerichteten und von ihm geschriebenen Briefen, eigenen Aufsätzen, Gutachten der Reichsmusikkammer, Urteilen namhafter Tonkünstler, Konzertprogrammen von ihm geleiteter Aufführungen, Rezensionen in Fach- und Tagespresse. Sammlung und Ordnung des Materials durch Rechtsanwalt Hugo Vad, Neheim a.d. Ruhr (Sauerland), Adolf-Hitler-Strasse 52." [Kurztitel: VAD 1941]

Die Unterlagen wurden 1940/41 zusammengestellt, insgesamt 94 Blatt, einige Dokumente fehlen! Nachfolgend daraus die Texte der Seiten 50-58, 72-77 und 84-85 [Texterfassung Stadtarchiv Arnsberg]:

1. [Vad 1941, S. 50. Übersicht „Nellius der Komponist"]

„5. Georg Nellius, der Komponist

<u>Anlagen:</u>
Anlage-Mappe Nr. 4

- Buch-Anlage 3 mit Artikel von Prof. Dr. Hans Joachim Moser „Wer ist Georg Nellius" = „Nellius-Heft" der von Robert Schumann gegründeten „Zeitschrift für Musik" (Verlag Bosse-Regensburg), Heft 7 vom Juli 1932
- Brief der Reichsfachschaft Komponisten in der RMK an Frau Elsa Nellius
- Brief des Oberbürgermeisters A. Meister an den Präsidenten der Reichsmusikkammer, Herrn Prof. Dr. Dr. Raabe
- Hugo Rasch, Referent der Abt. Ia in der RMK an Herrn Oberbürgermeister Albert Meister
- Professor Hugo Rüdel, Berlin, an Georg Nellius
- Komponist Hugo Kaun, Berlin an Georg Nellius
- Generalmusikdirektor Professor Hugo Papst, Köln an Georg Nellius
- Professor Wilhelm Schaun, Dortmund, an Georg Nellius
- Tonkünstler Gerhard Bunk, Dortmund, an Georg Nellius
- Tonkünstler Walrad Guericke, Braunschweig, an Georg Nellius
- Gutachten zu G. Nellius' „Westfälisches Liederbuch"
- Professor Wilhelm Schaun, Dortmund, an Georg Nellius
- Gutachten über G. Nellius' „Lusteg Laierbauk" v. Prof. Ben Esser, Bonn
- Zwei Urteile des Studienrats E. Dahlke, Dortmund, über „Lusteg Laierbauk"
- Die staatliche Kapelle Kassel an Georg Nellius
- „Vor deutscher Not", Neuer Triumph der Nellius-Kantate
- Georg Nellius als Komponist, Aufsatz von Rechtsanwalt Hugo Vad
- Verzeichnis der Kompositionen von Georg Nellius"

2. [Vad 1941, S. 51-52: Reichsfachschaft Komponisten an Elsa Nellius, 27.6.1936]

(Abschrift)

Brief der Reichsfachschaft Komponisten in der Reichsmusik-kammer an die Frau des Komponisten Georg Nellius

„Reichsfachschaft Komponisten
(Berufsstand der deutschen Komponisten)
in der
Reichsmusikkammer
Der Leiter
Geschäftszeichen: R / St
In der Antwort unbedingt anzugeben
C 1351

Berlin-Charlottenburg 9, den
27. Juni 1936
Adolf-Hitler-Platz 7/9/11
Fernsprecher: J 3 Westend
5518-19
Postscheck-Konto: Berlin Nr.
1304040
Telegramm-Adresse: Berufskom-ponist

Einschreiben!

Frau Elsa *Nellius*,
Herne (Westf.)
Vinckestr. 91

Sehr geehrte gnädige Frau!

Ihre Briefe und Einsendungen haben den begreiflichen Wunsch, vor allem Ihres Mannes grosse Kantate

„Von deutscher Not"

aufgeführt zu wissen. Zu diesem Punkt kann ich Ihnen mitteilen, dass von hier aus eine Aufführung des Werkes in Nürnberg wärmstens befürwortet worden ist. Mehr kann die Reichsfach-schaft Komponisten nicht tun, da das letzte Wort natürlich an anderer Stelle gesprochen wird.

Sie sandten nun noch einige weitere Werke ein, und zwar „Requiem"

„Volk und Führer"
„Ruhr"
„Deutschland"
„Deutsche Messe"
„Ruhrgold"
„Westfälisches Liederbuch".

Der Werkprüfungsausschuss in der Reichsfachschaft Komponisten hat sich eingehend mit den eingesandten Kompositionen beschäftigt; war es doch diese Beschäftigung, die zu der Empfehlung der Kantate für Nürnberg führte. Ich gebe Ihnen nachstehend das Gutachten im Wortlaut wieder:

> „Die vorliegenden Chorwerke sind Arbeiten eines kenntnis-[//51//]reichen und kultivierten Musikers. Die Erfindung ist, entsprechend dem Inhalt der Texte, vielseitig und lebendig, die Gestaltungsweise plastisch. Obgleich die Versiertheit des Komponisten in der Behandlung des chorischen meisterlich zu nennen ist, verleitet ihn seine kontrapunktische Gewandtheit gelegentlich zu Stimmenhäufungen, die der Klarheit des Satzes nicht immer restlos zum Vorteil gereichen. In Anbetracht der Reichhaltigkeit seines chorischen Schaffens ist die Aufführung des einen oder anderen Werkes im geeigneten Rahmen aufs wärmste zu befürworten."

Ich füge hinzu, dass derartige positive Gutachten durch den sehr kritischen Werksprüfungsausschuss „C" zu den grossen Seltenheiten gehören. Die eingesandten Noten folgen anbei zurück.

Auf eine Anfrage aus Koblenz nach chorischen Werken habe ich die Arbeiten Ihres Herrn Gemahls empfohlen.

Heil Hitler!
(gez.) Hugo Rasch
Stellv. Leiter.

Anlagen."

3. [Vad 1941, S. 53:
OB Meister an die Reichsmusikkammer, 23.10.1940]

(Abschrift)
Brief des Herrn Oberbürgermeisters an den Präsidenten der
Reichsmusikkammer

„Oberbürgermeister   Herne, den 23. Oktober 1940
Albert Meister, M.d.R.,
Bundesführer des Deutschen Sängerbundes
in der Reichsmusikkammer

An den Präsidenten der Reichsmusikkammer, Herrn Professor
Dr. Dr. *Raabe*, *Berlin SW 11*, Bernburger Strasse 19

Sehr geehrter Herr Präsident,

mit gleicher Post übersende ich Ihnen Orchesterpartitur und Klavierauszug des Chorwerkes „*Totenklage*" von *Georg Nellius*, Werk
12.

Ich wäre Ihnen zu ganz besonderem Dank verpflichtet, wenn
Sie dieses Werk in kürzester Frist durch Ihren zuständigen
Werkprüfungsausschuss einer eingehenden Prüfung und Begut-
achtung unterziehen lassen wollten. Ganz besonderes Gewicht
lege ich auf eine Beurteilung des Werkes nicht nur hinsichtlich
seiner musikalisch-künstlerischen Qualitäten, sondern auch hinsichtlich der Dichtung. Es kommt mir darauf an, von kompeten-
tester Seite zu erfahren, ob die „Totenklage" von Nellius ohne
jegliches kulturpolitisches Bedenken zum Beispiel in Heldenge-
denkfeiern des Deutschen Sängerbundes eingebaut werden kann,
oder nicht. Es ist geplant, das Werk bei bejahendem Bescheid
zunächst in einem hiesigen Konzert anlässlich des 50. Geburtsta-
ges des Komponisten am 29. März 1941 zur Aufführung zu bringen. Da gegebenenfalls schon bald mit den Vorarbeiten hierzu
begonnen werden muss, bitte ich, eine Entscheidung mit tun-
lichster Beschleunigung herbeiführen zu wollen.

Abschriftlich füge ich einen Brief der Reichsfachschaft Komponisten in der Reichsmusikkammer vom 27. Juni 1936 an die Frau des Komponisten Nellius mit sehr positiver Beurteilung von 8 anderen Werken des Tonsetzers bei.

Heil Hitler!

Oberbürgermeister, M.d.R.,
Bundesführer des Deutschen
Sängerbundes in der RMK.

4. [Vad 1941, S. 54:
Hugo Rasch RMK an OB Meister, 27.11.1940]

(Abschrift)

„Hugo Rasch	Berlin S W 11, den 27.11.40
Referent der Abteilung Ia	Bernburger Strasse 19
in der	Fernsprecher: 19 54 71
Reichsmusikkammer	Postscheckkonto: Berlin 134400

Geschäftszeichen Ia/40 KddK/P.
1190/40

Einschreiben!

An den
Oberbürgermeister der Stadt Herne
Herrn
Albert *Meister*, M.d.R.
Herne.

Sehr geehrter Herr Bürgermeister!

Ihr an den Präsidenten der Reichsmusikkammer gerichtetes Schreiben vom 23.10.40 ist mir zur weiteren Behandlung übergeben worden.

Ich habe die „Totenklage" von Georg Nellius unter Hinweis auf die in Ihrem Schreiben wiedergegebenen Bedenken noch einmal dem Werkprüfungsausschuss der Reichsmusikkammer übergeben, der hinsichtlich der Partitur bei seiner positiven Einstellung geblieben ist und sich auch dahin geäussert hat, dass er bezüglich des Textes keinerlei Bedenken habe.

Partitur und Klavierauszug folgen anbei zurück.

Heil Hitler!
gez. Hugo Rasch

(Stempel)
Reichskulturkammer
Reichsmusikkammer

Beglaubigt:
Faulhaber

2 Anlagen."

Bracht, am 24. Jan. 1941

[Handschriftlicher Brief in deutscher Kurrentschrift, beginnend:]

Herrn Musikdirektor Nellius
lernte ich persönlich kennen im Jahre 1923.

[...]

"Wir sind stolz auf ihn, denn er ist ein Sohn unserer Heimat."

Heil Hitler!

Christine Koch

Stellungnahme der Mundartdichterin Christine Koch
zu Georg Nellius, mit Gruß: „Heil Hitler!" (Vad 1941)

5. [Vad 1941, S. 58:
Prof. Schaun an Nellius, 11.2.1940]

(Abschrift)
Brief des Dozenten für Musikerziehung an der Hochschule für Lehrerbildung in Dortmund *Professor Wilhelm Schaun* (Dortmund, Borawski-Strasse 27) an Georg Nellius über die unter Leitung N[elliu]-s' durchgeführte Aufführung des Chor-Orchester-Werks „Deutschland" von Fritz Sporn (Dichtung v. Wolfram Brockmeier) am 11.2.1940

„Mein lieber Nellius!

Sei nochmals beglückwünscht zu Deiner so gut gelungenen Choraufführung am gestrigen Tage. Man macht ja sonst nicht allzuviel Aufhebens von solchen, an und für sich selbstverständlichen Dingen. Diesmal aber liegt ein ganz besonderer Anlass vor, noch einmal darauf zurückzukommen. Sage Deinen Jungs und Mädels, die sich bereitwilligst in den uneigennützigen Dienst am Werk gestellt haben, dass sie nicht nur eine <u>ausgezeichnete</u> musikalische Leistung vollbracht haben, vor der mancher Musikverein einer Grosstadt bescheiden beiseite treten muss, sondern darüber hinaus durch ihren freudigen Einsatz eine <u>Haltung</u> zu den Kulturfragen und –aufgaben unsrer Zeit gezeigt haben, die schlechthin <u>vorbildlich</u> zu nennen ist. Denn so war es möglich, die Schwierigkeiten zu meistern, an denen heute unsre Chorvereinigungen allerwärts leiden. Die Fragen: Mit welchen Kräften soll man Musikpflege grösseren Stiles treiben? und: Wo kommt unser musikalischer Chornachwuchs her? <u>sind in Herne gelöst</u>. Und wenn ich mich zu dieser Tatsache noch des zukunftsweisenden Wortes Eures Oberbürgermeisters erinnere: es muss einmal dahin kommen, dass unsre Jugend zum Chordienst ebenso verpflichtet wird wie zu den anderen Diensten an der Gemeinschaft, dann braucht es uns um unsre deutsche Musikkultur nicht bange zu sein!

Und nun noch etwas Persönliches. Ich musste früh weg, weil
wir heute eine Hochschultagung haben. Gern hätte ich mit Dir
noch über die ……=frage gesprochen. (--- …. Folgen kurze Ausführungen über ein Liederbuch.)

….. verbleibe ich mit den besten Grüssen und
Heil Hitler Dein
(gez.) W. Schaun"

6. [Vad 1941, S. 72-77: Nellius als Komponist, zum 50. Geburtstag 1941]

„Georg Nellius als Komponist

Das schöpferische Lebenswerk des am 29. März 1941 seinen 50.
Geburtstag begehenden westfälischen Musikers Georg Nellius ist
heute – Januar 1941 – bis zur Werk-Zahl 76 gediehen. Eine bei
erstem Lesen bescheiden anmutende Zahl. Überblickt man jedoch
das in den diesen folgenden Blättern gegebene lückenlose Schaf-
fens-Register des Jubilars, dann ergibt sich, dass in den jeweils als
„opus" zusammengefassten Chor-, Lied- und Instrumental-
Cyclen nur selten weniger als 5, meistens aber je 6, 8, 10, 12, 20,
24, ja sogar 36 Stücke enthalten sind; dass infolgedessen die Zahl
der registrierten d.h. namentlich aufgeführten Einzel-
Schöpfungen nahe an 500 heranreicht. Wird ferner erwogen, dass
etliche dieser Kompositionen 30, 45, 60, ja 150 Minuten Auffüh-
rungsdauer beanspruchen (d.h. konzert- bzw. konzertteil-füllend
sind!) und Gross-Partituren von vielen hundert Seiten füllen,
dann erhebt sich immer rätselhafter die Frage, wie der seit acht
Jahren in Herne hauptamtlich als Schul-Musiklehrer (Studienrat),
ehrenamtlich als Kreis- und westfälischer Gau-Chorleiter des
DSB (für ganz Westfalen und Lippe!), als städtischer Musikbeauftragter, als Dirigent des Städtischen Chores und Leiter der Städti-

schen Solisten-Konzerte, als staatlicher Musikberater für den Regierungsbezirk Arnsberg, als Konzert-Begleiter (z.B. für WHW-Konzerte!) u.s.w. u.s.w. rastlos Tätige neben seiner fast unerhörten Inanspruchnahme ein derart imponierendes kompositorisches Lebenswerk hat schaffen können. Seine physischen und psychischen Kräfte müssen – wie es in einem dieser Dokumenten-Sammlung beigefügten Briefe ausgesprochen wird – in der Tat fast berserkerhaft sein. Von einer nichtsdestoweniger vor nahezu 2 Jahren erlittenen gesundheitlichen Krisis hat Nellius sich restlos erholt. Allein vom 11.2.1940 bis zum 12.1.1941 --- d.h. innerhalb von 11 Monaten --- hat er trotz aller kriegsbedingten Schwierigkeiten in Herne nicht weniger als 4 grossformatige Chor-Orchester-Konzerte mit jeweils 60-65 Künstler starken Orchestern und mehreren hundert Singenden vorbereitet und als [72] suggestiv inspirierender, fachlich durchaus versierter Dirigent jugendlichen Schwungs glanzvoll durchgeführt: Das Oratorium „Deutschland" von Wolfram Brockmeier und Fritz Sporn (Februar 1940), „Fröhliche Musik" mit Solo-, Chor- und Orchester-Werken von Nicolai, Weber, Unger, Brahms und Haydn (März 1940), „Schaffendes Volk" 1. Wiederholung der beim Deutschen Sängerbundesfest 1937 in Breslau unter Leitung von Georg Nellius mit beispiellosem Erfolg durch 5500 westfälische Sänger dargebotenen Gaufeierstunde (April 1940), „Richard Wagner-Konzert" mit ganzen Szenen aus den Wagner-Opern „Rienzi", „Tannhäuser", „Der fliegende Holländer", „Die Meistersinger von Nürnberg" (Januar 1941). Hiezu die durch 4 durchgeführte Solisten-Konzerte bedingte Organisationsarbeit und wiederholte Inanspruchnahme als Pianist bzw. Begleiter. Das eine Ehrenamt ferner als staatlicher Musikberater für den Regierungsbezirk Arnsberg (-- N. ist seit 1926 selber nur als stellvertretender staatlicher Regierungsberater bestallt, übernahm aber am 1. Oktober 1939 freiwillig für Kriegsdauer die volle Vertretung des zum Heere einberufenen 1. Beraters Dr. Maxton, Direktor des Konservatoriums in Dortmund!--) hat im Jahre 1940 z.B. durch gutachtliche Äusserung über 8 Schulmusik-Bücher, Stellungnahme zu

Akten-Vorgängen, häufige Entgegennahme praktischer Vorfüh-
rungen von Bewerbern um den Unterrichtserlaubnisschein u.s.w.
nicht weniger als 150 Arbeitsstunden bedingt.

Dass Nellius bei dieser fürwahr konzentrierten Kriegs-
Arbeitsleistung die schöpferischen Quellen seiner Muse noch
immer rauschen hört und sich mit kühnen Schaffens-Plänen trägt
(--Schon lange ist eine Oper die Sehnsucht seiner Komponisten-
Träume!--), kennzeichnet ihn als ausgesprochene Kraftnatur von
unbändigem Sichauswirkenwollen.

Sein bisheriges kompositorisches Lebenswerk liegt nun in einem gewissen Abschluss vor, kann in Werden und Reifen über-
schaut werden und gibt erschöpfende Aufschlüsse über die
künstlerische und weltanschauliche Haltung seines Schöpfers.
Auf das Hervorstechendste dieser Ernte eines charaktervollen
westfälischen Musikers darf hingewiesen werden: Titel und Inhalt der bemerkenswertesten Nellius-Werke halten [73] --- seit
der Neunundzwanzigjährige 1920 den Franzosen in Saarbrücken
seinen „Saartrutz" (Gedicht und Musik von G.N.!) entgegen-
schleuderte, das Aufführungs-Verbot dieser Hymne dadurch
beantwortete, dass er im durch Tausende von Hörern gefüllten
städtischen Saalbau sich kaltblütig an den Konzertflügel setzte
um das „Deutschland"-Lied anzustimmen, deswegen selbstverständlich seitens der Besatzungsbehörden des Saargebiets verwiesen ward; seit schon im Jahre 1923 der Chor-Cyclus „Vaterland", op. 22, nach leidenschaftlich deutschen Versen von Maria
Kahle im Druck erschien!!! --- eine unbeirrbar gerade Linie auf-
rechter Deutschheit. Einige dieser Werke müssen hier genannt
werden:

- opus 7 „Weltkriegs-Lieder" für Männerchor
- opus 12 „Totenklage", eine Trauer- u. Trost-Kantate für 4 Soli,
  Männerchor, Frauen- od. Knaben-Chor, Orchester und Orgel;
  Uarauffg 1919 in Saarbrücken
- opus 22 „Vaterland", ein Liederkreis f. deutsche Männerchöre
  nach Gedichten von Maria Kahle

- opus 43 „Duitske Misse – Deutsche Messe" in Sauerländischer Mundart und hochdeutsch, Dichtung von Christine Koch
- opus 44 „Von deutscher Not", volkstümliche dramatische Kantate in 3 Teilen für 4 getrennte Männerchöre, Frauen- u. Kinder-Chor, 4 Soli, Orgel und grosses Orchester, Dichtung von Maria Kahle
- (NB. H.J. Moser, Musiklexikon, 1935: „… sein bisheriges Hauptwerk, das bisher weitaus bedeutendste des dt. Aufbruchs")
- opus 48 „Deutschland", 10 dreistimmige Männerchöre a cappella nach Gedichten von Hölderlin, Paul Gerhardt-Christine Koch, Uhland, Bröger, Lersch, H. v. Fallersleben, Hebbel, Heinicke
- opus 50 „Deutsch-Volk", 10 dreistimmige Männerchöre a cappella nach Gedichten von W. Flex, Ernst Ritter v. Dombrowski, H. Torriani-Seele, Hans Heinrich Ehrler, Maria Kahle
- opus 59 „Lieder von der deutschen Saar" nach vier Ged. V. Walther Stein
- opus 61 „Saar-Schwur", Hymne für Männer- od. gem. Chor mit od. ohne Orch.
- opus 64 „Volk und Führer", 5 Hitler-Hymnen nach Ged. v. Dr. Filbry u. Dr. Ossenberg
- opus 66 „Landsknecht, Jäger und Soldat", 13 volkhafte Lied-Sätze f. M.Ch.
- opus 68 „An die deutsche Mutter", eine Folge von Mutter- u. Frauenpreis-Gesängen nach Ged. v. Peter Rosegger, Börries Freiherr v. Münch-[74]hausen, Annette v. Droste-H., Erich Sieburg, Jos. v. Eichendorff, Walther v.d. Vogelweide, Max Jungnickel, Max v. Schenkendorf, Gottfr. Aug. Bürger für vierstimmigen Frauenchor und Kammer-Orchester oder Klavier.

Nellius ist ferner, das unterliegt kaum einem Zweifel, wohl der fruchtbarste ausgeprägte *Heimat*-Komponist unserer Zeit, wie ihn in auch nur annähernd gleichem Ausmass <u>betonten Heimat</u>-Schaffens keine andere deutsche Landschaft vorzuweisen hat. Um das zu beweisen genügt es seine Chor- und Solo- d. i. Klavier-Lieder nach niederdeutsch (insbes. westfälisch) mundartlichen Gedichten aufzuzählen. Es enthalten:

opus 4	an Dialekt-Liedern	4
opus 24 "	" "	20
opus 27 "	" "	12
opus 28 "	" "	10
opus 30 "	" "	24
opus 32 "	" "	2
opus 34 "	" "	4
opus 41 "	" "	20
opus 43 "	" "	9
opus 46 "	" "	1
opus 63 "	" "	16

insgesamt   122 Mundart-Lieder, überwiegend zu herrlichen Gedichten der einzigartigen Koch, darunter die beim Staatspreisausschreiben 1931 für Chorwerke unter 1800 wettbewerbenden Werken mit dem 1. Staatspreis (von nur 9 überhaupt zuerkannten Preisen!) ausgezeichnete „Duitske Misse", op. 43.

Es wäre nun ein Trugschluss annehmen zu wollen, dieses Dialekt-Liedgut könne und würde sich nur wenig belangvoll auswirken, es schlafe den Dornröschen-Schlaf einer zum Tode verurteilten Mundart. Nellius hat diesbezüglichen Gefahren, um nicht zu sagen Wahrscheinlichkeiten, von vornherein gesteuert. Seine Duitske Misse z.B. und seine entzückenden Kinderlieder sind, um den Wirkungsbereich zu weiten, sofort mit unterlegtem hochdeutschem Text in Druck gegeben worden. Die umfangreichen, sowohl dichterisch als auch musiklich einen geradezu goldenen Humor atmenden Chor-Cyclen (op. 28 = 10 Chöre, op. 41 =

20 Chöre) sind aus der ursprünglich plattdeutschen Fassung heraus geschickt verhochdeutscht worden (durch G.N.!), in mehrere
Chorarten (Männer-, gemischten-, Frauen-Chor!) übertragen und
haben mit dem Komponisten-Namen echte westfälische Art in
die deutschen Gaue hinausgetragen. [75]

Nellius' Heimat-Schaffen beschränkt sich indessen nicht auf
die Pflege der Dialektlied-Literatur. In einem ungewöhnlich statt-
lichen Kreis seiner übrigen Werke bildet der *westfälische Kultur-
kreis* – einmal durch musikalische Ausdeutung westfälischer
Dichter und Gedichte, zum anderen durch typisch westfälische
Gesamthaltung, Titel-Wahl, z.B. „Bilder aus Westfalen ...." u.ä. –
Kern und Stern des gesamtkünstlerischen Geschehens. Beispiele:

op.   9:   Gedichte der aus Westfalen stammenden Dichter
             Walther Stein und
             Hermann Maria Heine (gest. 1938!),
                                 Zahl der Stücke: 3
op. 11: Walther Stein   "   "   "   :   3
op. 12: Hermann Maria Heine   "   "   "   :   1
op. 13: Walther Stein und Hermann Maria Heine   "   :   3
op. 16: Maria Kahle   "   "   "   :   10
op. 22: Maria Kahle   "   "   "   :   6
op. 23: Maria Kahle   "   "   "   :   8
op. 26: "Bilder aus Westfalen" (=Instrumental-Stücke!) :   12
op. 33: Maria Kahle   "   "   "   :   12
op. 40: E. Rittershaus („Westfalenlied"!) "   "   "   :   1
op. 44: Maria Kahle   "   "   "   :   1
op. 45: Stoff und Titel „Ruhr"!   "   "   "   :   4
op. 48: Christine Koch   "   "   "   :   1
op. 50: Maria Kahle   "   "   "   :   3
op. 51: Christine Koch, westfälisches Volksgut! "   :   5
op. 52: Christine Koch, westfälisches Volksgut! "   :   20
op. 55: Börries von Münchhausen   "   "   "   :   5
op. 59: Walther Stein   "   "   "   :   4

op. 63:   Christine Koch, Disselhoff, Dr. Filbry,
                Dr. Ossenberg u.a. westfälisches Volksgut

                                      "   "   "   : 36
op. 64: Dr. Filbry, Dr. Ossenberg   "   "   "   :   5
op. 65: Westfälisches Volksgut   "   "   "   :   4
op. 68: Börries von Münchhausen, Annette v. Droste-H.,
Erich Sieburg   "   :   3
op. 70: Bergmanns-Welt!   "   "   "   :   2
op. 71: Hermann Löns   "   "   "   :   6
<u>op. 72, op. 73, op. 74: Christine Koch
u. westfälisches Volksgut   "   "   "   : 14</u>
Stücke und Lieder westfälischer Haltung bzw. Herkunft!: 172

Zusammenfassend darf gesagt werden:

   Mit seinen insgesamt 294 dem westfälischen Volkstum verhafteten und in ihm wurzelnden Gesängen stellt sich Georg Nellius
als den Komponisten des Heimat-gedankens vor; er sucht im
Reich seinesgleichen. Dass Georg Nellius' Schaffen künstlerisch
ernst genommen werden will und muss, darüber hat es eine Diskussion nie gegeben. Er ist immerhin der einzige lebende vierfa-
che Staatspreisträger für Komposition von Vokal-Werken. Die
abschriftlich diesem Band von Dokumenten und Bekundungen
eingehefteten Gutachten der Reichsfachschaft Komponisten (=
Berufsstand der deutschen Komponisten) in der Reichsmusikkammer vom 27. Juni 1936 und des Referenten der Abteilung I a
in der Reichsmusikkammer, des Herrn Hugo Rasch, vom 27. No-
vem-[76]ber 1940, die gleichfalls in Abschrift beigefügten Briefe
und Urteile der Herren Professor Hugo Rüdel (Berlin), Komponist Hugo Kaun (Berlin), Generalmusikdirektor Professor Eugen
Papst (Köln), Professor Ben Esser (Bonn), Professor Schaun
(Dortmund), Studienrat Dahlke (Dortmund), Studienrat Kieslich
(Münster), Tonkünstler u. Orgelvirtuos Gerard Bunk (Dortmund), Tonkünstler und Orgelvirtuos Walrad Guericke (Braunschweig), der Kapelle des Staats-Theaters in Kassel u.v.a. Presse-

Berichte über Aufführungen von Nellius-Werken u.s.w.. reden eine zwingende und eindeutige Sprache.

Georg Nellius ist ein gottbegnadeter Künstler und Tondichter, der wie keiner vor ihm seine westfälische Heimat besang. Wie und wann will die Heimat ihm danken?

Neheim a. Ruhr, Sauerland
Adolf Hitler-Strasse
Im Januar 1941

Hugo Vad (Hugo Vad)
Rechtsanwalt [77].

(Titelblatt zu: Nellius, Opus 64)

B.V.
Quellen, die in Zusammenhang mit der sogenannten „Entnazifizierung" stehen

In den zentralen Kapiteln A.I und A.II sowie im Resümee (A.IV) dieser Arbeit stützen wir uns auf Archivalien aus der Zeit *vor* 1945. Angesichts des Stellenwertes, den eine Sunderner Bürgerinitiative „Nelliusstraße bleibt Nelliusstraße" und ihre Berater der „Entnazifizierung" von Georg Nellius beimessen, halten wir es jedoch für notwendig, auch Quellen aus der Zeit nach 1945 zu berücksichtigen.

In Übereinstimmung mit einschlägigen Forschungsergebnissen ist dabei versucht worden, in →A.III Nellius' Entnazifizierungsverfahren vor dem Hintergrund der sich häufig ändernden Entnazifizierungspraxis der britischen Militärbehörden und des Landes NRW darzustellen. Nur so kann gezeigt werden, dass – gerade vor dem Hintergrund des in den Kapiteln I/II ausgewerteten und teilweise im Dokumentationsteil B. unserer Arbeit abgedruckten Archivmaterials – die Einordnung von Nellius in die Kategorie V (Entlastet) im September 1948 auf widersprüchlichen, höchst anfechtbaren Aussagen der von Georg Nellius ausgesuchten Entlastungszeugen und unhaltbaren Behauptungen beruht.

Die in den vorhergehenden Verfahren von 1946 und 1947 verwendete Charakterisierung, Nellius sei ein „aktiver Nazi" gewesen, kommt der ‚historischen Wahrheit' deutlich näher, wenngleich Historiker diese in ihren Arbeiten nie vollständig darstellen können.

Werner Neuhaus

1. [Die beiden ersten Entnazifizierungsbeschlüsse 1946/47]

Quelle: Landesarchiv NRW, Abteilung Rheinland, NW 1102 Nr. 4493

1. Sitzung für die Lehrerschaft der Höheren Schulen [Hierbei handelt es sich um die Sitzung des Unterausschusses für Lehrer an Höheren Schulen der Stadt Herne vom 01.11.1946 – Anm. Werner Neuhaus]

<u>Nellius, Georg, Studienrat, Hern(e), Vinckestr. 91</u>
SK/HERN/Ed/250

Der Vorgenannte fällt unter die Bestimmungen des § 10 Ziffer 2 b und 97 und § 12 Ziffer f der Verordnung 24 des Kontrollrats und wurde in der Sitzung vom 1.11.46 gehört. Der Ausschuss hat die Überzeugung gewonnen, dass N. auf Grund seiner nationalsozialistischen Betätigung, die in seinen Liedern für das Dritte Reich besonders zum Ausdruck kommt, ein begeisterter Verfechter des Nationalsozialismusses gewesen ist.
Herr Oberstudiendirektor Pesch, Dortmund-Derne, Hosteddestr. 134 wurde vom Ausschuss gehört. Er ist derjenige, der N. im Jahre 1932 nach Herne geholt und ihn weiter gefördert hat. Als der Zeuge im Jahre 1933 entlassen war, hat Nellius sich von ihm auf der Schaeferstr. vorzeitig verabschiedet mit den Worten: „Gestatten Sie, dass ich mich hier verabschiede, man könnte es mir falsch auslegen, wenn man mich[t] länger mit Ihnen sähe."
Der Ausschuss hat gegen eine weitere Betätigung des N. als freier Künstler keine Einwendungen zu machen, muss ihn aber als Studienrat ablehnen und empfiehlt:

Mandatory. Darf nicht beschäftigt werden. Ist ein aktiver Nazi.

Der Beschluss wurde einstimmig gefasst.

2. Grundausschuss Kammer A vom 14.1.47

Der Vorgenannte fällt unter die Bestimmungen des § 10 Ziffer 97 und 12 Ziffer f der Verordnung des Kontrollrats und wurde in

der Sitzung gehört. N. konnte den Grundausschuss nicht davon
überzeugen, nur nominelles Mitglied der NSDAP gewesen zu
sein. Er hat schon vor 1933, also schon bevor er selbst Mitglied
der NSDAP war, faschistische Lieder komponiert, und damit
erheblich an der Verbreitung des Nationalsozialismusses beigetragen. Der Grundausschuss schließt sich den Ausführungen des
Unterausschusses an und empfiehlt:

Mandatory. Darf nicht beschäftigt werden. Ist ein aktiver Nazi.

Der Beschluss wurde einstimmig gefasst.

2. [Brief „Betr. Entnazifizierung!" vom 20.01.1946
an das Oberpräsidium, Abtlg. Höhere Schulen, Münster]

Textquelle: Landesarchiv Nordrhein-Westfalen, Abt. Westfalen,
Münster Nr. AN 81: Provinzialschulkollegium, Personalakte Georg Nellius

„Herne, den 20. Januar 1946

[An das]
Oberpräsidium
Abtlg. Höhere Schulen
M ü n s t er i/Westf.

[Stempel: Der Oberpräsident Abt. 1 Höhere Schulen, Eing. 23.
Jan. 1946]

Betr. Entnazifizierung!

Das Publikum soll mithelfen, daß alle Nazifreunde oder frühere
Förderer des Nazitums aus der Öffentlichkeit, den Behörden, aus
Erziehung, Kultur, Handel usw. entfernt werden oder nicht mehr
an führender Stelle in Erscheinung treten.

Wir machen uns zu Sprechern eines Kreises von Parteifreun-
den und wenden uns gleich an die richtige Stelle, weil unser
Herner Oberbürgermeister die betreffende Person zu schützen
scheint. Es handelt sich um den Gesangslehrer der höheren Schulen hier, Studienrat Nellius.

Wir haben ein Liederbuch beigefügt, das ist von Nellius komponiert. Das Buch wurde von dem Nazioberbürgermeister Meister 1935 in den Herner Schule eingeführt, weil es so famose Hitlerlieder enthält, Seite 26, 27, 30 und 31. Die Liederbücher sind
den Herner Schulen seitens des Schulamts zugewiesen, auch
mußten es die Schulkinder käuflich erwerben. Das Herz des
Nellius muß wohl von lauter Liebe und Begeisterung für den
einst so heißgeliebten Führer und seine Zeit übergelaufen sein,
daß er von sich aus sich verpflichtet gefühlt hat, diese schwulsti-
gen Sätze von Ergebenheit, Treue, Schwur und Gefolgschaft in
Musik setzte, womit er gleichfalls die Konjunktur geschickt aus-
nutzte und sich bei der Naziparteileitung auch ebenso ins richtige
Licht rückte. Der Gesangslehrer hat dann auch diese Hitlerlieder
in seinen Unterrichtsstunden mit den jungen und Mädeln der
höheren Schulen feste gepaukt und gedrillt, je lauter die Kinder
diese Lieder gröhlten, desto besser war die Wirkung. Vielen der
Kinder mögen die Lieder gefallen haben, aber auch viele Kinder
standen den Liedern verständnislos gegenüber, da sie von Haus
aus anders erzogen wurden. Es kann nicht abgestritten werden,
daß Nellius mit seinen Hitlerliedern „Heil dem Dritten Reich" die
nationalsozialistische Ideologie ausbreiten und vertiefen half,
selbst einige Studienräte der Anstalt fanden diese Art der Webung
für das Nazitum zu dick aufgetragen.

Nachdem die Herner Oberschulen jetzt wieder unterrichten,
sind viele Eltern von Schülern, die die Oberschule besuchen,
nicht wenig erstaunt, dass der Gesangslehrer Nellius doch noch
dem Lehrkörper angehört. Wie will der Mann den vor seinen
Schülern bestehen, denen er noch bis vor kurzem Hitlertreue,
Nazitum und Hakenkreuzgefolgschaft mit seinen Lieder eingetrichtert und eingedrillt hat und nun in anderen Tönen Musik

machen muß? Ebenso sind die Liederbücher mit diesen blutrünstigen Hitlerliedern noch massenhaft in Händen der Schüler und in den Schränken der Herner Schulen zu finden, beigefügtes Liederbuch haben wir auch einem Schulschrank entnommen.

Nellius hat dann diese Hitlerlieder noch für die Männer Gesangsvereine herausgegeben, und auf der zweiten Seite des Notenstücks ist [1] gedruckt die folgende Widmung zu lesen „Dem Bundesführer des Deutschen Sängerbundes Herrn Oberbürgermeister A. Meister MdR in herzlicher Verbundenheit gewidmet“. In herzlicher Verbundenheit – das soll wohl heißen, daß sich der Komponist Nellius mit dem Nazivertreter Meister in der Verehrung und Verfechtung des Nazitums aufs innigste verbunden fühlt (siehe seine Nazilieder).

Wir meinen, daß es doch eine Lumperei ist, ehemals Nazilieder zu komponieren und damit seine Gesinnung offen klarzulegen und heute den Unschuldigen zu heucheln. Wir wissen, daß Nellius Nazigrößen wie den Oberbürgermeister, die Kreisleiter von Herne und Wanne-Eickel zu Saufgelagen in seiner Wohnung zu Gast hatte. Nach Zeugenbekundungen hat Nellius Chorkomponisten, die früher Lieder für den Arbeitersängerbund geschrieben haben, als Konjunkturkomponisten verspottet und ist deshalb mit einem davon in einen Prozeß verwickelt gewesen, er selbst hat dann aber später ebenso die Konjunktur ausgenutzt und Hitlerlieder gemacht. Ein Gesangsstück von Nellius ist für Parteizwecke in Münster aufgeführt worden, wofür er freundliche Ovationen des Gauleiters Meyer entgegennahm, man will sogar wissen, daß der Gauleiter in Münster eine Eingabe zugegangen ist, Nellius von Hitlers Gnaden zum Professor zu ernennen.

Es steht fest, daß Nellius hier beim Kreisleiter Nieper, beim Schulrat Lutz und beim Oberbürgermeister Peiter in hoher Gunst stand, letzterer hat ihn noch über das Ministerium von Goebbel eine Beurlaubung vom Schuldienst über mehrere Monate verschaffen wollen. Nellius hat schließlich das Wohlwollen dieser Bonzen und die Partei dazu benutzt, um einen Herner Schulmann, der sein Gegner war, durch ein eingeleitetes Parteigerichtsverfahren aus dem Weg zu räumen. Diese Sache wird aber wohl noch Gegenstand einer Privatklage werden.

Alles in allem ist also die Person des Gesangslehrers Nellius in der Gesinnung nicht so einwandfrei, wie das in seinem Fragebogen zu stehen scheint. In unsern Parteikreisen ist man sich darüber einig und man hört auch in der Stadt Stimmen gegen ihn, sogar die älteren Schüler und Schülerinnen lassen sich laut darüber aus, auch einige der Studienräte, daß Nellius als Erzieher nicht tragbar ist. Wenn er Hitlerlieder oder Nazilieder mit seinen Schülern nur geübt und gesungen hätte, so könnte man das verzeihen, denn viele Erzieher haben das getan oder tun müssen, aber daß Nellius solche Nazitexte zu Liedern gemacht hat und damit in hohem Maße zur Ausbreitung und Vertiefung der Naziideen, zur Verherrlichung der SA und der Person Hitlers beigetragen, sogar zur Verfolgung Andersdenkender (die Faust in den Nacken, dem das nicht paßt) aufforderte und mit solchen Schundliedern auch die deutsche Musikkultur verschandeln half, das allein muß schon maßgebend sein, ihn von der Herner Schule und auch aus dem Kulturleben der Stadt zu entfernen. Wir haben noch manches gegen den Mann vorzubringen, aber das soll zunächst genug sein.

Unser Schreiben bedeutet keine Denunziation, aber wir wollen Recht, Gerechtigkeit und Sauberkeit. Zu unsern Angaben können wir in jedem Falle Unterlagen und Zeugen beibringen. Wir erwarten, daß von dort entsprechend gehandelt wird, ehe sich der Kreis der Gegner gegen Nellius noch vergrößert und sich zur offenen Revolte gegen ihn auswächst.

E. Trockert[?]. Ludw. Gassner,   Haske

3. [„In Sachen Nellius-Herne!": Dortmunder Sängerstellungnahme vom 19.10.1946]

Textquelle: Landesarchiv Nordrhein-Westfalen,
Abt. Rheinland NW 1102 Nr. 4493

Abschrift

Dortmund, den 19.10.1946

In Sachen Nellius-Herne!

Ohne Zweifel ist der Studienrat G. Nellius, Herne, als Aktivist und Nutzniesser am Nationalsozialismus zu klassifizieren. Er hat Hitler-Lieder komponiert. Das entsprechende Liederbuch mit den Liedern zur Glorifizierung seines „heissgeliebten" Führers hat weiteste Verbreitung gefunden, auch hier in Dortmund war es zu haben. Nellius selbst hat seine Hitler-Lieder seinen ihm anvertrauten Schülern und Schülerinnen eingetrichtert. Auch für die Gesangvereine hat er die Hitler-Lieder komponiert und diese dem Sängerführer Meister, Herne, „in herzlicher Verbundenheit" gewidmet, nur haben wir Sänger diese Lieder wegen ihrer Anrüchigkeit nicht gesungen, Gott sei Dank!

Das ist klar: Mit seinen Hitler-Liedern hat Nellius bewusst die nationalsozialistische Ideologie verbreiten und vertiefen helfen; man braucht sich den Text der Lieder ja nur durchzulesen! Selbstverständlich hat der Komponist Nellius für seine Arbeit auch vom Musik-Verleger eine entsprechende Bezahlung bekommen und auch Aufführungsgebühren laufend eingesteckt. Das ist ein Gelderwerb aus dem Nationalsozialismus, also eine Nutzniessung, und ebenso hat er sich als Hitler-Komponist in Parteikreisen ein gewisses Ansehen erworben, denn wer im Sinne des Hitler-Regiments mitgearbeitet hat, wurde auch entsprechend geachtet.

Dass Nellius aus dem Schuldienst entlassen wurde, ist nicht mehr wie recht. Wer aber aus dem Schuldienst entlassen ist, hat auch in der Regel Verbot für Privatunterricht. Es wundert uns deshalb zu hören, dass Nellius sich ohne weiteres wieder als Dirigent von Gesangsvereinen betätigt, dass ein Verein sogar in seiner Wohnung Proben abhält. Hat der Mann noch soviel Wohnraum und Platz zu Hause, dass ein Verein sich bei ihm in der Wohnung zu regelmässigen Proben versammelt? Wie uns Herner Arbeitskollegen erzählen, soll Nellius als Dirigent mit einem Herner Gesangverein sogar gelegentlich des Jubiläumskonzerts des Arbeiter-Gesang-Vereins Volkschor Herne am 27. Okt. Engagiert sein. Das schlägt denn doch dem Fass den Boden ein! Wir nehmen deshalb energisch Veranlassung, einiges zur Charakterisierung der wahren Gesinnung des Herrn Nellius mitzuteilen:

Sonntag nach Ostern 1933 war die Generalversammlung des Deutschen Sängerbundes in Dortmund. Am Festsonntag sangen 2000 Sänger auf dem Hansaplatz. Dirigent sollte Dr. Hans Paulig vom Dortmunder Männer-Gesang-Verein sein. Aber Nellius war es in der Hauptsache, der gegen Dr. Paulig meckerte und es als untunlich bezeichnete, dass angesichts des sich entwickelnden Nationalsozialismus Paulig nicht dirigieren dürfte, weil er Dirigent des marxistischen Düsseldorfer Volkschores sei, mit dem er noch einige Monate vorher im Interesse des Internationalismus eine Konzertreise nach Paris unternommen habe. Tatsächlich brachte es Nellius mit seinem Gemeckere auch fertig, dass Dr. Paulig als Dirigent zurücktreten musste. Zeuge dafür ist Oberstudiendirektor Pesch in Dortmund, früher in Herne. Ueber diese Sache wurde noch vor 14 Tagen in der Dortmunder Sänger-Versammlung öffentlich gesprochen.

Wenige Monate später, im Juli 1933, feierten wir Westfalen unser westfälisches Sängerbundesfest in Dortmund. Der Dortmunder Männergesangverein konnte aber nicht an dem Fest teilnehmen, er reiste dafür zu einem internationalen Gesangswettstreit nach Amsterdam. Wieder pöbelte uns Nellius an und hauptsächlich deshalb, weil wir einen Preischor singen mussten, der von dem „jüdischen" Komponisten Sem Dresden, stammte.

b.w. [//1//]

Wie Nellius gegen den Arbeitersängerbund, gegen jüdische Komponisten, gegen Komponisten, die für den Arbeiter-Sängerbund komponiert haben, hetzte und zeterte, geht aus einem Referat hervor, das Nellius als Gauchorleiter vom Westf. Sängerbund am 14. Oktober 1934 beim Sängertag in Hagen gehalten hat. Hier einige Kostproben:

> Es sind jetzt gut ein- und ein halbes Jahr verflossen seit März 1933 …
>
> Seit jenem Tag hat ein Adolf Hitler in Deutschland Geschichte gemacht. Was damals nur ein Ahnen war, ein Traum von werdender deutscher Grösse, das ist heute, steht und besteht: Ein Reich, ein Volk, ein Führer! In urweltlich-mythisch anmutenden gewaltigem Gestaltungsprozess wurde Deutschland neu geformt. Der alte Bau zerbarst im Werden des neuen. …
>
> Wer sich als Chormeister gegen alles einstimmige Singen wendet, dem ist nie die markige Kraft des Marsch-, des nationalen Kampf- und Brauchtum-Liedes aufgegangen. Ich nenne vor allem das neue deutsche Hoheits-, das Horst Wessel-Lied … Wer in diesem Trutzgesang Hitler-Deutschlands nicht den ehernen Marschtritt der deutschen Erhebung verspürt, der hat das Lied nicht verstanden, der hat auch unsere Zeit nicht verstanden. …
>
> Meine Herren! Ich habe wohl kaum zu befürchten, bei Ihnen in den Ruch der Konjunktur-Geschäftigkeit (!) zu geraten, wenn ich daran erinnere, dass ich für das plattdeutsche Lied gekämpft habe in einer Zeit, da solch betontes Hinweisen auf die Urkräfte des Heimatbodens von dem musikmachenden Hofstaat der Kestenberg (gemeint ist Leo Kestenberg, - Jude- der über 10 Jahre Ministerialdirektor im Preussischen Kultusministerium war), Selig und Genossen belächelt wurde. Menschen aber, die damals alles Volkhafte und Völkische wie die Pest hassten, die der „Gleichmacherei", der „Menschheitsverbrüderung", wurzel- und heimatlosem „Weltbürgertum" das Wort redeten, sie ver-

suchen heute – wendig und gerissen wie sie sind! – sich Werte zu eigen zu machen, die andere geschaffen haben. ...

Herr Hannemann-Hamburg hat das Lobeda-Singebuch herausgegeben, es trägt den Vermerk: „-Herausgegeben von K. Hannemann, Hamburg unter Mitwirkung von Erwin Lendvai und Walter Rein". Wer ist dieser Erwin Lendvai? Ungarischer Jude, Hofkomponist der SPD, Lieferant hetzerischer Klassenkampfchöre, langjähriger Mitarbeiter der (marxistisch) sozialistischen Monatshefte ...

Achtung vor der Konjunktur-Produktion gewisser Leute, denen wir zwar nicht die handwerkliche Befähigung abstreiten wollen, einen musikalisch achtbaren Satz schreuiben zu können, denen wir aber die innere Berufung, für das neue Deutschland Chöre überhaupt schreiben zu dürfen, ganz entschieden absprechen ...

Kurz nach der Erhebung propagierte ein Musikverlag die neue „Friedericus Rex-Chorbearbeitung von – Erwin Lendvai. Wer ist Lendvai? Ich sagte es bereits: Jude, SPD-Mann, Hetzchorkomponist. Gewiss, ein versierter Theoretiker, ein Könner! Aber: Nicht-Deutscher. Rassefremder! Wir können und dürfen uns nicht die Inkonsequenz erlauben, unseren musikalischen Bedarf beim Juden einzudecken, weil er (der Jud „kann" alles) sich stofflich „national" gebärdet, während im Staatsleben nach wie vor der Arier-Paragraph zur unerbittlichen Durchführung gelangt ...

Sehr zum Nachdenken stimmt es ferner, zu beobachten, dass sich unter [//2//] den Herstellern „nationaler" Chöre Typen befinden, die noch im März 1933 auf der antinationalen Seite standen und kurz zuvor in Wort und Tat von Pazifismus und Internationalismus nur so „troffen" (Gemeint waren die Komponisten Erwin Lendvai, Walter Rein, Herm. Simon, Herm. Wünsch, Wilhelm Knöchel, Walter Hensel, die mehrfach in den Konzertprogrammen mit ihren Chören beim 1. Deutschen Arbeiter-Sängerbundesfest 1928 in Hannover vertreten waren).

Diese wortwörtlichen Ausführungen machte Nellius in der Hagener Stadthalle vor über eintausend Sängern und Chordirigenten. Damit war es aber noch nicht genug, auch in der Praxis hat Nellius seine Hetze bewiesen. Nellius hatte als Gauchorleiter im Westf. Sängerbund und als Musikbeauftragter der Reichsmusikkammer die Aufgabe, alle Konzertprogramme der Gesangvereine und der Sängerkreise durchzusehen und sie zu genehmigen. Bei dieser Gelegenheit hat er zahllose Chöre von Lendvai, Knöchel, Rein u.a. mit der Begründung einfach gestrichen, diese Komponisten seien Juden oder hätten ehemals Proletarier-Chöre für den Arbeitersängerbund geschrieben, oder der Text oder die Melodie stamme aus der Feder eines Juden. Die Beanstandungen erfolgten immer in so verletzender, anmassender und überheblicher Form, dass dadurch die betroffenen Chordirigenten äusserst verärgert und verbittert wurden --- bis ein Dirigent doch den Mut aufbrachte, den Komponisten Prof. Walter Rein von dem Gebahren des Gauchorleiters Nellius Mitteilung zu machen. Es kam zu einer Klage von Prof. Rein gegen Nellius vor dem Amtsgericht in Soest. (Man fordere zum Beweis die Gerichtsakten vom Gericht in Soest vom 9.3.37 u. 12.4.37 Gesch. Nr. 4 Bs 42-36 an). Zeugen für den Kläger Rein waren Leonh. Blumberger in Dortmund-Hörde, W. Schürmann in Bochum und Heinr. Lichtenberg in Dortmund-Eving.

Nellius hatte ausserdem in Bezug auf Rein die Äusserung getan, er habe kommunistische Chorwerke komponiert, diese seien im Verlag des Arbeitersängerbundes, dessen Leiter der Jude Guttmann sei, erschienen. Rein habe durch diese Tätigkeit gezeigt, dass er zu den ehemaligen marxistischen Tonsetzern gehöre. Als solcher habe er im linksradikalen Lager gestanden und mit dem Sozialdemokraten Guttmann zusammen gearbeitet (Alfred Guttmann, ein Jude, war Vorsitzender des Musikausschusses im Arbeiter-Sängerbund). Rein habe in der kommunistischen Sammlung neuer Freidenkerlieder ein Lied stehen „das rote Herz der Welt" und es sei deshalb als ein ruchloses und schamloses Geschäftsgebahren zu bezeichnen, gleichzeitig vaterländische Chöre und marxistische Tendenzchöre zu schreiben. Nellius erlangte zwar einen Freispruch, dess es gelang ihm mit grossem Rede-schwall zu überzeugen, es seien diese Aeusserungen nicht auf Prof. Rein, vielmehr auf Knöchel, Wunsch, Lendvai und andere gemünzt gewesen. Außerdem war ja die nationalsozialistische Rechtssprechung so, dass man keinen verurteilte, wenn er gegen Juden und Marxisten zu Felde zog, so etwas gehörte ja zur natio-nalsozialistischen Grundhaltung.

Derselbe Nellius, der gegen die genannten Komponisten an-stänkerte und sie als Konjunktur-Komponisten bezeichnete, hat dann selbst die Konjunktur ausgenutzt und Hitler-Lieder kom-poniert. So sieht der wahre Nellius aus: aufgeblasen wie ein Frosch, selbstherrlich und geschäftig, unehrlich. Er war in Sän-gerkreisen absolut nicht gelitten, man rückte von ihm ab und war schliesslich froh, dass er als Gauchorleiter abgesägt wurde. Aber selbst kam er sich furchtbar tüchtig vor und dünkte sich wie ein Halbgott. Es ist nicht unbekannt in Sängerkreisen geblieben, dass Nellius von Führers Gnaden nach dem Titel „Professor" Aus-schau gehalten hat; in dieser Sache ist dem früheren Gauleiter und Oberpräsidenten Dr. Meyer, Münster, eine entsprechende Eingabe zugeleitet worden, das weiss man in Sängerkreisen ganz gut.

Nun fragt man sich doch mit Recht: Wie ist es möglich, dass so ein Nazi-[//3//] Freund wie Nellius heute noch im kulturellen Leben steht, Gesangvereine dirigiert und sich vor der Oeffent-lichkeit auf die Bühne stellt, als wenn er der unschuldigste Mensch sei! Haben denn die dortigen massgeblichen Parteivertre-ter im Entnazifizierungs-Ausschuss die Augen und Ohren ver-schlossen? Es ist doch geradezu eine Blamage, dass der Herner Arbeiter-Gesangverein Volkschor, der doch in der Sozialdemo-kratie verwurzelt ist, einen Dirigenten wie Nellius im Rahmen seines Jubiläums herausstellt, der in der Nazizeit nicht genug gegen den „marxistischen" Arbeitersängerbund, gegen „proleta-rische" Tendenzkomponisten und „Juden" hetzen und aufwie-geln konnte. Hundert von kleinen Dirigenten und Vereinsleitern hängt man einfach ab, weil sie kleine Parteimitglieder waren und mit ihrem Verein mal an einer Parteifeier teilnahmen oder für das WHW gesungen haben. Nellius, der große Stratege, darf weiter in Kultur machen. Es ist zum Lachen!

Wir haben von diesen Dingen vor 14 Tagen in einer Sänger-Versammlung hier, die von der Arnsberger Regierung angeregt wurde, öffentlich gesprochen und zum Ausdruck gebracht, dass Nellius, Lamberts, Merckelbach und andere Dirigenten mit dem Gesangsleben für's erste nichts zu tun haben dürfen. Sollte Nellius nicht gehindert werden, bei dem Konzert des Volkschores zu dirigieren, dann sind wir mutig genug, nach Herne zu kommen und ihn bei seinem Auftreten mit einem Pfeifkonzert zu empfangen. Aber wir glauben, dass die Entnazifizierungs-Kommission das ihrige tut, denn sonst ist doch etwas Wahres an dem Satz „Die Kleinen hängt man auf, die Grossen lässt man laufen." Eben, weil Hunderte und Tausende westfälische Sänger Nellius und in seiner wahren und abstossenden Haltung und Gesinnung kennen, deshalb muss gehandelt werden, um den Begriff „Demokratie" nicht zur Lächerlichkeit herabzuwürdigen. Am Rande sei vermerkt, dass auch der Chordirigent Merkelbach, der in Herne tätig ist, nicht stubenrein ist (er war Kreiskulturstellenleiter bei der Kreisleitung in Gelsenkirchen und hat sich in dem Dienst von KdF betätigt und die Gelsenkirchener Sänger sehr verärgert). Dazu werden sich aber wohl unsere Gelsenkirchener Parteifreunde und Sänger melden. Wir wollen uns nicht in die Herner Verhältnisse einmischen, aber hier handelt es sich um eine Frage der Allgemeinheit, um das Prinzip der Ehrlichkeit und Gerechtigkeit – sonst müssen sich sogar die antifaschistischen Parteien in der Öffentlichkeit den Vorwurf gefallen lassen, dass sie nicht gerecht richten und sich sogar schützend vor Nazifreunde stellen.

gez. Josef Marling   gez. Wilh. Welter.   gez. Steffke.

gez. Bartel.   gez. Alexander Delfes   gez. Fritzen.

4. [Brief von Wilhelm Diestmann an Georg Nellius, 3.1.1947]

Textquelle: Landesarchiv Nordrhein-Westfalen,
Abt. Rheinland NW 1102 Nr. 4493

Abschrift eines Briefs des Herrn Studienrat. Wilhelm Diestmann
in Soest an Georg Nellius

(Vorbemerkung: in dem Westfälischen Liederbuch von Georg
Nellius, opus 63 befindet sich eine Gruppe von Liedern, deren
Vertonung dem Komponisten zur Last gelegt wird. Das letzte
dieser Lieder „Westfalen-Marschlied" ist gedichtet von Wilhelm
Diestmann. Der nachstehend abschriftlich wiedergegebene Brief
befasst sich mit dem Text dieses Liedes.)

„Soest, Brüderstr. 39
3.1.47
Anlage 15

Sehr geehrter Herr Kollege Nellius!

Wegen des Gedichtes „Westfalen-Marschlied" habe ich bisher
keine Schwierigkeiten gehabt, und ich glaube, wenn man sich
daran erinnert hätte, wäre es ohne Schaden für mich geschehen.
Denn ich war und bin in Soest als Parteigegner bekannt, der wegen freimütiger Aeusserungen sich zu verantworten hatte und
deswegen auch zu peinlichem Verhör vor der Gestapo stand. An
dem Lied ist m.E. auch nichts auszusetzen, nur dass in der letzten
Strophe statt des ursprünglichen „Deutschen Reich" geschrieben
werden musste „dritten Reich". Das ist durch eine Parteistelle in
Ahlen (so viel ich weiss) geschehen, der die Verse durch meinen
verstorbenen Bruder Caspar D. bekannt geworden waren. Ich
kann mir nicht vorstellen, dass der Text gerade dieses Liedes
Ihnen zum Vorwurf gemacht werden kann, und wundere mich
überhaupt, dass Deutsche gegen Deutsche so schmutzig vorgehen. Ich selbst bin Mitglied des Unterausschusses für Entnazifi-

zierung der Schulmeister und muss schon sagen, dass dort ein grosszügiger, demokratisch-christlicher und vor allem deutscher Geist herrscht, der auf Denunziationen pfeift und das Ziel vor Augen sieht, endlich ein wirklich einheitliches deutsches Volk formen zu helfen, das nicht ängstlich auf die Vergangenheit oder die Sieger blickt, sondern wieder Vertrauen zu sich hat und auf eine bessere Zukunft hofft.

Zum neuen Jahre wünsche ich Ihnen, dass Sie aller angedeuteter Schwierigkeiten Herr werden und als Leiter des Musikwesens der Stadt Herne sich in alter Weise betätigen können.

Mit den besten Grüssen Ihr ergebener
(gez.) Wilhelm Diestmann"

5. [Nellius' Entlastungszeugnis vom 19.10.1948]

Textquelle: Landesarchiv Nordrhein-Westfalen, Abt. Westfalen, Personalakten Nr. AN 81, Nellius, Georg, Schulkollegium Münster

(*Abschrift*)

BA 26/4493/Her/33/465

Entlastungs-Zeugnis
(*Clearance-Certificate*)

Hiermit wird bescheinigt, dass
(It is hereby certified that)

Name (buchstabiert)	Georg *Nellius*, geb. 29.3.91 zu Rumbeck
Wohnhaft	Herne, Vinckestr. 91
	Studienrat
Personalausweis Nr.	AW 701 733 FAF

unter den Bestimmungen der Verordnung Nr. 79 der Militärre-
gierung entlastet worden ist.
(Has been cleared under the provision of Military Government
Ordinance No. 42.)
Datum   19.10.48
Ort   Bochum
Stempel:
(Stamp)
Stadt Bochum   Unterschrift (gez.) Herrmann
                     (Signed)
                     Vorgesetzter der Denazifizierungskammer

(Beiblatt)
Kreisberufungsausschuss   Bochum, den 15.9.48
Bochum, Pol.Präs., Zi.166
(Genaue Bezeichnung des Ausschusses)

In der
Entnazifizierungssache
des Studienrates   Georg N e l l i u s
in   H e r n e   Vincke-Strasse Nr. 91
geboren am 29.3.91 in Rumbeck
hat der Berufungs-Entnazifizierungsausschuss in Bochum
                in der Sitzung vom 15.9.48

unter Mitwirkung
des Dr. jur. Paul *Herrmann*, Vorsitzender
des Heinrich *Hossiep*
des Anton *Meise*
des Herbert *Aldekamp*
des Ewald *Küpper*

für Recht erkannt:

D[?] – Darf beschäftigt werden
Kategorie V.
Die Gebühren, die der Betroffene zu entrichten hat, werden auf
30.- DM

                                 festgesetzt.

Gründe:
s. Protokoll   (gez.) Dr. Herrmann
                  (gez.) Aldekamp
                  (gez.) A. Meise
                  (gez.) Hossiep
                  (gez.) Küp[p]er

6. [Brief der Stadt Herne an das Schulkollegium Münster, 28.1.1949]

Textquelle: Landesarchiv Nordrhein-Westfalen, Abt. Westfalen,
Personalakten Nr. AN 81, Nellius, Georg, Schulkollegium Münster

Stadt Herne

                         Herne, den 28. Januar 1949

An das Schulkollegium
in Münster

Unser Zeichen – 20. –
Betr. den früheren Studienrat Georg Nellius.

Der frühere Studienrat Georg Nellius vom Gymnasium in Herne
wurde durch Erlaß des Herrn Oberpräsidenten der Provinz Westfalen – Abwickelungsstelle – VIa No. 112 Nellius vom 30.6.1947
auf Anordnung der Militärregierung Arnsberg aus dem Schuldienst erneut entlassen. Herr Nellius hat nunmehr seine Entnazifizierung betrieben und ist durch den Berufungshauptausschuß
in Bochum in die Kategorie V eingestuft worden. Beglaubigte

Abschrift liegt an. Herr Nellius hat, nachdem er eine vorläufige Mitteilung vom 16.9.1948 über seine Einstufung erhalten hatte, am 22.10.1948 beglaubigte Abschrift des Entnazifizierungsbescheides eingereicht und gleichzeitig um Wiedereinstellung in sein früheres Amt als Studienrat gebeten.

Nachdem dieser Antrag bereits im Schulausschuss einstimmig abgelehnt war, hat nunmehr auch der Hauptausschuss der Stadtverordnetenversammlung, der nach der Hauptsatzung die für die Erledigung von Beamtenfragen zuständige Stelle ist, die Wiedereinstellung des Herrn Nellius einstimmig abgelehnt. Die Begründung zu dem Beschluss des Hauptausschusses ist nicht einhellig. Ein Teil der Mitglieder des Ausschusses lehnt Herrn Nellius nach wie vor aus politischen Gründen ab. Herr Nellius ist in der Öffentlichkeit durch die Komposition von nazistischen Liedern hervorgetreten, die in Herne von den Schulkindern gesungen worden sind. Ein Teil der Mitglieder des Ausschusses hält die Tätigkeit des Herrn Nellius für so belastend, dass er der Wiedereinstellung des Herrn Nellius in den Schuldienst in Herne nicht zustimmen kann. Er befürchtet, daß sich daraus Mißstände, insbesondere auch eine Beunruhigung der Schüler und der Elternschaft ergeben könne. Andere Mitglieder des Ausschusses lehnen Herrn Nellius wegen seiner pädagogischen Tätigkeit ab. Sie stehen auf dem Standpunkt, daß Herr Nellius als Pädagoge versagt hat. Er sei zwar ein namhafter Komponist, aber kein Schulmann, habe sein Interesse vorwiegend seiner Kompositions-tätigkeit und seiner Tätigkeit als Chordirigent zugewandt, darüber die Schule vollkommen vernachlässigt und so einen Tiefstand der musikalischen Ausbildung der Kinder hervorgebracht. Sie bestreiten aufgrund der Stellungnahme der beiden Direktoren unserer höheren Schulen Herrn Nellius die pädagogische Fähigkeit zur Erteilung des Musikunterrichts. Nach Ansicht des Ausschusses besteht zur Zeit keine Rechtsverpflichtung, Beamte, die in die Gruppe V eingestuft sind, wiedereinzustellen. Diese Rechtsansicht wird durch den Erlass des Herrn Innenministers des Landes Nordrhein-Westfalen vom 17.12.1948 – I/128 – 0.Nr. 4438/48 –

bestätigt, der sich ebenfalls auf den Standpunkt stellt, daß zur Zeit auch für die nach Kategorie V eingestuften Personen kein Rechtsanspruch besteht. Die Stadt lehnt aber, auch wenn ein solcher Anspruch bestehen sollte, aus den oben angeführten Gründen die Wiedereinstellung ab. Ich mache hiervon Mitteilung, da anzunehmen ist, daß Herr Nellius sich nunmehr in einer Eingabe an die Schulaufsichtsbehörde wenden wird und da ferner anzunehmen ist, daß er die Stadt Herne verklagen wird.

Der Oberstadtdirektor
(Meyerhoff)

Während G. Nellius Karriere machte, kamen die von ihm geschmähten
jüdischen Musiker in Konzentrationslager und wurden ermordet.
Dieses Bild zeigt die KZ-Überlebende und antifaschistische Musikerin
Esther Bejarano (geb. 1924 in Saarlouis). Sie musste u.a.
im Mädchenorchester Auschwitz spielen.
(Bild Jwh: commons.wikimedia.org)

B.VI.
Stellungnahmen zur Nellius-Dokumentation und zur Straßennamen-Debatte in Sundern

1. Stellungnahmen und Rückmeldungen zum neuen Nellius-Gutachten bis zum 29. Januar 2014

Das Christine Koch-Mundartarchiv (www.sauerlandmundart.de) hatte das Nellius-Gutachten vor seiner Drucklegung Wissenschaftlern und Aktiven aus der Heimatbewegung vorgelegt. Bis zum 29.01.2014 waren daraufhin folgende Stellungnahmen und Voten eingegangen:

ROSWITHA KIRSCH-STRACKE,
VORSITZENDE DES KREISHEIMATBUNDES OLPE:
„Straßenumbenennungen sind in lebendigen, selbstkritischen Kommunen normale Vorgänge. In zahlreichen Städten und Gemeinden Deutschlands finden sie statt, wenn Tatsachen offenkundig werden, die eine Ehrung der Namensgeber nach neuerlicher Prüfung nicht mehr rechtfertigen. Solche Umbenennungen zeigen Lernfähigkeit und angenommene Verantwortung für das Erinnern an die (deutsche) Geschichte.
Der Rat der Stadt Sundern hat im letzten Jahr einstimmig beschlossen, die Nelliusstraße umzubenennen. Dass die Bürgerinitiative „Nelliusstraße bleibt Nelliusstraße" diesen Beschluss nun rückgängig machen will, ist nicht nachzuvollziehen, wenn man sich mit den jüngsten Erkenntnissen zur Person Georg Nellius

befasst: Die aktuellen, umfassenden Forschungen von Peter Bürger und Werner Neuhaus, die in Zusammenarbeit mit Michael Gosmann vom Stadtarchiv Arnsberg durchgeführt wurden und jetzt für jedermann einsehbar vorliegen, ergeben ein erschreckendes Bild des Sauerländers Georg Nellius. Insbesondere seine als Kulturfunktionär der NS-Zeit verfolgte rassistische Judenfeindschaft wird anhand von bislang unbekannten Originalquellen belegt. Ich bin sicher, dass durch die neue Veröffentlichung auch die Bürgerinitiative „Nelliusstraße bleibt Nelliusstraße" zu dem Schluss kommen wird, dass ein Straßenschild mit dem Namen eines Antisemiten und frühen Anhängers von Hitler absolut nichts mit Heimatliebe zu tun hat und untragbar ist."

PROF. DR. ROBERT JÜTTE, STUTTGART:
„Wie ich erfahren habe, soll in Sundern die Umbenennung der Nellius-Straße durch eine Bürgerinitiative verhindert werden. Als ehemaliger Vorsitzender und jetziges Beiratsmitglied der Gesellschaft zur Erforschung der Geschichte der Juden in Deutschland, aber auch als geborener Sauerländer kann ich nicht verstehen, dass es dort noch eine Straße gibt, die nach einem als Antisemit eindeutig hervorgetretenen Musikpolitiker benannt ist. Ich appelliere an den Gemeinderat, für die Umbenennung der Nellius-Straße zu stimmen."

PROF. HUBERTUS HALBFAS
(MITGLIED IM SAUERLÄNDER HEIMATBUND):
„Im Rahmen der aktuellen Straßennamendebatte haben Peter Bürger und Werner Neuhaus in Zusammenarbeit mit Michael Gosmann vom Stadtarchiv Arnsberg das nationalsozialistische Kulturschaffen von Georg Nellius minutiös untersucht. Die vorgelegte Forschungsarbeit bestätigt ein erschreckendes Bild antisemitischer Kulturpolitik. Dies ist der geistige Hintergrund, aus dem heraus die massenmörderische Judenverfolgung und Judenvernichtung des NS-Staates möglich wurde. Die Bürgerinitiative „Nelliusstraße bleibt Nelliusstraße" sollte gerade angesichts der

neuen Forschungserkenntnisse den Hinweis von Heinrich Lübke bedenken, ‚dass Menschlichkeit aus der Verantwortung für die Vergangenheit erwächst. Deshalb erweist uns keiner von denen einen Dienst, die unserem Volk zureden, es müsse nun endlich einmal Schluss gemacht werden mit dieser Schattenbeschwörung aus den Tagen einer furchtbaren Vergangenheit. Nicht wir beschwören die Schatten, die Schatten beschwören uns, und es liegt nicht in unserer Macht, uns ihrem Bann zu entziehen‘.“

PROF. DR. DR. REINHARD HESSE, WARSTEIN:
„Ich kann mir nicht gut vorstellen, dass die nunmehr zu Nellius vorliegenden Dokumente die Initiatoren der Bürgerinitiative nicht dazu veranlassen werden, von ihrem Anliegen Abstand zu nehmen und der Stadt Sundern somit die Ausrichtung eines teuren Bürgerbegehrens zu ersparen.“

FRAU PROF. DR. ANAT FEINBERG (HONORARPROFESSORIN AN DER HOCHSCHULE FÜR JÜDISCHE STUDIEN HEIDELBERG):
„Mit Betroffenheit habe ich erfahren, dass in Sundern die Umbenennung der Nellius-Straße durch eine Bürgerinitiative verhindert werden soll. Als jemand, der ein Buch über die Rückkehr jüdischer Musiker in das Nachkriegsdeutschland geschrieben hat und zur Zeit an einem Buch über die Remigration jüdischer Kunstschaffender nach 1945 schreibt, bin ich entsetzt, dass es im Sauerland, das ich aus zahlreichen Besuchen kenne, noch eine Straße gibt, die nach einem bekennenden antisemitischen Musikpolitiker benannt ist. Als jemand, der als kulturelle Vermittlerin zwischen Israel und Deutschland für sein langjähriges Engagement zugunsten der israelischen Kultur und der deutsch-israelischen Beziehungen vom Bundespräsidenten das Verdienstkreuz am Bande des Verdienstordens der Bundesrepublik Deutschland verliehen, appelliere ich an die zuständigen politischen Gremien, diesen Schandfleck rasch zu beseitigen und umgehend den Weg für eine Umbenennung der Nellius-Straße frei zu machen.“

DER HISTORIKER DR. ULRICH F. OPFERMANN
(AKTIVES MUSEUM SÜDWESTFALEN SIEGEN, ROM E.V. KÖLN)
SCHRIEB DEM AUTORENTEAM:
„Ihnen […] ist mit Ihrem akribischen Nellius-Gutachten ein wertvoller Beitrag zur aktuellen Benennungsdiskussion gelungen, mit Bedeutung über den in Rede stehenden Ort hinaus. Man kann nur hoffen, dass ein sachliches Wort wie dieses noch durchdringt. Ich sage Ihnen das als ein, wie Sie wissen, langjähriger landschaftlicher Nachbar aus dem Siegerland, der manchen Beitrag schrieb. Auch nach meinem Umzug bewegt mich weiterhin die Regionalgeschichte. Das schließt den Blick übers Kölsche Heck selbstverständlich mit ein. Also, noch einmal: ein herzliches Dankeschön für die gute, beispielgebende Arbeit."

PROF. DR. VOLKER HONEMANN (MÜNSTER UND BERLIN)
TEILTE DEN AUTOREN MIT:
„Ihnen […] sei sehr herzlich für Ihre mühevolle Forschungsarbeit in Sachen Georg Nellius gedankt. Daß deren Ergebnisse Nellius nun in noch schlimmerem Lichte erscheinen lassen, als man vorher wußte, zeigt, wie nötig es ist, unsere Dritte Reichs-Vergangenheit auch ‚vor Ort' weiterhin so nüchtern und gründlich aufzuarbeiten, wie Sie es getan haben, und wie ich es vor kurzem für die Germanistik der Westfälischen Wilhelms Universität Münster versucht habe. Tun wir dies nicht, dann wird uns diese Vergangenheit immer von neuem heimsuchen. Es ist sehr zu hoffen, daß die Sunderner Bürgerinitiative sich durch Ihre umfassende, strikt wissenschaftliche Dokumentation überzeugen läßt, daß Georg Nellius keine Ehrung durch einen Straßennamen gebührt."

PROF. DR. JOSEF WIESEHÖFER (UNIVERSITÄT KIEL):
„Herzlichen Dank für diese überaus wichtige und überfällige Darstellung."

Krakauer Gedenktafel für den von einem Soldaten der deutschen Faschisten ermordeten Dichter und Komponisten Mordechaj Gebirtig (1877-1942). (commons.wikimedia.org)

2. Schreiben von Prof. Dr. Michael Custodis
(Universität Münster), 30. Januar.2014

Prof. Dr. Michael Custodis
geschäftsführender Direktor des Instituts für Musikwissenschaft
und Musikpädagogik an der Universität Münster –
Fach Musikwissenschaft

„Sehr geehrter Herr Bürger,
gerne komme ich Ihrer Bitte nach, zu Ihrer umfangreichen und aufschlussreichen Studie über Georg Nellius Stellung zu nehmen.

Vorab möchte ich bemerken, dass sie thematisch in eines meiner Hauptarbeitsgebiete zur Kontinuität von NS-Strukturen im Nachkriegsmusikleben fällt. Nachdem zuletzt ein gemeinsam mit Prof. Friedrich Geiger (Universität Hamburg) verfasstes Buch hierzu erschienen ist (Netzwerke der Entnazifizierung. Kontinuitäten im deutschen Musikleben am Beispiel von Werner Egk, Hilde und Heinrich Strobel, Waxmann – Münster 20 13), widmete ich mich zuvor Biografien bekannter Musikwissenschaftler, Journalisten und Komponisten (u.a. Friedrich Blume, Joseph Müller-Blattau, Fritz Stein, Wolfgang Steinecke und Hermann Unger), bei denen die Aufarbeitung ihrer Karrieren vor 1945 in Beziehung gesetzt wurde zu ihren Entnazifizierungsverfahren.

Die Erfahrungen meiner Forschungen decken sich mit den Ergebnissen Ihrer gründlich recherchierten Studie, die dankenswerterweise die in manchen politischen Einschätzungen kritisch zu diskutierende Nellius-Dissertation von Esther Wallies um unbekanntes, höchst relevantes Archivmaterial ergänzt. Dabei zeigt sich m.E. ganz eindeutig, dass man es bei Georg Nellius mit einem überzeugten Antisemiten und Nationalsozialisten der ersten Stunde zu tun hat, der nicht nur in der Chorarbeit sehr agil war (die in der populistischen Zielrichtung des Dritten Reiches große Bedeutung hatte) und als Pädagoge die Indoktrinierung der Jugend nach Kräften beförderte, sondern vor allem als Künstler seine Musik in den Dienst des NS-Staates stellte. Wenn die im

Anhang ab S. 49 Ihrer Studie aufgelisteten Stücke für op. 7, 12 und 22 noch typische völkische, deutschnationale Hausmannskost im Nachgang des Ersten Weltkriegs zeigen (1918-1923), unterstreichen bereits die Titel der von Nellius in seinem Westfälischen Liederbuch (1935) zusammengefassten Stücke op. 63, 15-20 „Heil dem dritten Reich!" (Der Ruf des Führers, Treuschwur, Die letzte Stunde, Volk und Führer, Das Lied vom Führer, Westfalen-Marschlied) seine neue Marschrichtung, dem Hitler-Regime zu huldigen, so dass er über die daraus resultierende wohlwollende Förderung seiner Karriere natürlich hoch erfreut war.

Wenn daher – wie im aktuellen Fall einer Diskussion zur Umbenennung einer Nellius-Straße – die Einlassungen einer Persönlichkeit mit dem Dritten Reich zu bewerten sind, ist bei Georg Nellius festzuhalten, dass man es mit einem überzeugten Propagandakomponisten zu tun hat, der die Vorliebe der Nationalsozialisten für Volkslieder und Märsche nach Kräften zu bedienen suchte und auch in seinen weiteren, mit programmatischen Texten versehenen Stücken keinen der einschlägigen, unmissverständlichen Topoi („Langemark", „Sieg Heil"; Huldigung der Wehrmacht, Führerkult, Heldenverehrung, Soldatenromantik und Durchhalteparolen nach der Schlacht von Stalingrad) ausließ.

Dass Nellius nach mehreren Revisionen schließlich aus seinem Spruchkammerverfahren formal unbeschadet hervorging, sagt dabei wenig aus über seine tatsächlichen Verstrickungen in das NS-System, als viel mehr über die politischen Zeitumstände bei der Übergabe der öffentlichen Kontrolle von den Alliierten in deutsche Zuständigkeit. Von Zeithistorikern wie Bernd Weisbrod, Michael Grüttner und anderen sind die Bedingungen und Konsequenzen der Entnazifizierungsverfahren seit vielen Jahren beschrieben, und Lutz Niethammer wies schon im Jahr 1988 darauf hin, dass man unter Entnazifizierung schon bald „nicht mehr eine Säuberung des öffentlichen Lebens von den Nazis, sondern eine Säuberung der Nazis von ihrer Stigmatisierung" zu verstehen hatte.

Viel aufschlussreicher sind daher die von Ihnen dokumentierten Reaktionen aus Nellius' direktem Umfeld einschließlich seiner ehemaligen Kollegen, die sich – trotz seiner politischen Rehabilitierung – nach Kräften gegen seine Wiederbeschäftigung als Pädagoge stemmten. Dass sie, die ihn und sein Wirken vor 1945 aus eigenem Erleben genau kannten, sich letztlich vergeblich gegen seine berufliche Wiedereingliederung stemmten, sagt daher vor allem etwas aus über die Zustände in den Kommunalverwaltungen der unmittelbaren Nachkriegszeit. Der vermeintliche Widerspruch zwischen diesen Alltagsreaktionen und den Aussagen zu seinen Gunsten im Entnazifizierungsverfahren – die nicht ohne Grund schon damals „Persilscheine" genannt wurden – lässt sich daher leicht auflösen und m.E. den Versuchen alter Freundeskreise zuschreiben, in der von Hunger, Versorgungsnöten und Unsicherheit gezeichneten Nachkriegszeit einem Beamten Pensionsanrechte sowie eine sichere Anstellung zu erhalten (zu den Hintergründen und Mechanismen dieser Persilschein-Netzwerke siehe Custodis/Geiger 2013).

Zusammenfassend muss man sich darüber im Klaren sein, dass die Ehrung einer Person durch einen Straßennamen immer die gesamte Persönlichkeit einschließt. Im Wissen um die Verstrickungen von Georg Nellius in den Nationalsozialismus muss man sich folglich bewusst machen, dass dieser Straßenname einen gläubigen Nationalsozialisten und Antisemiten ehrt, was man im Fall einer Beibehaltung des Straßennamens anschließend öffentlich zu rechtfertigen hätte. Im Jahr des tragischen Jubiläums eines ersten, 1914 von Deutschland ausgegangenen Weltkriegs und vor dem Hintergrund der daraus entstandenen tödlichen Konsequenzen für Millionen NS-Opfer sollte man die Verantwortung, die für unsere Gegenwart daraus entsteht, daher wohl bedenken.

Für weitere Rückfragen stehe ich Ihnen gerne zur Verfügung und stelle es Ihnen frei, dieses Schreiben zu veröffentlichen.

Michael Custodis"

3. Schreiben des Historikers und Publizisten Ralf Piorr (Wortwerk, Herne), 3. Februar 2014

Der Historiker und Publizist Ralf Piorr (Wortwerk, Herne) schrieb uns zur neuen Arbeit über G. Nellius am 3. Februar 2014:

„Sehr geehrter Herr Bürger,

vielen Dank für ihre höchst informative Studie zu Georg Nellius, die sie gemeinsam mit Werner Neuhaus und Michael Gosmann erstellt haben.

Obwohl ich als Historiker und Publizist schon seit vielen Jahren mit der Aufarbeitung der NS-Zeit in Herne beschäftigt bin, ist die Tätigkeit von Georg Nellius an der hiesigen Städtischen Oberschule für Jungen bisher noch nie im Blickpunkt der Öffentlichkeit gewesen. Allerdings gab es bei uns auch nie eine Nellius-Straße oder ähnliches.

Die Dokumente, die Sie im Rahmen der Recherche gefunden haben, werden es allerdings auch für Herne notwendig machen, die Rolle von Nellius noch einmal sorgfältig zu überprüfen. Die erschreckenden Zeugnisse aus dem „Vad-Konvolut", die auch für mich neu sind, sprechen dabei eine deutliche Sprache. Sie zeigen, dass Nellius sich nicht „irgendwie mit dem Regime arrangiert hat", wie er es in der Nachkriegszeit der Öffentlichkeit hat glauben machen wollen, sondern er bewusst und rücksichtslos im Sinne der NS-Ideologie gehandelt hat.

Für Herne decken dabei allein die Personalien eine höchst interessante Konstellation auf: Georg Nellius hatte als Leiter des städtischen Chores mit dem Oberbürgermeister Albert Meister einen „Vorgesetzten", der in seiner Rolle als „Bundesführer des Deutschen Sängerbundes" eine bedeutende überregionale Rolle im NS-Kulturleben spielte. Dass Meister ein überzeugter Nationalsozialist der „ersten Stunde" war (Eintritt 1924, Mitgliednummer 16.872), sei an dieser Stelle nur am Rand vermerkt. Vorgesetzter von Nellius an der Oberschule wiederum war Hermann Kracht, ein persönlicher Freund Meisters, Vorsitzender des SC

Westfalia Herne, ab 1936 von der Partei berufenes Mitglied des Stadtrates und kommissarischer Leiter der Oberschule für Jungen. 1940 zum Oberstudiendirektor befördert und nun auch offiziell zum Direktor der Oberschule ernannt.

In diesem Zusammenhang sei mir ein Kommentar zu ihrer lokalen Debatte erlaubt, in der die Entscheidung des Revisionsverfahrens in der Entnazifizierungsangelegenheit Nellius scheinbar zum „Entlastungszeugnis" stilisiert wird. Ich habe eine Reihe von Entnazifizierungsakten von NS-Akteuren aus Herne eingesehen und muss dazu kategorisch feststellen: Die Dokumente aus den Revisionsverfahren sind als Bewertungsgrundlage für die Verstrickungen einer Person in das NS-System unbrauchbar. Es sind bestellte Leumundszeugnisse („Persilscheine"), die immer eine anti-nazistische Identität des Betroffenen konstruieren. Fast alle Revisionsverfahren endeten mit der Zurückstufung. Dies ist ja nun einmal eine bekannte Tatsache der deutschen Nachkriegsgeschichte.

In ihrer Dokumentation werden die tiefen Verstrickungen von Nellius in das NS-System offensichtlich. Man erkennt Georg Nellius als einen aktiven Volksgenossen und Nationalsozialisten, der – aus Überzeugung oder für die eigene Karriere berechnend – im Sinne der antisemitischen NS-Ideologie agiert. Angesichts dieser Zusammenhänge scheint mir die „Akte Nellius" geradezu beispielhaft zu sein, wie die sog. Entnazifizierung zu einer skandalösen „Mitläuferfabrik" verkam.

Dies sind natürlich nur wenige persönliche Anmerkungen zu ihrer hervorragenden Recherchearbeit.

Mit freundlichen Grüßen
R. Piorr"

Quellen- und Literaturverzeichnis

1. Ungedruckte Quellen

- Historischen Centrum Hagen (früher Westfälisches Musik Archiv WMA Hagen): Echter Nellius-Nachlass (u.a. Notenhandschriften); Konvolut „Georg Nellius, ein deutscher Musiker.": NL 0176/ 5 [Kurztitel: VAD 1941]
- Christine Koch-Mundartarchiv am Museum Eslohe: Angaben in den jeweiligen Fußnoten.
- Landesarchiv NRW, Abtlg. Rheinland, NW 1102, Nr. 4493: Bei diesem ungehefteten Aktenkonvolut ohne Seitenzählung handelt es sich um die etwa 120 Seiten umfassende Entnazifizierungsakte von Georg Nellius.
- Landesarchiv NRW, Abtlg. Westfalen, Personalakten Nr. AN 81, Nellius, Georg, Schulkollegium Münster: Bei diesem Aktenkonvolut ohne Seitenzählung handelt es sich um die Personalakte von Georg Nellius.

2. Literatur (mit Kurztiteln)

In diesem Literaturverzeichnis zu allen Beiträgen der vorliegenden Veröffentlichung werden einige in Teil A. zitierte Leserbriefe sowie einzelne Vermerke zu nicht eingesehenen Literaturquellen nicht noch einmal gesondert aufgeführt. Die Kurztitel zu Quellen und Publikationen, die auch im Internet abgerufen werden können, sind nachfolgend mit einem Sternchen* gekennzeichnet.

BERENS-TOTENOHL 1992 = Berens-Totenohl, Josefa: Alles ist Wandel. Autobiographie. [Edition betreut von P. Bürger / Heinrich Schnadt]. Eslohe 1992. [Vgl. dazu jedoch: Bürger 2013a*]

BLÖMEKE 1992 = Blömeke, Sigrid: Nur Feiglinge weichen zurück. Josef Rüther (1881-1972). Eine biographische Studie zur Geschichte des Linkskatholizismus. Brilon 1992.

BREUNING 1969 = Breuning, Klaus: Die Vision des Reiches. Deutscher Katholizismus zwischen Demokratie und Diktatur (1929-1934). München: Max Huber Verlag 1969.

BÜRGER 1993 = Bürger, Peter (Bearb.): Christine Koch. Liäwensbauk. Erkundungen zu Leben und Werk. [= Christine Koch-Werke. Ergänzungsband]. Eslohe/Fredeburg 1993.

BÜRGER 2009* = Bürger, Peter: Pro Judaeis. Die römisch-katholische Kirche und der Abgrund des 20. Jahrhunderts. Zweite Internetauflage. Düsseldorf Oktober 2009. www.frie densbilder.de

BÜRGER 2010 = Bürger, Peter: Im reypen Koren. Ein Nachschlagewerk zu Mundartautoren, Sprachzeugnissen und plattdeutschen Unternehmungen im Sauerland und in angrenzenden Gebieten. Eslohe: Maschinen- und Heimatmuseum Eslohe 2010. [Bezugsadresse www.museum-eslohe.de]

BÜRGER 2011 = Bürger, Peter: Faschistische Volkstumsideologie und Rassismus statt Wissenschaft. Zur Studie „Mundart und Hochsprache" (1939) von Karl Schulte Kemminghausen. In: Niederdeutsches Wort. Beiträge zur niederdeutschen Philologie. Bd. 51 (2011), S. 1-24.

BÜRGER 2012a = Bürger, Peter: Liäwensläup. Fortschreibung der sauerländischen Mundartliteraturgeschichte bis zum Ende des ersten Weltkrieges. Eslohe 2012.

BÜRGER 2012b* = Bürger, Peter (Bearb.): Nationalkonservative, militaristische und NS-freundliche Dichtungen Christine Kochs 1920-1944. = daunlots. internetbeiträge des christine-koch-mundartarchivs am maschinen- und heimatmuseum eslohe. nr. 59. Eslohe 2012. http://www.sauerlandmundart.de/ pdfs/daunlots%2059.pdf

BÜRGER 2013a* = Bürger, Peter: Der völkische Flügel der sauerländischen Heimatbewegung. Über Josefa Berens-Totenohl, Georg Nellius, Lorenz Pieper und Maria Kahle – zugleich ein

Beitrag zur Straßennamen-Debatte. = daunlots. internetbeiträge des christine-koch-mundartarchivs am museum eslohe. nr. 60. Eslohe 2013. http://www.sauerlandmundart.de/pdfs/ daunlots%2060.pdf [Vgl. dazu auch den Aufruf: Bürger, Peter: Der völkische Flügel der sauerländischen Heimatbewegung und die Straßennamendebatte. In: Sauerland Nr. 1/2013.]

BÜRGER 2013b* = Bürger, Peter (Bearb.): Josef Rüther (1881-1972) aus Olsberg-Assinghausen. Linkskatholik, Heimatbund-Aktivist, Mundartautor und NS-Verfolgter. = daunlots. internetbeiträge des christine-koch-mundartarchivs am museum eslohe. nr. 61. Eslohe 2013. http://www.sauerlandmundart. de/pdfs/daunlots%2061.pdf

BÜRGER 2013c = Bürger, Peter: Fang dir selbst ein Lied an! Selbsterfinder, Lebenskünstler und Minderheiten im Sauerland. Eslohe: Museum Eslohe 2013.

BÜRGER 2013d* = Bürger, Peter: Stellungnahme zur aktuellen „Nellius-Debatte" im Raum Sundern, 26.11.2013. [Auch im Internet auf: http://www.gruene-sundern.de/wp-content/b% C3%BCrger-STELLUNGNAHME-NELLIUS-26-11-2013.pdf]

BÜRGER 2014* = Bürger, P. (Red.): Maria Kahle (1891-1975), Propagandistin im Dienst der Nationalsozialisten. – Beiträge von Hans-Günther Bracht, Peter Bürger, Karl Ditt, Walter Gödden, Wolf-Dieter Grün, Roswitha Kirsch-Stracke, Werner Neuhaus, Iris Nölle-Hornkamp und Friedrich Schroeder. = daulots. internetbeiträge des christine-koch-mundartarchivs am museum eslohe. nr. 71. Eslohe 2014. www.sauerlandmundart.de

BÜRGER/NEUHAUS/GOSMANN 2014* = Georg Nellius (1891-1952). Völkisches und nationalsozialistisches Kulturschaffen, antisemitische Musikpolitik, Entnazifizierung – Darstellung und Dokumentation im Rahmen der aktuellen Straßennamendebatte. Vorgelegt von Peter Bürger und Werner Neuhaus in Zusammenarbeit mit Michael Gosmann (Stadtarchiv Arnsberg). = daunlots. internetbeiträge des christinekoch-mundartarchivs am museum eslohe. nr. 69. Eslohe 2014. www.sauerlandmundart.de

CUSTODIS/GEIGER 2013 = Custodis, Michael / Geiger, Friedrich: Netzwerke der Entnazifizierung. Kontinuitäten im deutschen Musikleben am Beispiel von Werner Egk, Hilde und Heinrich Strobel. = Münsteraner Schriften zur zeitgenössischen Musik: Band 1. Münster 2013.

FÖSTER 2002 = Föster, Karl: Dr. Rudolf Gunst. In: Hüsten – 1200 Jahre. Arnsberg 2002, S.73-78.

FRESE 2012 = Frese, Matthias (Hg.): Fragwürdige Ehrungen!? Straßennamen als Instrument von Geschichtspolitik und Erinnerungskultur. Münster: Ardey 2012.

GRANNEMANN 2013 = Grannemann, Katharina: Lorenz Pieper. Ein Geistlicher zwischen Heimatliebe, Glaube und Hitlerkult. In: Der Märker 62. Jg. (2013), S. 124-139.

GRÜNDER 1984 = Gründer, Horst: Rechtskatholizismus im Kaiserreich und in der Weimarer Republik unter besonderer Berücksichtigung der Rheinlande und Westfalens. In: Westfälische Zeitschrift 134. Band (1984), S. 107-155.

HAUSE/POßKEHL 1970 = Hause, Günter / Poßkehl, Kurt: Verein für das Deutschtum im Ausland (VDA) 1881-1945. In: Fricke, Dieter (Hg.): Die bürgerlichen Parteien in Deutschland, Bd. 2. Berlin 1970, S. 716-729.

HAVERKAMP 1931 = Haverkamp, August Heinz: Georg Nellius, Neheim-Ruhr. Zum 40. Geburtstag. = Zeitungs- oder Handbuchausschnitt von 1931. [Kopie: Christine Koch-Mundartarchiv am Museum Eslohe]

HENKE 1991 = Henke, Klaus-Dietmar: Die Trennung vom Nationalsozialismus. Selbstzerstörung, politische Säuberung, „Entnazifizierung", Strafverfolgung. In: Ders. / Woller, Hans (Hg.): Politische Säuberung in Europa. Die Abrechnung mit Faschismus und Kollaboration nach dem Zweiten Weltkrieg. München 1991, S.21-83.

HOFFMEISTER 1932* = fh [Hoffmeister, Franz]: Georg Nellius, vierfacher Staatspreisträger! In: Heimwacht Nr. 1/1932, S. 2-4. [Internetzugang: www.sauerlaender-heimatbund.de]

KAHLE 1923 = Kahle, Maria: Volk, Freiheit, Vaterland. Gedichte. Hagen: Hagener Verlagshandlung 1923.

KAHLE 1924 = Kahle, Maria: Gekreuzigt Volk. Gedichte. Kassel: Jungdeutscher Verlag 1924.

KAHLE 1928 = Kahle, Maria: Liebe und Heimat [Erstausgabe 1922]. 6. Auflage. Bigge/Ruhr: Verlag der Josefs-Druckerei 1928.

KNEPPER-BABILON/KAISER-LÖFFLER 2003 = Knepper-Babilon, Ottilie/Kaiser-Löffler, Hannelie: Widerstand gegen die Nationalsozialisten im Sauerland. Brilon 2003.

KOCK 1997 = Kock, Erich: Abbé Franz Stock. Priester zwischen den Fronten. 2. Auflage. Mainz 1997.

KRÜGER 1982 = Krüger, Wolfgang: Entnazifiziert! Zur Praxis der politischen Säuberung in Nordrhein-Westfalen. Wuppertal 1982.

LANGE 1976 = Lange, Irmgard (Bearb.): Entnazifizierung in Nordrhein-Westfalen. Richtlinien, Anweisungen, Organisation. Siegburg 1976.

MARCUS 2010* = Schmidt, Marcus: Politisch korrekte Säuberungen. Umbenennungen: Mit gezielten Kampagnen wird versucht, in deutschen Städten „belastete" Straßen- und Schulnamen zu tilgen. In: Junge Freiheit, Nr. 39 vom 24.09.2010. [http://jungefreiheit.de/service/archiv/?www.jf-archiv.de/archiv10/201039092412.htm]

MENNE 1930* = Menne, Hans: Schuld und Dank der Heimat an ihre Künstler. Vortrag, gehalten in der 1. öffentlichen Kundgebung des Sauerländischen Künstlerkreises in Balve, anläßlich des 8. Sauerländer Heimattages. In: Heimwacht Nr. 6-7/1930, S. 169-174. [Internetzugang: www.sauerlaender-heimatbund.de/html/zeitschrift_archiv]

MOSER 1932 = Moser, Hans Joachim: Wer ist Georg Nellius? In: Zeitschrift für Musik. Monatsschrift für eine geistige Erneuerung der deutschen Musik 99. Jg. (1932), Heft 7, S. 565-567.

MOSER 1941 = Moser, Hans Joachim: Georg Nellius. In: Heimat und Reich Heft 3 / Jg.1941, S. 85-86.

NELLIUS 1930* = Nellius, Georg: Kunst als Grundkraft der Heimatbewegung. In: Heimwacht Nr. 6-7/1930, S. 169-174. [Internetzugang: www.sauerlaender-heimatbund.de/html/zeit schrift_archiv] [erneut in: Festschrift 140 Jahre Musikverein Arnsberg. Arnsberg 1949, S. 59ff.]

NELLIUS 1935a = Nellius, Georg: Opus 63. Westfälisches Liederbuch (Stimmheft). Heidelberg: Verlag Karl Hochstein 1935. [Vorwort von 1934] [Ausgabe „Klavierauszug" nicht eingesehen.]

NELLIUS 1935b = Nellius, Georg: Opus 64. Volk und Führer. Für Männerchöre a cappella. Heidelberg: Verlag Karl Hochstein 1935. [„Partitur aller fünf Lieder in einem Heft"]

NELLIUS ALS MITLÄUFER 2013 = Alliierte sahen Nellius als Mitläufer. Bürgerinitiative in Hachen will eine differenzierte Betrachtung erreichen. In: Westfalenpost/Westfälische Rundschau: Sundern-Hachen, 20.11.2013.

NELLIUS/KAHLE 1930a = Georg Nellius: Opus 44. Von deutscher Not. Volkstümliche dramatische Kantate in drei Teilen für Soli (Sopran, Alt, Tenor, Bariton), Männerchöre, Frauen- und Kinderchor (Mädchen und Knaben), Orgel und großes Orchester. Dichtung von Maria Kahle. = Klavier-Auszug. Heidelberg: Karl Hochstein 1930. [202 Seiten] [Gemeinsames Vorwort vom Juli 1930: „Dem Deutschen Volke: Maria Kahle, Georg Nellius".]

NELLIUS/KAHLE 1930b = Georg Nellius: Opus 44. Von deutscher Not. Volkstümliche dramatische Kantate in drei Teilen für vier Soli, Männerchöre, Frauen- und Kinderchor (Mädchen und Knaben), Orgel und großes Orchester. Dichtung von Maria Kahle. = Textbuch mit einer Einführung von Dr. Karl Laux. Heidelberg: Karl Hochstein 1930. [24 Seiten]

NEUHAUS 2010* = Neuhaus, Werner: Der Jungdeutsche Orden als Kern der völkischen Bewegung im Raum Arnsberg in den Anfangsjahren der Weimarer Republik. In: Sauerland Nr. 1/2010, S. 15-20. [Internetzugang: www.sauerlaender-heimatbund.de/ html/zeitschrift_archiv]

PIORR 2013* = Piorr, Ralf: Serie: Nazis in Herne und Wanne-Eickel – Der „deutsche Hermann" und der SC Westfalia Herne. In: WAZ Online (Herne), 1.11.2013. http://www.der westen.de/staedte/nachrichten-aus-herne-und-wanne-eickel/der-deutsche-hermann-und-der-sc-westfalia-herne-id8625031.html

PÖGGELER 2011 = Pöggeler, Otto: Wege in schwieriger Zeit. Ein Lebensbericht. München: Wilhelm Fink 2011.

PÖPPINGHEGE 2007 = PÖPPINGHEGE, Rainer: Wege des Erinnerns – was Straßennamen über das deutsche Geschichtsbewusstsein aussagen. Münster: Agenda Verlag 2007.

POTTHOF 1933 = Potthof, Clemens: Warum vertont Georg Nellius Werke von Maria Kahle? In: Von Sauerländer Art und Kunst (Beilage zur Mendener Zeitung), 4.8.1933, S. 3.

RAUH-KÜHNE 1995 = Rauh-Kühne, Cornelia: Die Entnazifizierung und die deutsche Gesellschaft. In: Archiv für Sozialgeschichte 35, 1995, S. 35-70.

SAUERLANDKURIER 2013* = „Nellius war Mitläufer" Hachen – Bürgerinitiative bittet um Unterschriften. In: SauerlandKurier Online, 24.11.2013. http://www.sauerlandkurier.de/vermisch tes/nellius-war-mitlaeufer/

SCHÄFER 2013* = Schäfer, Matthias: Straßenumbenennung – Sängerkreise wollen Ehrenrettung (Sundern-Hachen). In: WAZ Online, 29.9.2013. http://www.derwesten.de/staedte/sun dern/saengerkreise-wollen-ehrenrettung-id8497818.html

SCHEUCH 1932* = Scheuch, Otto: „Von deutscher Not." Eine preisgekrönte Kantate von Georg Nellius. In: Heimwacht Nr. 1/1932, S. 5-9.

SCHMIDT 2006* = Schmidt, Uwe: Lehrer im Gleichschritt. Der Nationalsozialistische Lehrerbund Hamburg. Hamburg: University Press Hamburg 2006. Online-Version http://hup.sub.uni-hamburg.de/volltexte/2008/12/pdf/HamburgUP_Schmidt_Lehrer.pdf

SCHÖNBACH 1994* = Schönbach, Ralf: Die Entnazifizierung in Remscheid. = Magisterarbeit. Zur Vorlage an der Philosophi-

schen Fakultät der Universität zu Köln. Köln 1994. http://
www.ralf-schoenbach.de/ma/mag.pdf

STADTHAUS 2012* = Stadthaus, Steffen: Heinrich Luhmann. Hei-
matdichter und Nationalsozialist?! Gutachten im Auftrag der
Stadt Hamm. Münster 2012. http://www.hamm.de/filead
min/user_upload/Medienarchiv/Startseite/Dokumente/Gut
achten_Steffen_Stadthaus_ueber_Luhmann_neu.pdf

SUNDERN GEDENKT 2013* = Sundern gedenkt der Pogromopfer
(Sundern/Stockum). In: Der Westen – Online, 11.11.2013.
http://www.derwesten.de/staedte/arnsberg/sundern-
gedenkt-der-pogromopfer-id8651999.html

THIEME 2001 = Thieme, Hans-Bodo: Herbert Evers – Landrat des
Kreises Olpe von 1933 bis 1945. = Schriftenreihe des Kreises
Olpe Nr. 29. Olpe 2001. [Geleitwort von Prof. Dr. Jürgen Reu-
lecke.]

VAD 1941 = Vad, Hugo: Georg Nellius, ein deutscher Musiker.
Darstellung nach amtlichen Urkunden und Dokumenten, an
ihn gerichteten und von ihm geschriebenen Briefen, eigenen
Aufästzen, Gutachten der Reichsmusikkammer, Urteilen
namhafter Tonkünstler, Konzertprogrammen von ihm geleiteter Aufführungen. Rezensionen in Fach- und Tagespresse.
Sammlung und Ordnung des Materials [1941] durch Rechtsanwalt Hugo Vad, Neheim a. Ruhr (Sauerland), Adolf-Hitler-
Strasse 52. [Historisches Centrum Hagen: Westfälisches Musikarchiv Hagen; Kopiensatz im Stadtarchiv Arnsberg] [Hier
als Ausnahme aufgeführt: ungedruckt!]

VOGEL 1989 = Vogel, Wieland: Katholische Kirche und nationale
Kampfverbände in der Weimarer Republik. Mainz: Matthias
Grünewald-Verlag 1989. [bes. auch S. 9-22, 55-77.]

VOLLNHALS 1991 = Vollnhals, Clemens (Hg.): Entnazifizierung.
Politische Säuberung und Rehabilitierung in den vier Besatzungszonen 1945-1949. München 1991.

WALLIES 1991 = Wallies, Esther: Georg Nellius (1891-1952). Nati-
onal-konservative Strömungen in der Musik der ersten Hälfte
des 20. Jahrhunderts am Beispiel eines Komponisten. = Beiträ-

ge zur westfälischen Musikgeschichte, hg. vom Westfälischen Musikarchiv Hagen Heft 22. Münster/New York: Waxmann 1991.

WEIßINGER 2013* = Weißinger, Andreas: „Und jede scharfe Dorne trug roten Rosenflor". Die katholische Dichterin Maria Kahle. In: Der Gerade Weg – Informationsportal der Katholischen Jugendbewegung [Pius-Bruderschaft!], 1. August 2013. http://dergeradeweg.com/2013/08/01/und-jede-scharfe-dorne-trug-roten-rosenflor-die-katholische-dichterin-maria-kahle/

– Buchhinweis –

Sauerländische Lebenszeugen

Friedensarbeiter, Antifaschisten und Märtyrer
des kurkölnischen Sauerlandes: Zweiter Band.

ISBN: 978-3-7460-9683-4
(488 Seiten; Paperback; BoD 2018; € 15,99)

edition *leutekirche sauerland* 9

„Heimat" ist kein Besitz, sondern Geschenk und ein noch uneingelöstes
Versprechen auf Zukunft hin. Alles entscheidet sich daran, welche
Geschichtserinnerungen, Visionen und Vorbilder
bei diesem Stichwort zum Vorschein kommen.

Im vorliegenden 2. Band über Friedensarbeiter, Antifaschisten
und Märtyrer des kurkölnischen Sauerlandes stehen Christen
im Mittelpunkt, die ihr Lebenszeugnis gegen die Todesreligion des
Nationalsozialismus gestellt haben: Pfarrvikar Otto Günnewich, Angela Autsch
(die Nonne von Auschwitz), Bäckermeister Josef Quinke, Bauernsohn Carl
Lindemann, Landwirtschaftslehrer Dr. Josef Kleinsorge,
Ferdinand von Lüninck, Franziskanerpater Kilian Kirchhof, Priester Friedrich
Karl Petersen und Propstdechant Joseph Bömer.
Ein ergänzender Dokumentarteil mit Nachträgen zum 1. Band ist den
Friedensboten Peter Grebe, Josef Rüther und Franz Stock gewidmet.

Das Haltbare erweist sich in einem weiten Horizont, nicht in Enge:
Sauerländische Lebenszeugen „aktivieren ein universelles Programm
der Menschenwürde und Menschenrechte" (Hans-Josef Vogel).

– Buchhinweis –

Sauerländische Friedensboten

Friedensarbeiter, Antifaschisten und Märtyrer
des kurkölnischen Sauerlandes: Erster Band.

ISBN: 978-3-7431-2852-1
(524 Seiten; Paperback; BoD 2016; € 15,99)

edition *leutekirche sauerland* 4

Dieser Band zur "Friedenslandschaft Sauerland" erschließt über
20 Biographien von Frauen und Männern, die sich für Frieden
und Menschenrechte eingesetzt haben.

Die Botschaft der nahen Vorbilder lautet:
"Versagt euch den völkischen Hetzern und
der Kriegsmaschinerie! Sagt NEIN!"

Die Geschichten von Mut und Menschlichkeit handeln mehrheitlich
von "katholischen Lebenswegen". Der Umschlag zeigt jedoch
den israelischen Friedensarbeiter Gabriel Stern (1913-1983), der im
Sauerland aufgewachsen ist und ein Mitarbeiter Martin Bubers wurde.

Das Buch vereinigt Arbeiten von Peter Bürger, Dr. Ilse Eberhardt,
Karl Föster (1915-2010), Paul Lauerwald, Werner Neuhaus,
Dr. Wolfgang Regeniter, Dr. Erika Richter, Werner Saure,
Dr. Reinhard J. Voß (Geleitwort) und Joachim Wrede ofm cap.

In mehreren Kapiteln werden außerdem historische
Quellentexte dokumentiert.

– Buchhinweis –

Norbert Hannappel SAC:

Der Gestapo-Angriff
auf das Pallottinerkloster in Olpe

19. Juni 1941: Menschen im Widerstand –
Zeitzeugenberichte und Dokumente.

ISBN-13: 978-3-7460-3040-1)
(380 Seiten; Paperback;
BoD 2017; 15,90 Euro)

edition *leutekirche sauerland* 8

Vom 19.-21. Juni 1941 stellten sich hunderte Bewohnerinnen und Bewohner der Kreisstadt Olpe gegen ein Gestapo-Überfallkommando. Ihre Proteste am örtlichen Pallottiner-Kloster gegen Vertreibung und Beraubung der Ordensleute wurden weit über die Grenzen des Sauerlandes hinaus bekannt und im NS-Machtapparat an höchster Stelle wahrgenommen. In einer klerikal verengten Kirchengeschichtsschreibung ist das mutige Widerstehen von "Laien" oft ausgeblendet worden. Dieses Buch zum "Klostersturm" zeigt, wie es anders geht. 1991 befragte P. Norbert Hannappel SAC unter Nutzung eines Tonbandgerätes noch lebende Zeitzeugen - gleichsam "in letzter Minute". Es entstand eine einzigartige Sammlung von Berichten, ergänzt durch Quellen aus dem Ordensarchiv und die Erinnerungen einer resoluten "Laien-Agentin" der Pallottiner.

Die vorliegende Neuedition des Werkes "Menschen im Widerstand" erschließt einen bemerkenswerten Quellenfundus. Sie enthält zahlreiche weitere Dokumente, auch zur amtlichen bzw. "parteiamtlichen" Sicht der Olper Ereignisse von 1941.

Die eindrucksvollste Demonstration gegen die braunen "Feinde Christi" im Sauerland war getragen vom Glaubenssinn der Getauften. Gottlob hat man die Kirchenobrigkeit vorher nicht um Erlaubnis gefragt.

– Buchhinweis –

Werner Neuhaus
August Pieper und
der Nationalsozialismus
Über die Anfälligkeit des Rechtskatholizismus
für völkisch-nationalistisches Denken

ISBN: 978-3-7460-1141-7
(174 Seiten; Paperback; € 7,99)
Norderstedt: BoD 2017

edition *leutekirche sauerland* 7

Dr. August Pieper (1866-1942) gilt in der vorherrschenden Geschichtserinnerung als Gegner der Nationalsozialisten. Sein jüngerer Bruder Lorenz Pieper (1875-1951) engagierte sich hingegen schon ab 1922 für die Hitler-Partei. Doch das Bild von den ganz und gar ungleichen Priesterbrüdern trügt.

Nach dem ersten Weltkrieg propagierte August Pieper eine „Volksgemeinschafts"-Ideologie, die ins Lager der Rechtskatholiken verweist. Seine 1931 in der Führer-Korrespondenz des Mönchengladbacher „Volksvereins" veröffentlichten Aufsätze gegen die NSDAP enthalten dann bereits deutliche Ansätze zum Brückenbau.

Der Historiker Werner Neuhaus erhellt anhand von nachgelassenen Schriften hier erstmalig die sich anschließende, letzte Phase dieser Entwicklung: Nach der Machtergreifung bekennt der ältere Pieper-Bruder bis zu seinem Lebensende, er habe seinen Frieden mit dem Nationalsozialismus geschlossen. Während auch katholische Regimegegner blutige Verfolgung erleiden, fordert er unverdrossen die Unterstützung des NS-Regimes und seiner brutalen Innen- und Kriegspolitik.

– Buchhinweise –
edition leutekirche sauerland

Peter Bürger

Friedenslandschaft Sauerland

Antimilitarismus und Pazifismus in einer katholischen Region.
Ein Überblick – Geschichte und Geschichten.

ISBN 978-3-7392-3848-7
(204 Seiten; Paperback; BoD 2016; € 12,00)

Georg D. Heidingsfelder
Gesammelte Schriften

Eine Quellenedition zum linkskatholischen
Nonkonformismus der Adenauer-Ära

Band 1 ISBN 978-3-7431-3416-4
(400 Seiten; Paperback; € 13,90) Norderstedt: BoD 2017
Band 2 ISBN 978-3-7448-2123-0
(428 Seiten; Paperback; € 13,99) Norderstedt: BoD 2017

Jens Hahnwald / Peter Bürger / Georg D. Heidingsfelder

Sühnekreuz Meschede.

Die Massenmorde an sowjetischen und polnischen
Zwangsarbeitern im Sauerland während der Endphase des
2. Weltkrieges und die Geschichte eines schwierigen Gedenkens

ISBN: 978-3-7431-0267-5
(440 Seiten; Paperback; BoD 2016; € 14,90)

P. Bürger (Hg.)

Irmgard Rode (1911-1989)

Dokumentation über eine Linkskatholikin
und Pazifistin des Sauerlandes

ISBN 978-3-7386-5576-6
(230 Seiten; Paperback; BoD 2016; € 9,90)